Tore zum Himmel

Franz Binder · Kay Maeritz

Tore zum Himmel

Heilige Stätten in Asien

Frederking & Thaler

INHALT

HEILIGE STÄTTEN UND RELIGIONEN ASIENS

»Es gibt nur eine Wahrheit. Weise benennen sie mit verschiedenen Namen.« Dieser Spruch aus dem Rigveda, der ältesten heiligen Schrift Indiens, umfasst in kühnem Bogen die schier unendliche Vielfalt der Religionen nicht nur Asiens – und verweist auf eine universal gültige, ewige Wahrheit, die kultur- und zeitübergreifend innerster Kern aller spirituellen Wege ist. Dies sollte aber nicht mit der heute gerne gepflegten Beliebigkeit verwechselt werden, die alle Religionen »gleichschalten« und ihre individuellen Verschiedenheiten in oberflächlicher Einheitsspiritualität verwischen möchte. Unzählige religiöse Wege gibt es in Asien: Von schamanistischen Naturkulten bis zu den Philosophien des Vedanta und Mahayana-Buddhismus reicht das breit gefächerte Spektrum. Zahlreiche Götter und Heilige, nahezu unüberschaubare Aufspaltungen in Schulen, Sekten, Lehrmeinungen und mystische Traditionen, vielfältige Kulte, Riten und Praktiken, verschiedene heilige Schriften, Philosophien, Kosmologien, Legenden und Mythen prägen diese Religionen, was sich auch in einer Fülle von Architektur- und Kunststilen ausdrückt. Manche dieser Religionen gehören zu den größten der Welt, wie etwa Hinduismus und Buddhismus, andere haben sich nur in manchen Ländern Ostasiens verbreitet, wie Taoismus, Shintoismus oder Konfuzianismus, manche sind fast gänzlich unbekannt, wie Jainismus, Bön oder Caodaismus.

Nahezu unüberschaubar aber sind die Stätten, die diesen Religionen in allen Ländern Asiens als heilig gelten – Berge, Höhlen, Inseln und Flüsse, Tempel, Klöster, Schreine, Stupas, Kultstätten, Pilgerorte. Manche sind weltberühmt, zählen zum UNESCO-Weltkulturerbe und ziehen Touristenströme aus Ost und West an, andere hingegen sind in westlichen Ländern so gut wie unbekannt, obwohl Millionen von Gläubigen sie jedes Jahr besuchen. Manche waren bereits Stätten der Verehrung und »Orte der Kraft«, bevor es überhaupt organisierte Religionen gab, andere entstanden erst in moderner Zeit. Manche sind identitätsstiftende Symbole einer bestimmten Religion, andere gelten gleich mehreren Glaubensrichtungen heilig, wieder andere verloren ihren Status im Wandel der Zeit, waren vor Jahrhunderten pulsierende spirituelle Zentren, doch sind heute nur mehr archäologische Parks oder liegen im Einflussbereich einer völlig anderen Religion. Und noch andere mussten selbst in neuerer Zeit schreckliche Zerstörung erfahren, wie die Tempel und Klöster der Mongolei und Tibets oder viele Heiligtümer in China.

All diese Stätten gelten als »heilig«. Doch führen solche »Tore zum Himmel« durchaus in unterschiedlich gedachte Himmel. Der Begriff »Himmel« ist in diesem Zusammenhang ohnehin nur Metapher für das Überirdische, Transzendente, das oft sehr verschieden aufgefasst wird, selbst innerhalb einer Religion. Streben etwa die Mönche des Theravada-Buddhismus nach dem Verlöschen im Parinirvana, so beten andere buddhistische Schulen um Wiedergeburt in einem »Reinen Land«, etwa im Himmel des transzendenten Buddha Amithaba. Doch ob höchste Erkenntnis, Erleuchtung, Befreiung, Einswerden mit dem Absoluten oder Eintritt in eine paradiesische Götterwelt – all diese Auffassungen über das Ziel des Lebens und des geistigen Weges verdichten sich in den heiligen Stätten aller asiatischen Religionen, die als transzendente Brücken und Tore, als Furten über den Fluss von Tod und Wiedergeburt verstanden werden.

Viele Gläubige pilgern jedoch mit ganz und gar weltlichen Absichten zu diesen »Orten der Kraft«, suchen nur einen irdischen Abglanz des Himmels, beten um Fruchtbarkeit, Reichtum, Heilung und Lösung von Problemen. Aber auch wenn manche Stätten heute keine »aktiven« Pilgerziele mehr sind, sondern touristische Sehenswürdigkeiten, legen sie immer noch auf einzigartige Weise Zeugnis ab von den reichen Ausdrucksformen asiatischer Spiritualität. Es ist die besondere »Energie« oder »Ausstrahlung«, die auf subtile Weise die kaum zu beschreibende Wirkung vieler sakraler Stätten ausmacht und auch an längst verlassenen oder gar zerstörten Orten spürbar bleibt. Daher stand im Vordergrund der Überlegungen, welche Stätten in dieses Buch Aufnahme finden sollten, stets die heutige oder einstige spirituelle Bedeutung eines Ortes, nicht sein Rang als kulturelle Sehenswürdigkeit. Die Grenzen des asiatischen Kontinents wurden dabei etwas enger gezogen und auf das »klassische« Asien beschränkt. Die heiligen Stätten der großen monotheistischen Religionen im Nahen Osten und Arabien, die streng gesehen geographisch auch noch zu Asien gehören, wie Jerusalem, Mekka oder Konstantinopel, wurden nicht mit aufgenommen. Denn um Judentum, Christentum und Islam wirklich gerecht zu werden, müsste man auch deren Heiligtümer und Wallfahrtsstätten in Nordafrika und Europa mit einbeziehen.

Die Bedeutung all dieser »Tore zum Himmel« in den Ländern Asiens ist jedoch nur im Zusammenhang mit den Mythen, Legenden,

Rechte Seite: Viele sakrale Feste in Bhutan schließen mit einer Zeremonie bei Sonnenaufgang des letzten Festtages, bei der ein riesiges Thangka an der Klosterwand herabgelassen wird. Das hier abgebildete, aus Stoffapplikationen gefertigte Thangka stellt Guru Rinpoche Padmasambhava dar, eine der wichtigsten religiösen Persönlichkeiten des tibetischen Buddhismus aus dem 8. Jahrhundert.

Riten und Gebräuchen der »dazugehörigen« Religion zu begreifen – insbesondere, wenn eine bestimmte Stätte gleich mehreren Religionen als heilig gilt. Doch bei aller Verschiedenheit haben die Religionen Asiens sich gegenseitig auch durchdrungen, beeinflusst und befruchtet, haben Traditionen weitergetragen und fortentwickelt, Neues in sich aufgenommen und verwandelt und bilden ein lebendiges geistiges Geflecht mit zahllosen wechselseitigen Bezügen und Verwandtschaften.

MUTTER INDIENS KINDER

Nirgends wird das so deutlich wie in Indien, dem Mutterland asiatischer Spiritualität. Wenig ist bekannt über die Religionen Indiens der »vorarischen« Zeit, vor dem 2. Jahrtausend v. Chr. Vermutlich bildeten wie überall sonst in Asien animistische Vorstellungen den Nährboden der späteren Hochreligionen. In Zentral- und Südindien verehrte man die Große Muttergottheit und Tiergottheiten, in der hoch entwickelten »Induskultur« mit ihren städtischen Metropolen lassen Siegel bereits auf yogische Praktiken und Vorformen des Shiva in seiner Erscheinungsform als Pashupathi, als Herr der Tiere, schließen. Auch Lingam und Yoni, die Symbole von Shiva und Shakti, waren schon bekannt. Als zwischen 1800 und 1600 v. Chr. die indoarischen Stämme einwanderten, begann die durch schriftliche Aufzeichnungen gesicherte vedische Epoche. In den vier Vedas, den ältesten Texten Indiens, zwischen 1500 und 600 v. Chr. in Sanskrit niedergeschrieben, sind mündlich überlieferte Traditionen gesammelt, die aus dem Dunkel der Vorzeit stammen. Die heiligen Sprüche, Lieder, Hymnen und Opferformeln der als Shruti, als göttliche Offenbarung geltenden Veden richten sich an Gottheiten, die oft noch Naturkräfte personifizieren und für die es Entsprechungen in anderen indoarischen Kulturen gibt, etwa in Griechenland, Kleinasien und Iran. In Indien brachte diese Religion das Kastenwesen hervor, das ursprünglich vier Varnas kannte, Großkasten, aus denen sich etwa 2000 bis 3000 meist mit Berufsgruppen verbundene Unterkasten entwickelten. Die Kasten prägen bis heute das gesell-

Oben: Der Hari Mandir Sahib, der goldene Tempel inmitten des Nektarteiches von Amritsar in Nordindien, ist das zentrale Heiligtum der Sikh-Religion.

schaftliche Leben Indiens. Oberste Kaste war die der Brahmanen, der Priester und Erzieher, die das Monopol auf die immer komplizierter werdenden Opferriten innehatte und dies auch als Machtmittel nutzte. In der Epoche des Brahmanismus, zwischen 900 und 400 v. Chr., entstanden die Upanishaden, die ebenfalls als Shruti gelten. Upanishad bedeutet »sich nahe bei jemandem niedersetzen«. Gemeint ist der Schüler, der sich zu Füßen seines Guru niederlässt, um im vertraulichen Zwiegespräch die geheime Lehre zu empfangen. In den Upanishaden geht es nicht mehr um Opfer oder Wissenschaften wie in den Veden, sondern um die Möglichkeit jeden Individuums, Befreiung zu erlangen. Die Lehre von Karma und Reinkarnation, tragende Säule vieler asiatischer Religionen, wurde ausgeformt und brachte das Gefüge von Götterglaube und priesterlicher Hierarchie ins Wanken, da auch die Götter trotz ihrer scheinbar unendlichen Lebensfristen letztlich doch vergänglich waren und dem Gesetz des Karma unterlagen. An die Stelle der Opfer, mit denen man mit Hilfe der Brahmanen diese Götter günstig stimmen wollte, trat das persönliche, individuelle Streben nach Moksha, nach Befreiung vom ewig sich drehenden Rad von Leben, Tod und Wiedergeburt. Immer mehr Menschen suchten nun Erlösung in Abkehr von der Welt, in Askese, Einsamkeit und Meditation.

Auch bedeutende Religionsgründer, die mit ihren Lehren die vedischen Traditionen verließen, zählten zu diesen Asketen: Siddharta Gautama, der spätere Buddha, und Vardhamana, der als Mahavira die Jain-Religion begründete – beides Söhne aus reichen Familien der Kshatriyas, der Kaste der Herrscher und Krieger. Auch an anderen Orten der Welt traten nahezu gleichzeitig wichtige geistige Lehrer auf: die vorsokratischen Philosophen in Griechenland, Zoroaster in Mittelasien, in China Konfuzius und Lao-tse. Der Philosoph Karl Jaspers bezeichnete diese Epoche geistigen Umbruchs als »Achsenzeit«, als »tiefsten Einschnitt der Geschichte«.

Im Westen wird gewöhnlich der Begriff Hinduismus gebraucht, um die indische Spiritualität nach der Epoche des Brahmanismus zu benennen. Die Bezeichnung »Hindu« wurde aber erst viel später von den muslimischen Eroberern eingeführt. Die Inder selbst machen keinen Schnitt zwischen Brahmanismus und den späteren Entwicklungsphasen ihrer Religion, sondern nennen ihren Glauben Sanatana-Dharma, Ewige Wahrheit oder Ewiges Gesetz. Doch ist diese Ewige Wahrheit äußerst vielfältig. Im Hinduismus gibt es kein festes Glaubensbekenntnis, kein bestimmtes heiliges Buch, auf das alle Hindus sich ausschließlich berufen, keinen Religionsstifter. Stattdessen trifft man auf eine Fülle oft scheinbar widersprüchlicher Theorien über Gott und Götter, die Entstehung der Welt, den Weg zur Befreiung. Von Blutopfern über ausgefeilte Yoga- und Meditationsübungen bis zu subtilsten philosophischen Konzepten und inbrünstiger Hingabe an eine Gottheit reicht das breit gefächerte Spektrum hinduistischer Religiosität. Naturreligion, alte lokale Kulte, Polytheismus, Monotheismus, Pantheismus, Monismus existieren friedlich nebeneinander und werden vom Begriff »Hinduismus« umfasst. Mahatma Gandhi brachte diese Mannigfaltigkeit auf den Punkt: »Der Hinduismus ermöglicht es jedem, Gott nach seinem eigenen Gesetz zu verehren.« Aus diesem Nebeneinander, dieser Verschlungenheit in der Vielfalt, rührt auch die Toleranz und Duldsamkeit der Hindus her. Alle Einflüsse von außen wurden aufgesogen, die heiligen Stätten verschiedener Glaubensrichtungen, die Gründer und Propheten anderer Religionen in das eigene System integriert – so gilt Buddha etwa als Inkarnation Vishnus. Und bis in die heutige Zeit geben zahlreiche Gurus, Heilige und Denker mit ihren oft in Millionen zählenden Anhängerschaften dem spirituellen Leben Indiens immer wieder neue Impulse. Ramakrishna, Vivekananda, Sri Aurobindo, Yogananda und Ramana Maharshi seien hier nur als besonders bedeutende, auch im Westen berühmte Lehrer genannt.

Will man diese Vielfalt ordnen, bietet sich die Unterscheidung in drei wesentliche Zweige an: 1. Shivaismus, dessen Anhänger Shiva als höchste Gottheit, als Herrn des Universums verehren. Eigentlich kommt Shiva in der Trimurti, der Hindu-Trinität, die Rolle des Zerstörers zu. Den Shivaiten aber gilt er als universaler Gott, der alle Eigenschaften von Schaffen, Erhalten und Zerstören in sich vereinigt, als Vernichter der Unwissenheit, als göttlicher Yogi, der den Weg weist über die Dualität hinaus. In Vereinigung mit seiner Shakti steht er für die Einheit der polaren Urenergien der Schöpfung. 2. Die Anhänger des Vishnuismus hingegen weisen Vishnu, dem Erhalter, diese Rolle zu. Er verkörpert sich in verschiedenen Zeitaltern immer wieder als Avatar auf Erden, um die Ordnung der Welt erneut herzustellen. Rama, Held des Epos Ramayana, und Krishna, die beliebteste Gottheit Indiens, zählen zu seinen zehn besonders verehrten »Herabkünften«. 3. Der Shaktismus wiederum hebt den weiblichen Aspekt des Göttlichen hervor. Die Mahadevi, die höchste Göttin in ihren zahlreichen Erscheinungsformen, ist sowohl liebende Muttergottheit, Gebärerin und Erhalterin allen Lebens, Erlöserin, Trägerin der schöpferischen Urenergie, Ergänzung und Partnerin der männlichen Hochgötter, aber auch grausame Zerstörerin, die das Blut von Opfertieren – und einst auch von Menschen – fordert. Ihr uralter, auf vorarische Zeit zurückgehender Kult ist wiederum eng mit tantrischen Vorstellungen verknüpft, jenen Geheimlehren, magischen und energetischen Praktiken, die im Indien des 5. und 6. Jahrhunderts Hinduismus, Buddhismus und Jainismus gleichermaßen durchdrangen. Die drei Hauptzweige des Hinduismus wiederum haben eine Vielzahl von Unterschulen und Sekten hervorgebracht.

Auch die sechs Darshanas, die philosophischen Schulen, bieten einen Ansatz, die vielen Varianten des Hinduismus zu gliedern: Yoga und Vedanta sind die beiden bekanntesten und einflussreichsten. Yoga mit seinen verschiedenen Systemen führt auf einem – gemäß dem Raja-Yoga – achtstufigen Praxisweg zur Vereinigung mit dem Göttlichen: Selbstbeherrschung, ethische Reinheit, Körperhaltungen, Atemübungen, Abziehen der Aufmerksamkeit von Sinnesobjekten, Konzentration, Meditation und Samadhi, das Aufgehen im Objekt der Meditation. Vedanta ist die Lehre über das Absolute, Nicht-Duale, die Einheit von Atman und Brahman, und gilt im Westen als Inbegriff hinduistischer Philosophie.

All diese Wege und Philosophien durchdringen und beeinflussen sich gegenseitig; aus allen gemeinsam haben sich fünf klassische Margas, Heilspfade, entwickelt, auf denen die Vereinigung mit Gott, die Befreiung vom Kreislauf der Wiedergeburten, erreicht werden kann: Der Weg des Yoga wird hier noch einmal genannt, die Geheimlehren des Tantra, Karman-Marga, welcher der Erlösung durch Ansammeln von Verdiensten durch gute Taten, Opfer und Gebete anstrebt, Jnana-Marga, der Weg, der das Absolute durch Erkenntnis und Unterscheidung zu verwirklichen sucht, sowie Bhakti-Marga, der das gleiche Ziel auf dem Pfad hingebungsvoller Gottesliebe erreichen möchte.

Die verschiedenen Zweige des Hinduismus strahlten von Indien aus in andere asiatische Länder und brachten dort Hochblüten religiöser Kultur hervor – vor allem im Reich der Khmer in Kambodscha sowie in Indonesien, wo noch heute die Insel Bali von einer lokalen Ausprägung des Hinduismus geprägt wird.

FURTBEREITER, BUDDHAS UND GURUS

Im reichen geistigen Nährboden des Hinduismus wurzeln aber auch geistige Pfade, die sich von der vedischen Tradition lösten und zu eigenständigen Religionen wurden, auch wenn sich Elemente hinduistischer Weltsicht in ihnen bewahrten. Zwei davon entstanden etwa zur gleichen Zeit: Jainismus und Buddhismus.

Vardhamana, bekannt unter seinem Ehrennamen Mahavira, großer Held, verließ seine Familie als junger Mann, um das Leben eines nackten Wanderasketen zu führen. Nach vielen Jahren strengster Askese und Meditation erlangte er vollkommene Einsicht und Erleuchtung, wurde zum Jina, zum Sieger und Weltüberwinder, begann als Wanderprediger zu lehren und sammelte Schüler aus allen Kasten um sich. Er berief sich auf 23 Vorgänger, Thirtankaras, Furtbereiter, die wie er im ewigen Strom von Geburt, Tod und Wiedergeburt eine Furt, eine Möglichkeit des Hinübergehens in die Befreiung gefunden hatten. Historisch ist aber nur Parshvanatha nachzuweisen, der 23. in dieser Reihe. Vermutlich hat Mahavira, der im Jainismus als 24. und letzter Thirtankara gilt, eine bereits bestehende Bewegung von Asketen und Mönchen übernommen und reformiert. Im Jainismus zeigen sich viele Parallelen zum frühen Buddhismus – nicht nur in der Biografie der beiden Religionsgründer. So verneinen auch die Jainas einen allmächtigen, persönlichen Schöpfergott, der die Geschicke von Welt und Menschen lenkt, und suchen stattdessen Befreiung aus eigener Bemühung heraus zu erlangen, durch Askese, Fasten und Meditation. Auch lehnen sie wie die Buddhisten das Kastenwesen ab und übernahmen vom Hinduismus die Lehre von Karma und Reinkarnation. Auseinandersetzungen über den wahren Weg zur Erlösung führten Ende des 1. Jahrhunderts n. Chr. zu einer Spaltung der Jainas in zwei Fraktionen – die Digambaras, die Luftgekleideten, die dem Beispiel Mahaviras folgten und nackt in der Welt wandeln, und die Shvetambaras, die Weißgekleideten, die ihren Körper bedecken. Mönchs- und Nonnenorden bildeten sich, und auf den Bergen Indiens entstanden zahlreiche Heiligtümer und Pilgerstätten. Ahimsa, das Gebot absoluter Gewaltlosigkeit, das Nichtverletzen anderer Lebewesen, ist oberstes Prinzip der Jainas. Nicht lügen, nicht stehlen, sexuelle Enthaltsamkeit und Besitzlosigkeit sind die anderen Hauptgebote, dazu kommt die Aufforderung, vegetarisch zu leben, an bestimmten Tagen des Monats zu fasten und täglich zu meditieren. Die extrem asketische Ausrichtung verhinderte die Verbreitung des Jainismus außerhalb Indiens, ganz im Gegensatz zum Buddhismus, der rasch ganz Asien eroberte.

Wie Mahavira war auch Siddharta Gautama Sohn eines Fürsten aus der Kriegerkaste. Die Legende berichtet über Wunder, die sich schon bei seiner Geburt ereigneten, und über die 32 körperlichen Merkmale eines Erleuchteten, die das Kind aufwies. Sein Vater aber wollte davon nichts wissen und ließ seinen Sohn abgeschottet in Vergnügen und Luxus aufwachsen. Vier heimliche Ausflüge in die Welt außerhalb seiner Paläste aber ließen den verwöhnten Prinzen die Bedingtheit menschlichen Daseins erkennen: Alter, Krankheit und Tod. Er sah einen Greis, einen Pestkranken und einen Toten. Erschüttert von diesen Erlebnissen begegnete er bei seinem vierten Ausflug einem Wanderasketen, der durch Abkehr von allem Weltlichen inneren Frieden gefunden hatte. Im Alter von 29 Jahren, in der Nacht, in der sein Sohn geboren wurde, verließ Siddharta Familie und Palast und kleidete sich in das Bettelgewand eines Asketen. Er suchte Unterweisung bei Brahmanen und Yogis, unterzog sich den schärfsten Formen der Askese, bis er zu der Erkenntnis gelangte, dass völlige Lebensverneinung ebenso wenig zur Befreiung führt wie Reichtum und Sinnesgenuss. Unter einem Feigenbaum im heutigen Bodh Gaya erlangte er schließlich durch den »Mittleren Weg« der Meditation Befreiung aus dem Kreislauf von Tod und Wiedergeburt. Aus dem Prinzen Siddharta Gautama war der erleuchtete Buddha geworden. Nach anfänglichem Zögern begann er zu predigen, zog über vierzig Jahre durch Indien, sammelte Anhänger aus allen gesellschaftlichen Schichten um sich und gab ihnen die Regeln eines Mönchsordens. Nach seinem Tod verbreitete sich seine Lehre rasch, doch bald schon spaltete sich die buddhistische Gemeinschaft in verschiedene Schulen. Blieben die grundlegenden Aussagen des Erhabenen, die »Vier edlen Wahrheiten«, die »Vier Siegel« und der »Achtfache Pfad« bis heute für alle Schulen verpflichtend, so kam es hinsichtlich der letztlichen Realität der Welt und ihrer Phänomene zu unterschiedlichen Lehrmeinungen. Diese frühen buddhistischen Schulen, von denen heute nur mehr Theravada existiert, vor allem auf Sri Lanka und dem südostasiatischen Festland, wurden später unter dem abwertenden Begriff Hinayana, kleines Fahrzeug, zusammengefasst. Denn um die Zeitenwende kam es zu einer weiteren, einschneidenden Spaltung des Buddhismus: Mahayana, das große Fahrzeug, ebnete den Weg für die asienweite Verbreitung der buddhistischen Lehre. Stand im Hinayana die spirituelle Befreiung des einzelnen weltabgewandten Mönches im Mittelpunkt, so entwickelte sich Mahayana von diesem exklusiven Heilsweg für Mönche zu einer Volksreligion, die allen Gläubigen die Möglichkeit zugestand, Erleuchtung zu erlangen. Ideal des Mahayana wurde der Bodhisattva, das »Erleuchtungswesen«, das freiwillig darauf verzichtet, ins Parinirvana einzugehen und Befreiung nur anstrebt, um allen anderen Wesen zu helfen. Dieser altruistische Erleuchtungsgeist (Bodhicitta) wurde zum Kern der spirituellen Praxis des Mahayana, das sich ebenfalls in zahlreiche Schulen aufspaltete. In der komplexen Philosophie des Mahayana veränderte sich auch die Sicht auf den Buddha. War dieser im Hinayana ein Mensch gewesen, der den Weg zur Befreiung beispielhaft vorgelebt

hatte, um nach seinem Tod für immer im Parinirvana zu verlöschen, betrachtete Mahayana den historischen Buddha Shakyamuni ebenso wie alle Buddhas der Vergangenheit und Zukunft als transzendente Wesen, eins mit dem Absoluten, mit vielfältigen Körpern und Erscheinungsformen, die jeder irdischen Bedingtheit enthoben sind. Diese Buddhas und die großen Bodhisattvas wurden zu verehrten Idolen einer rasch wachsenden, alle Volksschichten ergreifenden populären Religion. Der Mahayana-Buddhismus begann einen beispiellosen Siegeszug durch Asien, erreichte über Mittelasien auch die Reiche des fernen Ostens, wo sich, auch in Auseinandersetzung mit den ursprünglichen Religionen dieser Länder, weitere Schulrichtungen wie etwa Zen herausbildeten.

Wie Hinduismus und Jainismus wurde auch der Mahayana-Buddhismus von tantrischen Lehren durchdrungen. Aus dieser Mischung entstand das Diamant-Fahrzeug, der Vajrayana-Buddhismus, der bis heute vor allem in Tibet und den Himalayaländern, aber auch im Shingon-Buddhismus Japans praktiziert wird. In diesen tantrischen Buddhismus, vor allem in die Volksreligiosität, flossen wiederum Elemente der animistischen Glaubenswelten ein, in Tibet etwa Praktiken und Konzepte aus der alten einheimischen Religion des Bön. Bön allerdings reformierte sich selbst durch die Begegnung mit der neuen, aus Indien stammenden Religion und übernahm viele Lehren und Strukturen des Buddhismus, sodass Bön und tibetischer Buddhismus heute in vielem kaum mehr zu unterscheiden sind.

Der Buddhismus blüht bis in die Gegenwart in großen Teilen Asiens, in seinem Entstehungsland Indien aber wurde er durch eine Renaissance des Hinduismus und letztlich durch die muslimischen Invasoren so gut wie ausgelöscht. Mit dem Islam drang eine neue religiöse Kraft nach Indien und in andere asiatische Länder vor, die einschneidende Veränderungen bewirkte. Heute ist der Islam zweitgrößte Religion Indiens und auch in Indonesien, Malaysia, Brunei und in weiten Teilen Westchinas vorherrschend.

Aus der Konfrontation von Islam und Hinduismus entstand in Indien aber auch eine ganz neue Religion – der Sikhismus. Sein Grün-

Oben: Im Hinduismus werden zahlreiche Devi, weibliche Gottheiten, in ihren verschiedenen Erscheinungsformen verehrt.

der, Guru Nanak (1469–1538), war Schüler des Dichters und Mystikers Kabir, der von Hindus und Muslimen gleichermaßen verehrt wurde und versuchte, die Essenz beider Religionen zu vereinen. Guru Nanak übernahm vom Islam die Konzepte des Monotheismus und der Bilderlosigkeit, vom Hinduismus die Lehre von Karma und Reinkarnation. Auch aus den mystischen Traditionen beider Religionen schöpfte er – der Weg zu Gott führt für den praktizierenden Sikh über Predigt und Lehre, Hingabe (Bhakti) und Meditation. Das Kastenwesen lehnte Guru Nanak ab – seine Lehre sollte jedem Menschen offen stehen, ungeachtet Rasse, Herkunft oder Geschlecht. Neun Gurus folgten ihm nach, der fünfte fasste die Sikh-Lehren in einem heiligen Buch, dem Adi Granth, zusammen und machte die Position des Guru in seiner Familienlinie erblich. Der zehnte Guru erstellte die Endfassung des Adi Granth und verkündete vor seinem gewaltsamen Tod im Jahr 1708, dass kein lebender Meister ihm nachfolgen werde, sondern fortan das Adi Granth erste religiöse Autorität aller Sikhs sei. Noch in der Zeit der lebenden Gurus kam es wiederholt zu blutigen Auseinandersetzungen zwischen Sikhs und muslimischen Mogulkönigen, die drei der Sikh-Gurus gefangen nahmen und hinrichteten. Die Gemeinschaft der Sikhs entwickelte eine kampfstarke Militärorganisation, um ihr Überleben zu sichern, und konnte Anfang des 19. Jahrhunderts im Punjab sogar ein unabhängiges Reich gründen, das aber schon fünfzig Jahre später von den englischen Kolonialherren unterworfen wurde. Bis heute gelten die Sikhs, die alle den Nachnamen Singh (Löwe) tragen, als tapfere Soldaten der indischen Armee. Sikh-Frauen haben den Nachnamen Kaur (Prinzessin). Fünf äußerliche Merkmale, die Kakars, sind für gläubige Sikhs typisch und dienen als ihr Erkennungsmerkmal – ungeschnittenes, aber gepflegtes Haar und Bart, Turban, Holzkamm, Dolch und eiserner Armreif.

Neben dem Islam und später auch dem Christentum kam noch eine weitere Religionsgruppe nach Indien; es waren allerdings nicht Eroberer und Missionare, sondern Flüchtlinge – die Parsen, Anhänger des in Mittelasien geborenen Zoroaster, dessen von strengem Dualismus (Licht–Dunkel, Gut–Böse) geprägter Glaube im alten persischen

Oben: Zahllos sind die kleinen und großen sakralen Feste, bei denen die Menschen Balis zu den Göttern beten.

Reich Staatsreligion war, dann aber vom Islam verfolgt wurde. Die kleine parsische Gemeinschaft fand im 8. Jahrhundert in Indien eine neue, tolerante Heimat und konnte dort ungehindert ihre »Türme des Schweigens« errichten, jene Bestattungsorte, an denen die Körper der Toten den Geiern zum Fraß überlassen werden. Auch die tibetischen Flüchtlinge, die seit 1959 dem Dalai Lama aus dem von den Chinesen besetzten und unterdrückten »Schneeland« ins Exil gefolgt waren, fanden in Indien bereitwillige Aufnahme. Mit den Tibetern kehrte auch der Buddhismus in das Land seiner Entstehung zurück.

IM REICH DER MITTE

Schwere Verfolgung mussten im 20. Jahrhundert auch die Religionen Chinas erdulden. In der chinesischen Geschichte spielten vor allem die »drei Lehren« eine herausragende Rolle: Taoismus, Konfuzianismus und Buddhismus. Entstanden die beiden ersten im Reich der Mitte selbst, so erfuhr der aus Indien importierte Buddhismus in China deutliche Prägungen und brachte völlig neue Schulrichtungen hervor, etwa den Chan(Zen)-Buddhismus, der ohne den Einfluss des Taoismus nicht möglich gewesen wäre. Als der Buddhismus auf der Seidenstraße von Mittelasien aus ins Reich der Mitte kam, waren Taoismus und Konfuzianismus bereits ausgeprägt, und fortan beeinflussten sich die drei Lehren gegenseitig. Dabei bezogen alle drei auch Elemente der alten Volksreligiosität ein, etwa den Ahnenkult, der seit Jahrtausenden in jedem Haushalt verwurzelt war. Auch der Staatskult, die Verehrung der höchsten Himmelsgottheit sowie die Opfer an Himmel und Erde und die dynastischen Ahnen, die der Kaiser zu vollziehen hatte, um sein »Mandat des Himmels« zu bekräftigen, wurzelt im Ahnenkult und in der Hierarchie geistiger Wesen, die von Geistern und Dämonen über lokale Berg- und Naturgötter bis zu den Gottheiten des taoistischen Pantheons reicht.

»Das Tao, von dem man reden kann, ist nicht das ewige Tao. Ein Name, den man nennen kann, ist nicht ein ewiger Name. Das Namenlose ist der Anfang von Himmel und Erde. Das Benannte ist die Mutter der Zehntausend Dinge.« So beginnt das bedeutendste Buch des Taoismus, das Tao te King, das Lao-tse, der »alte Meister«, im 6. Jahrhundert v. Chr. auf Bitten des Passwächters hinterlassen haben soll, als er hochbetagt auf einem Ochsen über einen Gebirgspass gen Westen ritt, um diese Welt für immer zu verlassen. Historisch ist Lao-tse nicht fassbar; vermutlich wurde das Tao te King von mehreren Autoren zusammengestellt, doch gilt dieses Werk über das Tao, den Weg, den Urgrund, das ordnende Prinzip des Universums, als Kern des philosophischen Taoismus. Eine Vielzahl von Schriften, Lehren, Praktiken und Schulen sind unter dem Schirm des Tao versammelt, viele Einflüsse anderer geistiger Wege haben ihre Spuren hinterlassen und verschiedene Facetten des Taoismus geprägt. Der im 5. und 6. Jahrhundert erstmals zusammengestellte Kanon des Taoismus enthält neben dem Tao te King und einem weiteren frühen Hauptwerk, dem »Wahren Buch vom südlichen Blütenland«, das Tsuang-tse und seinen Schülern zugeschrieben wird, zahlreiche Offenbarungen, Ritualhandbücher, Liturgien, Legenden über Heilige, Praxis- und Meditationsanleitungen sowie Schriften über Alchimie, Philosophie und Medizin. Ebenso vielfältig ist der Einfluss, den die verschiedenen Formen des Taoismus auf die chinesische Geisteswelt ausübten. So gingen aus dem Streben nach physischer Unsterblichkeit, einem zentralen Thema bedeutender taoistischer Schulen, zahllose Praktiken zur Lebensverlängerung und Erhaltung der Gesundheit hervor. Atem-, Bewegungs-, Kampf- und Meditationstechniken, sexuelle und magische Praktiken, Gymnastik, Kräutermedizin, Geomantie, die Lehren von der Lebensenergie Qi, den polaren Kräften Yin und Yang oder den fünf Elementen und Wandlungsphasen gehören ebenso zum Taoismus wie die Alchimie, die nach der Essenz der Unsterblichkeit forschte und dabei auf »Abfallprodukte« wie das Schießpulver oder halluzigene Drogen stieß. Das Wei Wu, die Lehre vom Nichteingreifen, vom »Tun ohne zu tun«, vom zurückgezogenen Leben im Einklang mit dem Kosmos und dem natürlichen Lauf der Dinge, gehört zwar zum philosophischen Kern des Tao, doch brachte dieser später auch religiöse Gruppen, Orden und messianische Bewegungen hervor, die aktiv und teilweise auch gewalttätig Machtpolitik betrieben. Die älteste Schule dieses religiösen Taoismus, der im 2. Jahrhundert begründete »Weg des Himmelsmeisters«, besteht noch heute in Taiwan.

Das Pantheon des Taoismus kennt Hunderte, ja Tausende von Göttern und vergöttlichten Heiligen, für die es aber keine festgelegte Rangordnung gibt. Einige davon, wie etwa der Gott des Herdes, spielten im täglichen Leben jedes chinesischen Haushalts eine bedeutende Rolle. Auch Lao-tse wurde vergöttlicht und bildet mit dem Jadekaiser, der höchsten Himmelsgottheit, und Taojun, dem Herrn über Tao und Zeit, die Trinität der »Drei Reinen«. Die Herren der fünf heiligen Berge des Tao und die acht Unsterblichen sind weitere herausragende geistige Wesenheiten. Je nach religiöser Ausrichtung des Kaisers war der Taoismus im Laufe der chinesischen Geschichte immer wieder Staatsreligion, so etwa in der Tang-Dynastie, oder aber wurde verfolgt. Trotz einiger Versuche im 20. Jahrhundert, ihn auszulöschen, wird er bis heute praktiziert.

Auch die andere ursprünglich chinesische »Religion«, die maßgeblichen Einfluss auf Staat und Gesellschaft ausübte, gewinnt heute nach schwerster Unterdrückung wieder Gewicht – der Konfuzianismus. Eigentlich ist die Lehre des Kung-tse, des »Meisters Kung«, dessen Name später von jesuitischen Missionaren zu »Konfuzius« latinisiert wurde, keine Religion, sondern eine Anleitung des Menschen zum »rechten Leben« als Individuum und Mitglied von Familie und Gesellschaft. Zu metaphysischen Fragen über Gott und Götter oder die Entstehung des Universums hat sich Konfuzius nicht geäußert, und auch seine Nachfolger legten sich dazu nicht fest. Die Aussagen des Konfuzius und bedeutender Nachfolger, die seine Lehre ergänzten und erweiterten und im »Neokonfuzianismus« sogar mit taoistischem und buddhistischem Gedankengut verbanden, sind in einem Kanon von neun Werken vereint. Konfuzius selbst hat nie etwas niedergeschrieben. Seine gesammelten Worte, die er im Dialog mit Schülern äußerte, wurden erst später im Lunyü, einer dieser kanonischen Schriften, zusammengefasst. Auch das I Ging, das taoistisch geprägte Buch der Wandlungen, ist Teil dieses Kanons. Im Zentrum der konfuzianischen

聖公神門

Lehre steht das Li, die ordnende Kraft in Staat und Familie durch rechtes Befolgen der Riten, durch Sitte, Benehmen und korrekte Form. Tugenden wie Menschlichkeit, Rechtschaffenheit, Aufrichtigkeit wirken zusammen, um den »Edlen« zu formen, das Idealbild konfuzianischer Menschenbildung. Darüber aber steht Pietät als Wurzel aller Tugenden. Sie muss auch den Ahnen der Familie erwiesen werden und verankert so den Ahnenkult Chinas im konfuzianischen System. Über dem »Edlen« stehen nur die Vollkommenen, etwa die frühen Kaiser, auf deren Weisheit sich Meister Kung immer wieder bezog, und unter ihm die gemeine Masse, das ungebildete Volk. Ab dem 3. Jahrhundert, als die Han-Dynastie die Macht ergriff, wurde der Konfuzianismus Staatsphilosophie, stützte das kaiserliche System und den Staatskult, mit der Folge, dass die Lehre sich den staatlichen Anforderungen anpasste. Auch Konfuzius selbst wurde nun in Tempeln verehrt. Die konfuzianisch geschulten Beamten mussten an Zeremonien zu seinen Ehren teilnehmen, und die Studenten erbaten in den »Literaturtempeln« den Beistand ihres Meisters für die bevorstehenden Prüfungen zum Dienst in der kaiserlichen Verwaltung. Erst 1912, nach dem Rücktritt des letzten Kaisers, wurde der Konfuzianismus als Basis chinesischen Staatswesens abgeschafft und in dem Maße, in dem das Land sich moderner Technik und Fortschritt nach westlichem Vorbild öffnete, als Symbol für Erstarrung und Rückwärtsgewandtheit angesehen. Nach den grausamen Unterdrückungen im China Maos finden viele moderne Chinesen wieder zu den identitätsstiftenden Werten und Traditionen des Konfuzianismus zurück, aber auch zu den beiden anderen ebenfalls hart verfolgten Religionen Taoismus und Buddhismus.

DER WEG DER GÖTTER

Auch in Japan traf der Buddhismus, der von China auf die Inseln der aufgehenden Sonne kam, auf eine urtümlich japanische Religion, die zunächst keinen Namen hatte. Der Begriff »Shinto«, Weg der Götter, wurde erst im 6. Jahrhundert eingeführt, um diesen aus dem Dunkel der Frühzeit stammenden japanischen Glauben vom Buddhismus zu unterscheiden. Wie alle in animistischen Traditionen wurzelnden Religionen kennt auch der Shintoismus keinen Stifter, kein fest gefügtes Dogma und keine verbindliche heilige Schrift. In den beiden ältesten Büchern Japans, dem Kojiki, der »Aufzeichnung alter Geschehnisse« aus dem 7., und dem Nihonshoki, einer historischen Chronik aus dem 8. Jahrhundert, finden sich Berichte über Mythen und die Kami, die »Gottheiten« des Shinto. Etwa die Schöpfungsgeschichte Japans, in der die drei wichtigsten Kami eine Rolle spielen – Amaterasu, die Sonnengöttin und Ahnherrin des Kaiserhauses, der Mondgott Tsukiyomi und der Meeres- und Windgott Susanoo. Auch Inari, der Gott des Reises, Musabi, Herr der Geburten, und Hachiman, der als Kriegsgott und Schutzgottheit der Samurai in besonders vielen Schreinen verehrt wird und den japanischen Buddhisten als großer Bodhisattva gilt, spielen im Shinto eine bedeutende Rolle. Ursprünglich waren die Kami mit den Erscheinungsformen der Natur verbunden, mit Flüssen, Seen, Bergen, Felsen, Bäumen, mit Tieren und Geistern. Die Kami, die zu Millionen zählen, sind keine allmächtigen göttlichen Wesen, sondern spirituelle Verbindung zwischen Mensch und Natur. Ihre Anbetung und die Feste zu ihren Ehren sollen diese Verbindung bekräftigen und erneuern oder die Kami besänftigen, können diese doch auch unberechenbar und zerstörerisch handeln. Orte, an denen Kami wirken, wurden zunächst mit einem Seil aus Reisstroh, das noch heute unverzichtbares Attribut jedes Shinto-Schreines ist, oder mit Papierstreifen markiert, bevor später Zäune und Torjis entstanden, jene typischen Tore, die vor allen Schreinen zu finden sind. Weitere wichtige Gebäude sind der Honden, der Wohnsitz der Kami, zu dem nur die Priester Zutritt haben, und der davor liegende Haiden, in dem die Gläubigen beten. Zahllose Schreine verteilen sich über ganz Japan, manche nur von lokaler, andere von überregionaler und staatstragender Bedeutung. Sie sind Schauplatz der Matsuri, der Feste zu Ehren der Kami, die im Jahreslauf gefeiert werden – zur Bepflanzung der Reisfelder, zur Feier der Ernte oder zu besonderen, mit den Kami des Schreins verbundenen Anlässen. Reinigung durch Salz und Wasser, Opfer an die Kami und Gebete der Gläubigen sind die drei wichtigsten Elemente dieser Feste. Waren die Kami zunächst formlos, so nahmen sie nach Einführung des Buddhismus im 6. Jahrhundert in der Vorstellung der Gläubigen allmählich menschliche Gestalt an. Shinto und Buddhismus begannen sich zu durchdringen und zu verschmelzen. In buddhistischen Tempeln galten die Kami nun als Beschützer des Buddha-Dharma, der Lehre des Erhabenen, während die Anhänger des Shinto die Buddhas und Bodhisattvas als Erscheinungsformen der Kami ansahen. Aus dem Konfuzianismus floss zudem der Ahnenkult in den Shinto-Glauben ein. Shinto selbst drang nie über die Grenzen Japans hinaus, denn es ist nicht möglich, zu dieser Religion zu konvertieren; man muss als Japaner geboren sein. Dann jedoch gehört man in jedem Fall zum Shinto, selbst wenn man sich zu anderen Religionen bekennt.

Die Verbindung mit dem Buddhismus wurde rüde getrennt, als ab dem 18. Jahrhundert der »reine Shinto« wiederhergestellt werden sollte und im 19. Jahrhundert durch kaiserliches Edikt der Staats-Shinto eingeführt wurde, der den Tenno, den Abkömmling der Kami Amaterasu, in den Mittelpunkt der Verehrung rückte. Mit dem Ende des Zweiten Weltkriegs wurde diese Verbindung von Staat und Shinto von den Siegermächten abgeschafft. Seither sind »Schrein-Shinto«, der in den zahllosen Shinto-Schreinen überall in Japan verwurzelt ist, und »Sekten-Shinto« mit etwa 150 Untergruppierungen die tragenden Säulen dieser Religion, die im modernen Japan wieder gleichberechtigt neben den verschiedenen Schulen des Buddhismus steht – und neben zahlreichen neu entstandenen religiösen Bewegungen. Über 300 solcher Glaubensformen haben sich seit dem 19. Jahrhundert in Japan entwickelt und existieren friedlich nebeneinander. Sie zeigen, dass auch in unserer globalisierten, materialistischen Epoche die religiöse Kraft Asiens ungebrochen ist und noch immer, nicht nur in Japan, neue Impulse zu den zahllosen Erscheinungsformen der »Einen Wahrheit« hinzukommen.

Linke Seite: Im Friedhof des Kung-tse (Konfuzius) an seinem Geburtsort Qufu sind etwa 10 000 seiner Nachkommen beigesetzt.

ZENTRALASIEN SEIDENSTRASSE

Kaum eine andere Region der Welt blickt auf eine derart wechselvolle und von so vielen verschiedenen Kulturen und Religionen geprägte Geschichte zurück wie Zentralasien, jene Wüsten, Steppen und Gebirgszüge, durch die in alter Zeit die Seidenstraße führte, ein verzweigtes Netz von Handelswegen, das Asien jahrhundertelang mit Europa verband. Völker aus Ost und West haben das Geschick dieser ausgedehnten Region mitbestimmt, haben friedlichen Handel getrieben und grausame Kriege geführt – Griechen, Perser, Araber, Tibeter, Chinesen, Mongolen, Turkvölker, Saken, Skythen und zahlreiche andere Steppenstämme. Auf der Seidenstraße gelangten afghanisches Lapislazuli nach Ägypten, chinesische Seide nach Rom, griechische Wollstickereien in die Mongolei, skytische Plastiken nach Ephesos, Buddhafiguren nach Nordeuropa, römische Münzen nach Südindien, indische Götterstatuen nach Pompeji. Die Formensprache hellenistischer Kunst verband sich mit indischer Geistigkeit und ließ die ersten Abbilder Buddhas entstehen – der Erhabene in Faltengewändern, eher einem Apoll gleichend denn einem indischen Erleuchteten. Pilger, Gesandte und Kaufleute waren oft viele Jahre auf der Seidenstraße unterwegs, und nicht selten wurden ihre Berichte als Lüge abgetan; zu phantastisch erschienen sie den Daheimgebliebenen.

Für die Verbreitung der Religionen spielte die Seidenstraße eine bedeutende Rolle. Griechische Philosophie begegnete dem Buddhismus und Hinduismus. Der Buddhismus etablierte sich zunächst in Zentralasien, bevor er weiter nach China getragen wurde. Später reisten chinesische Pilgermönche auf der weitverzweigten Seidenstraße nach Indien und Südostasien, um die heiligen Schriften im Original zu studieren und zu übersetzen. Manichäer, nestorianische Christen und Muslime folgten den Handelswegen, um ihren Glauben zu verbreiten. Jüdische Händler begründeten Siedlungen in Mittelasien und China, Hindus verehrten ihre Götter in indischen Handelsniederlassungen. Doch auch in Zentralasien selbst entstanden Religionen. Zunächst die schamanistischen Naturkulte, der Urgrund religiösen Lebens in ganz Asien. Den »bogenspannenden Völkern« war der Himmel heilig, ebenso die große Göttin, die als Erdmutter den Gegenpol des Himmels bildete. Die Sphäre zwischen Himmel und Erde aber bevölkerten zahllose Götter, Dämonen und Geister, mit denen die Schamanen umzugehen wussten. Dieser geistige Kosmos war offen für Einflüsse aus anderen Glaubenssystemen. Die Steppenstämme, die bei ihren Wanderungen und Kriegszügen mit Hochreligionen in Berührung kamen, nahmen diese oft rasch an, zugleich aber blieben ihre alten Vorstellungen lebendig und wurden in die neue Glaubenswelt integriert.

Mit der Wanderung der indoarischen Völker drangen auch die indoarischen Götter und ihre Opferkulte in den Westen Zentralasiens vor. Indra, Mithra und Varuna wurden nicht nur in der vedischen Religion Indiens angerufen, sondern auch in Kleinasien und im Iran. Gegen diese Glaubensvorstellungen und Opferriten wandte sich der in Mittelasien geborene Zoroaster, der im ersten vorchristlichen Jahrtausend eine Vision vom höchsten Gott Ahura Mazda empfangen und seine stark dualistische Lehre zu verbreiten begonnen hatte; diese stieg unter den persischen Achämeniden zur führenden Religion auf und breitete sich später über die Seidenstraße bis nach China aus.

Alle Elemente und Ausprägungen dieser komplexen religiösen Strömungen in Zentralasien – die Schamanen der Steppenvölker, die griechischen und persischen Kulte und Mysterien, Buddhismus und Zoroastrismus, Manichäer und Nestorianer, Juden und Hindus – kamen und gingen und existierten mehr oder weniger friedlich nebeneinander, bis 671 die Araber den Oxus überschritten, um den Glauben des Propheten nach Zentralasien zu tragen. Zuvor waren muslimische Kaufleute bis nach China gelangt und hatten dort noch zu Lebzeiten Mohammeds ein Gebetshaus gegründet. Nun erkämpfte sich der Islam mit Gewalt die Vorherrschaft. Schritt für Schritt drang er entlang der Seidenstraße bis nach China vor. Zunächst wurden nicht überall die anderen Religionen unterdrückt, doch nach und nach verschwand ihre Vielfalt. Ihre Tempel, Heiligtümer und Klöster in den Reichen der Seidenstraße verfielen. Verheerende Vernichtungskriege unter Dschingis Khan und seinen Nachfolgern tilgten die Spuren der Religionen vor dem Islam nahezu endgültig. Heute führt die ehemalige Seidenstraße zumeist durch muslimisches Gebiet, von den heiligen Orten des Iran über die geistigen Metropolen Mittelasiens wie Buchara und Samarkand bis zu den Städten Afghanistans und den einstigen Oasenkönigreichen Ost-Turkestans rings um die Wüste Taklamakan, die heute zu China zählen. Zahllose Moscheen, Medresen und Mausoleen zeugen von der Hochblüte muslimischer Architektur und Dekorationskunst. Nur das riesige Hochland von Tibet und die Steppen der Mongolei blieben unberührt vom Siegeszug des Islam. Dort ist neben den alten schamanistischen Elementen bis heute der Vajrayana-Buddhismus die führende Religion.

Rechte Seite: Das Mausoleum Schadi Mulk Aka von 1371 ist eines der am besten erhaltenen Grabmäler von Shah-i Sinda.
Vorhergehende Doppelseite: Die Medrese Shir Dor in Samarkand zeigt für islamische Bauwerke ungewöhnliche figürliche Darstellungen.

»DER LEBENDE SCHAH«

Shah-i Sinda

Die Totenstadt um das Grabmal des »Lebenden Schah« in Samarkand, einem Knotenpunkt der Seidenstraße, ist seit Jahrhunderten heiligstes Pilgerziel Mittelasiens und gehört zum Schönsten und Eindrucksvollsten, was weltweit vom islamischen Mittelalter erhalten blieb.

Samarkand – das antike Marakanda und das Afrasiab der Sogdier – ist wie kein anderer Ort Symbol für die Vielfalt von Luxusgütern, Kunststilen, Technologien, philosophischen und religiösen Ideen, die auf der Seidenstraße über viele Jahrhunderte ihren Weg von West nach Ost und von Ost nach West nahmen. Allein der Klang des Namens dieser uralten Stadt im heutigen Usbekistan, an einem der Knotenpunkte mehrerer Handelswege, weckt romantische Vorstellungen: von exotischen Basaren, verführerischen Düften und weitgereisten Karawanen, aber auch von grausamen Kriegsherren, Völkerwanderungen und Stürmen der Vernichtung, die immer wieder über die Oasen Mittelasiens hinwegfegten. Von frühem Technologietransfer auch – aus dem Reich der Mitte wurde das Geheimnis der Seidenherstellung nach Mittelasien geschmuggelt, und als 751 die Araber die Chinesen endgültig zurückschlugen, entstand hier die erste Papierfabrik außerhalb Chinas. Immer wieder wurde Samarkand zerstört und immer wieder erblühte es in einem neuen goldenen Zeitalter.

Auch für die Religionen Zentralasiens war Samarkand Brennpunkt. Die schamanistischen Glaubensvorstellungen der Steppenvölker wirkten hier ebenso wie die zoroastrischen »Feueranbeter«, die Götter und Heroen der Griechen und die Lehre des Buddha. Hier residierte der »Erzlenker« der Manichäer, und die Stadt war Sitz eines Metropoliten der nestorianischen Christen. Doch mit solcher Vielfalt war es rasch vorbei, als 712 die Muslime endgültig die grüne Fahne des Propheten über Samarkand aufpflanzten. Nun entstanden Moscheen, Medresen und Mausoleen, darunter bereits in der Zeit vor dem Mongolensturm ein Grabmal, das sogleich zu einem sagenumwobenen Pilgerort wurde: Shah-i Sinda. Die Legende berichtet, dass Kusam ibn Abbas, angeblich ein Vetter des Propheten Mohammed, im 7. Jahrhundert nach einer verlorenen Schlacht gegen die einheimischen Sogdier in einer ihm von Allah selbst gezeigten Höhle Zuflucht suchte, wo er bis heute fastend

Linke Seite: Das »Achteckmausoleum« in der Gräberstraße von Shah-i Sinda stammt aus dem Anfang des 15. Jahrhunderts.
Rechts: Pilgerin am Eingang des Mausoleums von Kusam ibn Abbas, dem «lebenden Schah«, dem heiligsten Ort von Shah-i Sinda.

und betend leben soll. Nach den Vernichtungsfeldzügen der Mongolen unter Dschingis Khan entstand 1335 ein neues Bauwerk für den »lebenden Schah«, das in den folgenden Jahren zum Zentrum eines rasch wachsenden Komplexes von Mausoleen wurde. Der grausame Krieger und fanatische Bauherr Timur Lenk machte im 14. Jahrhundert Samarkand zum Zentrum seines riesigen Reiches und zur prächtigsten Stadt seiner Zeit. Im ganzen Stadtgebiet und an anderen Orten Mittelasiens sind die Überreste monumentaler Architekturdenkmäler Timurs zu bewundern. Auch in Shah-i Sinda ließ er Handwerker und Künstler aus allen Teilen der von ihm eroberten Welt an Grabmälern für Familienmitglieder und treue Kriegsgefährten arbeiten. Am Stadtrand des islamischen Samarkand wurde die Nekropole erbaut, auf dem Trümmerhügel über dem antiken Marakanda, von dem schon Alexander der Große schwärmte, bevor er mit seinen Heeren nach Indien weiterzog. Die Nachfolger Timurs vollendeten Shah-i Sinda Mitte des 15. Jahrhunderts, darunter der »große Fürst« Ulug Beg, Timurs Enkel, der nicht nur Staatsmann, sondern auch Mathematiker, Astronom, Philosoph und Dichter war und der in seiner weltberühmten Sternwarte in Samarkand Sternpositionstabellen erstellte, die bis in die Neuzeit Gültigkeit besaßen. »Das Streben nach Wissenschaft ist Gebot für jeden Muslim und jede Muslimfrau« stand über dem Portal der von ihm errichteten Medrese. In Shah-i Sinda wurde der hohe Torbau, durch den die Pilger die Totenstadt betreten, unter Ulug Beg errichtet.

Shah-i Sinda wurde zur heiligsten Wallfahrtsstätte Mittelasiens. Bis ins 20. Jahrhundert war Nicht-Muslimen der Zutritt verwehrt, und noch 1910 wurde unmittelbar hinter dem Eingangsportal eine Winter- und Sommermoschee für die Pilger erbaut. Shah-i Sinda überstand den Verfall Samarkands nach dem Niedergang der Seidenstraße ebenso wie die Herrschaft der Sowjets, unter der freie Religionsausübung für gut 70 Jahre unterdrückt wurde. Nachdem Usbekistan 1991 die Unabhängigkeit erlangte, flammte der Islam, der die Zeit der Verfolgung oft nur in geheimen Sufi-Bruderschaften überlebt hatte, in ungebrochener Macht neu auf. Die Sufis, die muslimischen Mystiker, die auch Elemente anderer ehemals in Mittelasien praktizierter Religionen übernommen hatten, waren es denn auch, die der im orthodoxen Islam eher ungewöhnlichen Verehrung von Grabmalen wie dem des »lebenden Schah« Vorschub leisteten und diese in der Volksreligiosität verankerten. Die prunkvollen Mausoleen entlang der etwa siebzig Meter lan-

gen Gräberstraße von Shah-i Sinda sind umgeben von einem »gewöhnlichen« Friedhof, damit sich nicht nur den in Prachtbauwerken bestatteten Edelleuten jene Pforte zum Paradies öffnet, die das Grabmal des »lebenden Schah« präsentiert.

Schon in alter Zeit zogen Pilger nach Shah-i Sinda, wie Ibn Battuta, der arabische Reisende und Schriftsteller des 14. Jahrhunderts berichtet: »Auch die Tataren suchen das Grab auf, legen dort Gelübde ab und opfern Kühe, Schafe, Dirhams und Dinare.« Dieses Grab ist bis heute Ziel der Pilger, die der schmalen Gasse zwischen den prachtvoll geschmückten Mausoleen folgen. Sie treten durch die mit reicher Schnitzerei versehene Tür ein, gelangen in die Grab-Moschee und von dort in den dem Mausoleum vorgelagerten Gebetsraum. Nur durch ein vergittertes Fenster können sie von hier aus einen Blick tun auf die Ruhestätte des Heiligen.

Finden Muslime in Shah-i Sinda bis heute spirituelle Erfüllung ihrer Wallfahrt, so sind die Reisenden aus aller Welt, die den berühmten Pilgerort besuchen, überwältigt vom Reichtum der Kunst an dieser heiligen Stätte. Wie nirgendwo sonst entfaltet sich in Shah-i Sinda die Mannigfaltigkeit und Virtuosität muslimischer Fayencekunst, die aufgrund des Verbots, lebende Wesen darzustellen, ausschließlich in geometrischen Formen, stark abstrahierten floralen Arabesken und komplex verschlungener Kalligraphie schwelgt. Alle Techniken der Fayencegestaltung kamen an den verschiedenen Mausoleen in höchster Vollendung und mit schier unendlichem Variationsreichtum zum Einsatz – glasierte Ziegel, geschnittene glasierte Terrakottaplatten, die oft in mehreren Ebenen ausgeführt sind, sowie reiche mehrfarbige Fayencemosaiken. Die Totenstadt am Rande des modernen Samarkand, deren Kunst den Gläubigen und Pilgern schon einen Vorgeschmack von der Erhabenheit des Paradieses vermitteln soll, gehört zum schönsten und eindrucksvollsten, was weltweit vom islamischen Mittelalter erhalten blieb.

Linke Seite: In Shah-i Sinda wurden alle Techniken der Fayencedekoration in nicht zu überbietender Perfektion zur Anwendung gebracht. **Oben:** Gesamtsansicht von Shah-i Sinda, dem heiligsten Pilgerort Mittelasiens. Bis ins 20. Jahrhundert war Nichtmuslimen der Zutritt zu der von einem Friedhof umgebenen Gräberstadt verboten.

DIE HÖHLEN DER TAUSEND BUDDHAS

Die Mogao-Grotten von Dunhuang

Nachdem die Seidenstraße ihre Bedeutung eingebüßt hatte, ruhten die mit prachtvollen Kunstwerken ausgestatteten Höhlen jahrhundertelang versunken im Sand der Wüste. Heute zählt die einstige spirituelle Hochburg zu den kostbarsten Stätten buddhistischer Kunst weltweit.

Am Rand der Wüste Gobi, schon außerhalb des Schutzes der Großen Mauer, wurde 111 v. Chr. von Kaiser Wudi aus der Han-Dynastie Dunhuang gegründet, der von China aus gesehen äußerste von vier Garnisonsorten an der Seidenstraße, bevor sich der Weg der Händler und Pilger in den unendlichen Weiten der westlichen Wüsten und Steppen verlor. Die Oasenstadt in der Provinz Gansu mit dem bezeichnenden Namen Shazhou (Sandgebiet) brachte es rasch zu Wohlstand, war sie doch für die Karawanen, welche die gefahrvolle Nord- oder Südroute um die Wüste Taklamakan glücklich hinter sich gebracht hatten, das Tor zum Reich der Mitte. Bis zu 100 000 Menschen lebten hier und profitierten vom Handel auf den Karawanenwegen, auch wenn ihre Herren – Chinesen, Tibeter, Uiguren, Tanguten und Mongolen – ständig wechselten. Erst im 18. Jahrhundert kam Dunhuang endgültig unter chinesische Herrschaft.

Im 4. Jahrhundert hatte der buddhistische Mönch Lezun eine Lichtvision und begann aus den wenige Kilometer von dem Handelsknotenpunkt entfernten weichen Sandsteinklippen eine Höhle herauszuschlagen. Andere Buddhisten folgten seinem Beispiel. So entstanden in den folgenden tausend Jahren über tausend Höhlen, die mit kostbaren Statuen aus bemaltem Stuck und Wandmalereien ausgestattet wurden.

Die Grotten von Mogao wuchsen zum bedeutendsten buddhistischen Zentrum Westchinas und bergen noch heute die ungewöhnlichste Sammlung buddhistischer Kunst in der ganzen Welt. Mönche lebten hier, Pilger zogen zu den Höhlen und Kaufleute beteten vor den Bildwerken um Schutz für die bevorstehende Reise oder dankten für ihre glückliche Rückkehr. Gefährlich genug war die Reise durch die Wüste Taklamakan – was sich schon im Namen dieser Sandwüste ausdrückt: Übersetzt bedeutet Taklamakan: »Wer hineingeht, kommt nicht wieder heraus.«
Doch im 15. Jahrhundert, als die Seidenstraße ihre Bedeutung verlor, wurde der heilige Ort aufgegeben und versank im Sand der Wüste. Heute sind noch 492 Höhlen mit ihren dank dem trockenen Wüstenklima erstklassig erhaltenen Kunstschätzen geblieben. Die Statuen scheinen oft wie gerade erst gefertigt, und die leuchtenden Wandmalereien auf insgesamt 45 000 Quadratmetern zeigen eine überwältigende Fülle von Buddhas, Bodhisattvas, Schutzgottheiten, Dämonen, Stifterporträts, Musikern, Tänzern, schwebend leichten Apsaras und Darstellungen von Buddha-Paradiesen. Aber auch Alltagsszenen, Handel und Wandel, vornehme Damen und Herren, Händler der Seidenstraße in ihren Trachten, Sitten und Gebräuche, Kriege, Tiere, Landschaften, Paläste und reiche Ornamentik wurden dargestellt. Immer wieder werden auch Szenen aus dem Leben des Buddha Shakyamuni und Legenden aus seinen früheren Verkörperungen verbildlicht. Ein besonders erlesener Schatz war die im 11. Jahrhundert vermauerte Bibliothekshöhle, in der sich Zigtausende von Schriften verschiedener Religionen in vielen Sprachen fanden, dazu kaufmännische Urkunden, Seidenmalereien, Holzdrucke und wissenschaftliche Aufzeichnungen – ein eindrucksvoller Beweis für die Vielfalt von geistigen Gütern aus allen Himmelsrichtungen, die auf der Seidenstraße nach Dunhuang gelangten und dort gesammelt wurden.

Erst Ende des 19. Jahrhunderts wurden die im Sand versunkenen Höhlen mit ihren Schätzen wiederentdeckt. Heute besuchen Touristenströme das einstige spirituelle Zentrum und die umliegende Wüstenlandschaft mit den Dünen des Singenden Sandes und dem malerischen Mondsichelsee.

Ganz links: Die Wandmalereien in den Grotten von Mogao bedecken eine Gesamtfläche von 45 000 Quadratmetern.
Links: Diese Wandmalerei zeigt eine tantrische Schutzgottheit in Vereinigung mit ihrer weiblichen Entsprechung.
Oben: Der Eingang zu den Grotten von Mogao.

ORT VOLLKOMMENER FREUDE

Das Kloster Gandan Tegtschinlin

Das 1835 gegründete Kloster Gandan stieg zum geistigen Zentrum der Mongolei auf und war das einzige Kloster des Landes, in dem selbst in Zeiten schwerster Verfolgung der Religion Mönche leben durften. Heute ist Gandan wieder Mittelpunkt des mongolischen Buddhismus.

Als Dschingis Khan im 13. Jahrhundert an der Spitze der vereinten mongolischen Stämme aufbrach, um die Welt zu erobern, war er beflügelt vom Glauben an die Lebenskraft Qut, die der Gott des weiten Himmels verleiht. Doch in den eroberten Ländern kamen die Mongolen in Kontakt mit den jeweiligen Hochreligionen und begannen, sich zu ihnen zu bekehren. Göden, ein Enkel des großen Khans, ließ sich von Großlamas der tibetischen Sakya-Schule in die Geheimnisse des Vajrayana-Buddhismus einweihen, und Altan Khan verlieh im 16. Jahrhundert seinem tibetischen Meister den Titel Dalai Lama und führte den Buddhismus als Staatsreligion ein. Buddhistische Schriften wurden ins Mongolische übersetzt, Klöster gegründet – darunter Erdenezuu, das älteste erhaltene Kloster der Mongolei, das 1586 unmittelbar neben der alten Reichshauptstadt Karakorum erbaut wurde –, und die Dschebtsundamba Chutuktus etablierten sich als hochrangigste Reinkarnationslinie der Mongolei. Der Fünfte Chutuktu begründete 1835 das Kloster Gandan, heute Mittelpunkt der modernen Hauptstadt Ulaanbaatar. Mit Tausenden von Mönchen, die in verschiedenen Kollegien studierten, stieg Gandan bald anstelle von Erdenezuu zum Zentrum des mongolischen Buddhismus auf. Eine 26 Meter hohe Statue des Bodhisattva Janraisig (Avalokiteshvara) war Wahrzeichen des Klosters, und der moralisch umstrittene Achte Chutuktu wurde Anfang des 20. Jahrhunderts sogar Staatsoberhaupt der Mongolei.

Doch mit der kommunistischen Revolution und den sowjetischen Truppen brach über den mongolischen Buddhismus schreckliches Unheil herein. Etwa die Hälfte der rund 113 000 Mönche in den rund 750 Klöstern des Landes wurde unter Stalin ermordet, die übrigen vertrieben und in den Laienstand gezwungen, die Klöster enteignet, geplündert und zum größten Teil zerstört. Die Janraisig-Statue von Gandan wurde eingeschmolzen und zu Bombenhüllen umgearbeitet. Jegliche Religionsausübung war verboten, doch wurden einige wenige historische Klöster zu Museen umgewandelt, das Kloster Gandan 1940 sogar als »lebendes Museum« mit einigen Mönchen wiedereröffnet, um der Weltöffentlichkeit vorzugaukeln, dass auch im atheistischen Sozialismus »Religionsfreiheit« garantiert sei. Für Jahrzehnte blieb Gandan in dieser Alibifunktion das einzige »aktive« Kloster der Mongolei. Erst mit der Demokratisierung des Landes um 1990 blühte auch der aller Unterdrückung zum Trotz tief im Volk verwurzelte Buddhismus von neuem auf. Klöster wurden wieder eröffnet, und in Gandan entstand 1996 die große Statue des Janraisig neu. Heute leben und studieren wieder einige hundert Mönche in Gandan, das erneut als Zentrum des mongolischen Buddhismus gilt. So war es denn auch der Abt von Gandan, der 1994 den Dalai Lama einlud, Belehrungen und Zeremonien in der Mongolei abzuhalten. Zehntausende empfingen das Oberhaupt auch des mongolischen Buddhismus mit frenetischem Jubel, dessen Vor-Inkarnation im 16. Jahrhundert den Titel Dalai Lama von einem mongolischen Khan erhalten hatte.

Linke Seite oben: Haupttheiligtum des Klosters Gandan mit der großen, 1996 neu entstandenen Großstatue des Jainraisig.
Linke Seite unten: Ein hoher Lama des Klosters Gandan segnet die Pilger.
Oben: Tempel im Kloster Erdenezuu, dem ältesten buddhistischen Kloster der Mongolei nahe der alten Reichshauptstadt Karakorum.

OSTASIEN

China · Japan · Korea

China, Japan und Korea, die Länder der aufgehenden Sonne, haben hoch entwickelte Kulturen hervorgebracht. China, eine der ältesten Zivilisationen der Erde, blickt zurück auf eine jahrtausendealte Geschichte, die sich im Dunkel des Mythos verliert. Mit China ist hier nur der klassische chinesische Kulturkreis gemeint, ohne die Territorien von Tibet, Innerer Mongolei und Ost-Turkestan (Sinkiang) mit ihren eigenständigen Kulturen, die bis heute um Unabhängigkeit oder zumindest Autonomie ringen. Andererseits stand China selbst immer wieder unter Fremdherrschaft. Im 8. Jahrhundert eroberten die Tibeter die Hauptstadt der Tang-Dynastie. 1215 machte Dschingis Khan Peking dem Erdboden gleich, bevor sein Enkel Kubilai einige Jahrzehnte später ganz China eroberte und als erster Kaiser der Yuan-Dynastie den Thron bestieg. Die Mandschus nahmen 1644 den Kaiserthron in Besitz und regierten bis 1911, als längst auch die europäischen Kolonialmächte ihre politischen und wirtschaftlichen Interessen im Reich der Mitte durchsetzten.

China ist nicht nur die Wiege hoch entwickelter Wissenschaft und Technik – Papierherstellung, Schießpulver, Kompass und Buchdruck wurden bekanntlich dort erfunden –, sondern auch herausragender Leistungen in Kunst, Literatur und Staatswesen. Auch Religionen haben sich auf der Basis des urtümlichen Animismus auf chinesischem Boden entwickelt, doch blieb die chinesische Religiosität stets stark im Diesseits verwurzelt. Die Lehre des Konfuzius befasst sich vor allem mit Ethik, Moral und sozialer Ordnung, im Taoismus spielen lebensverlängernde Praktiken eine große Rolle – und entsprechende Techniken wie Akupunktur, Qi Gong oder Feng Shui, die sich heute auch im Westen großer Beliebtheit erfreuen. Die chinesischen Götter- und Himmelswelten der alten Staatsreligion wiederum scheinen Spiegel des irdischen Beamtenwesens der kaiserlichen, vom Konfuzianismus geprägten Verwaltung. Die Götter mit ihren genau definierten Zuständigkeitsbereichen erledigten ihre Aufgaben mit Hilfe einer hierarchisch gegliederten Himmelsbürokratie. Verehrt werden durften diese göttlichen Beamten nur von den irdischen Kollegen, die den gleichen Rang innehatten. Die Verehrung des Jadekaisers, der höchsten Himmelsgottheit, war daher allein dem irdischen Kaiser vorbehalten. Die seit Urzeiten praktizierte Ahnenverehrung floss in all diese Religionen ein, auch in das Christentum, das schon im 7. Jahrhundert auf der Seidenstraße nach China gelangte, aber erst nach dem 16. Jahrhundert gezielt durch Missionare verbreitet wurde. Und natürlich auch in den Buddhismus, der im 1. Jahrhundert aus Indien kam, in China charakteristische Umformungen erfuhr und heute mit seinen zahlreichen Schulrichtungen die größte Religion Ostasiens ist. Die kulturellen Errungenschaften und Religionen Chinas durchdrangen später wiederum die Nachbarländer Korea, Japan und Vietnam.

In all diesen Ländern kam es im 20. Jahrhundert zu drastischen Einschnitten in das traditionelle religiöse Leben. In Japan wurde der Shintoismus, der über Jahrhunderte eng mit dem Buddhismus verflochten gewesen war, zum »Staats-Shinto« umgeformt, mit dem Tenno, dem Kaiser, als Mittelpunkt der Verehrung. Nach der Kapitulation im Zweiten Weltkrieg musste der Tenno seinen Status als Gottheit in Menschengestalt widerrufen – ein Schock für die in alter Tradition verwurzelten Japaner. Im modernen Japan nimmt man es mit der Zugehörigkeit zu einer bestimmten Religion nicht mehr so genau. Viele bekennen sich gleichzeitig zu Shinto und Buddhismus, andere wenden sich für bestimmte Zeremonien an die Religion, die ihnen dafür am geeignetsten erscheint, heiraten in einer christlichen Kirche, feiern Weihnachten ebenso wie die traditionellen Feste des Shinto und lassen sich nach buddhistischem Ritus bestatten. Wieder andere sind Anhänger der zahlreichen neuen religiösen Bewegungen, die im 19. und 20. Jahrhundert in Japan entstanden sind.

In Südkorea erlebte das Christentum nach der Teilung des Landes einen rasanten Aufschwung und zählt heute ebenso viele Anhänger wie der Buddhismus. Allerdings bekennen sich fast die Hälfte der Südkoreaner zu gar keiner Religion. Im kommunistischen Norden der Halbinsel hingegen existiert, ebenso wie in China, Religionsfreiheit nur auf dem Papier. Die politischen Machthaber, dem atheistischen Materialismus verpflichtet, üben strikte Kontrolle über alle religiösen Einrichtungen aus. Die Kulturrevolution in China versuchte sogar, jegliche Form von Religiosität komplett auszulöschen. Tausende von Tempeln und Klöstern wurden zerstört, unzählige Priester, Mönche und Laien ermordet. Während in China heute die großen Religionen offiziell wieder zugelassen sind, wenn auch unter strenger Kontrolle der Behörden, bleibt Religion in Nordkorea nach wie vor unterdrückt. So existiert das moderne religiöse Leben Ostasiens im Spannungsfeld zwischen staatlicher Bevormundung und Loslösung von religiösen Traditionen, die der materialistischen Orientierung nach westlichem Vorbild geschuldet ist.

Rechte Seite: Gläubiger im Tempel des Jadekaisers auf dem heiligen Berg Tai Shan.
Vorhergehende Doppelseite: Der Ginkakuji mit seinen herrlichen Gärten zählt zu den schönsten Tempelanlagen Kyotos.

AM MITTELPUNKT DER WELT

Der Himmelstempel Tiantan

Der im 15. und 16. Jahrhundert erbaute Tiantan im Süden Pekings ist die größte Tempelanlage Chinas. Sie diente der Durchführung der wichtigsten Zeremonien und Opferungen, die der Kaiser, der »Sohn des Himmels«, zum Wohle des Staates und des Volkes auszuführen hatte.

Den chinesischen Kaisern oblag seit alters her die Durchführung staatstragender Rituale, denn der »Sohn des Himmels« war nicht nur das weltliche Oberhaupt, sondern auch der höchste Priester und Vermittler zwischen Menschen, Erde und Himmel. Die Festlegung des Kalenders gehörte ebenso zu seinen Pflichten wie Opferzeremonien, die den Jahreslauf gliederten und als Verträge mit den überirdischen Mächten angesehen wurden. Es handelte sich um Opfer an Himmel und Erde sowie an die kaiserlichen Ahnen, mit denen man für Fruchtbarkeit und gute Ernte bat.

1420 wurde von Kaiser Yongle, dem Bauherrn der Verbotenen Stadt im Zentrum Pekings, das Gelände des Tiantan angelegt. Der 2,73 Quadratkilometer große, von einer Mauer umgebene bewaldete Park mit seinen Hallen, Terrassen und Prozessionswegen ist die weitläufigste Tempelanlage Chinas. Ihre heutige Gestalt mit der breiten Nord-Süd-Achse, auf der die wichtigsten Gebäude liegen, geht auf das 16. Jahrhundert zurück und ist geprägt von Zahlenmystik und Symbolen. Beispielsweise sind die südlichen Ecken der Gesamtanlage rechtwinklig, die nördlichen hingegen in weiten Bögen abgerundet – das Quadrat als Symbol der Erde verschmilzt so mit dem Kreis, der als Symbol des Himmels gilt.

Hier fand jährlich zur Wintersonnenwende die bedeutendste kaiserliche Zeremonie statt, das Opfer an den Himmel. In prächtiger Prozession zog der Kaiser mit seinem Gefolge von der Verbotenen Stadt zum Himmelstempel, doch wurden die Straßen abgesperrt, denn Schaulustige waren nicht erwünscht. In der »Halle der Entsagung« fastete der Kaiser, bevor er im kostbaren Zeremonialkostüm zum Ritual schritt. Dazu stieg er die drei kreisrunden Terrassen des Himmelsaltars

Links: Die Säulen im Inneren der »Halle der Ernteopfer« entsprechen einer ausgeklügelten Zahlensymbolik – vier Jahreszeiten, zwölf Monate und zwölf Doppelstunden des Tages.
Rechte Seite oben: Die ganz aus Holz erbaute »Halle der Ernteopfer« ist das prachtvollste Gebäude des Tempelbezirks.
Rechte Seite unten: Detail vom Tor zur »Halle der Ernteopfer«.

mit ihren jeweils neun Stufen empor – Symbole für Mensch, Erde und Himmel. Auf der oberen Plattform, umgeben von den kaiserlichen Ahnentafeln, warf er sich unter Klängen feierlicher Musik neunmal vor der Tafel des Jadekaisers, des höchsten Himmelsgottes, nieder und brachte Opfer von Seide und Jade dar, während in speziellen Öfen weitere Opfergaben verbrannt wurden.

In der Mitte der obersten Terrasse, wo während des Rituals der Thron des Himmels stand, ist ein runder Stein eingelassen, der als Zentrum des Reiches der Mitte und somit als Mittelpunkt der Welt gilt. Tritt man auf diesen Stein und spricht, so ist ein Echo zu hören. Ein ähnliches akustisches Phänomen erklingt auch an der »Echomauer« rund um die »Halle des Himmelsgewölbes«, in deren Nebengebäuden die kaiserlichen Ahnentafeln aufbewahrt wurden.

Prächtigstes Gebäude des Tempelbezirkes ist die runde, 38 Meter hohe »Halle der Ernteopfer«, die ganz aus Holz ohne Verwendung von Nägeln auf dreistufiger Marmorterrasse erbaut wurde. Auch dieses Bauwerk ist geprägt von Zahlensymbolik – die vier inneren, zwölf mittleren und zwölf äußeren Säulen in der vielfarbig ausgestalteten Halle stehen für die vier Jahreszeiten, die zwölf Monate und die zwölf Doppelstunden des Tages. Heute ist das Tempelgelände, das zum UNESCO-Weltkulturerbe zählt, Erholungspark für die Bevölkerung und Anziehungspunkt für Touristen.

DER GROSSE KAISER DES ÖSTLICHEN GIPFELS

Der heilige Berg Tai Shan

Einer Himmelsleiter gleich führt eine steinerne Treppe mit 6293 Stufen auf den Gipfel des Tai Shan, der alle anderen Berge Chinas an spiritueller Bedeutung übertrifft. Über Tausende von Jahren kamen neben zahllosen Pilgern auch Kaiser, um dem Gott des Berges zu huldigen.

Seit Jahrtausenden gilt der Tai Shan, der »erste Berg unter dem Himmel«, als bedeutendster der zahlreichen heiligen Berge im Reich der Mitte. Schon ein chinesischer Schöpfungsmythos erzählt von diesem Berg, der aus dem Kopf des Weltriesen Pangu hervorgegangen sein soll. Im Gefüge der fünf heiligen Berge des Taoismus in den fünf Himmelsrichtungen – Song Shan im Zentrum, Heng Shan im Norden, ein zweiter Heng Shan im Süden, Hua Shan im Westen – ist der Tai Shan der östliche Berg. Diese Himmelsrichtung, in der die Sonne jeden Morgen aufgeht, steht für Frühling, Neubeginn, Fruchtbarkeit und Erneuerung. In alten Zeiten glaubte man, dass auch die Seelen aus dem Tai Shan hervorkommen und nach dem Tod zu ihm zurückkehren. Die Gottheit des Tai Shan, der »Große Kaiser des östlichen Gipfels«, gilt als Herrscher über Erde und Menschen und führt mit Hilfe seines riesigen Beamtenapparates das Register der guten und schlechten Taten aller Menschen, ihrer Tode und ihrer Wiedergeburten. Er bestimmt ihren Geburts- und Sterbetag und hält Gericht über die Toten. Auch für Naturkatastrophen ist der mächtige Gott verantwortlich, für Fluten, Stürme und Erdbeben. Die Menschen wandten sich in solchen Notzeiten an ihn und betrachteten es als seine Pflicht, dass er nach angemessenen Opfern das Gleichgewicht der kosmischen Ordnung wieder herstellte. Daher verwundert nicht, dass in vielen Dörfern Chinas dem Tai Shan geweihte Tempel errichtet wurden und dass seit Jahrtausenden auch einige Kaiser persönlich zum heiligen Berg pilgerten.

Schon der legendäre Herrscher Shung, den Konfuzius als idealen Regenten des vorzeitlichen Goldenen Zeitalters allen späteren »Himmelssöhnen« als Vorbild pries, soll den Berg mit seinem Besuch geehrt haben und nach ihm noch 72 mythische Kaiser. Auch der erste historisch dokumentierte Kaiser, Qin Shihuangdi, der im 3. Jahrhundert v. Chr. mit dem Bau der Großen Mauer begann und, beschützt von seiner berühmten Terrakotta-Armee, zu Grabe getragen wurde, soll auf dem Tai Shan geopfert und dabei den Gott erzürnt haben, da er unehrerbietig mit einer Kutsche den Berg hinauffuhr. Ein Pavillon an der großen Steintreppe erinnert bis heute an die Fichten, unter denen Qin Shihuangdi vor dem Sturm, den der wütende Berggott ihm schickte, Zuflucht gesucht hatte. Zum Dank erhob der Kaiser diese Bäume in den Beamtenstand. Kaiser Wu-ti, der 110 v. Chr. eine Inschrift am Tai Shan hinterließ, soll auf dem Gipfel geheime lebensverlängernde Praktiken ausgeführt haben. Andere Kaiser wiederum führten Opferriten durch, die ihr »Mandat des Himmels«, das ihre Herrschaft legitimierte, bekräftigten und für lange Fortdauer ihrer Dynastien sorgen sollten. Das Opfer an den Himmel wurde am Fuß des Berges und auf seinem Gipfel dargebracht, das Opfer an die Erde auf einem kleinen Hügel unterhalb des Tai Shan. Nach der Jahrtausendwende wagten sich die Kaiser nicht mehr an solch wirkmächtige Rituale, sondern kamen als Pilger und stifteten Tempel und Schreine. So Chien-lung, der 1771 als letzter Kaiser den Tai Shan bestieg und folgende Inschrift hinterließ: »Pilger besteigen den Tai Shan wie die Sprossen einer mächtigen Steinleiter.

Linke Seite: Die steile Treppe mit ihren 6293 Stufen ist das Wahrzeichen des heiligen Berges Tai Shan.
Oben: Weibliche Pilger bitten im »Tempel der Prinzessin der Azurwolken« um Nachwuchs.

Lang zieht sich der Weg durch manche sich tief windende Schlucht bis zum Himmlischen Tor des Südens, wo sie die majestätisch aufgehende Sonne erblicken und die Sterne zum Greifen nahe scheinen.«

In der Tat wirkt die neun Kilometer lange Steintreppe, die mit ihren 6293 Stufen die 1350 Höhenmeter zum Gipfel überwindet, wie eine Himmelsleiter, gesäumt von Schreinen und Stelen und gegliedert von drei Himmelstoren. Zigtausende Gläubige aus allen Schichten – darunter Bauern, Leibeigene, Adelige, Höflinge, Beamte, Priester, Dichter, Künstler, Gelehrte, Einsiedler, Mönche – sind diese Treppen schon hinauf- und hinabgestiegen.

Bevor sich die Pilger an den Aufstieg machen, besuchen sie den großen »Tempel des Berggottes« am Fuß des Tai Shan, der angeblich schon 200 v. Chr. begründet wurde. Das erste der drei himmlischen Tore, ein von einer Pagode bekrönter Steinbogen, markiert den Beginn der Treppe. Vom zweiten Tor führt der Weg in das »Maul des Drachen«, eine felsige Schlucht, in der die Treppe in steilen Serpentinen nach oben führt, bis weit oben das rot bemalte »Südliche Tor des Himmels« mit seinem goldenen Dach das Ende des langen, anstrengenden Weges verheißt.

Von diesem Tor führt der nun sanft ansteigende »Himmlische Pfad« weiter zum Gipfel mit dem »Tempel des Jadekaisers«, dem Heiligtum der höchsten Himmelsgottheit. Die weiblichen Pilger haben schon ein Stück unterhalb des Gipfels das wichtigste Ziel ihrer Wallfahrt erreicht, den »Tempel der Prinzessin der Azurwolken«, der Göttin der Morgendämmerung, der Tochter des Gottes vom Tai Shan. Die Frauen beten dort um Heilung und um Fruchtbarkeit für sich und die weiblichen Mitglieder ihrer Familie. Von besonderer Bedeutung ist auch die hölzerne »Halle der Himmlischen Gaben« mit ihrem monumentalen Wandgemälde, das den Berggott mit seinem Gefolge zeigt.

Einst standen 800 Tempel und Schreine auf dem ausgedehnten Gipfelareal des Tai Shan. Nur etwa zwanzig davon sind erhalten geblieben, neben Ruinen, Gedenksteinen und Felsinschriften – und altehrwürdigen Kiefern, Akazien und Gingkobäumen. Alle Schreine und Hallen, Nebengipfel, Klippen und Felsformationen entlang des Aufweges und auf dem Tai Shan haben ihre ganz besondere Bedeutung. So zeigt der Felsen, in den in großen Lettern das Diamant-Sutra eingemeißelt steht, dass der Tai Shan auch den Buddhisten als verehrungswürdig galt. Lohn für den langen Aufstieg ist nicht zuletzt der Ausblick vom Gipfel. Von einer östlichen Nebenspitze, dem »Gipfel zum Schauen des Sonnenaufgangs«, wo der Kaiser das Himmelsopfer vollzog, sieht man an klaren Tagen über ein Panorama von Hügeln und Ebenen bis zum etwa 200 Kilometer entfernten Meer. Schon Konfuzius, der unweit des heiligen Berges geboren wurde, stand an dieser Stelle und sah, wie klein die Welt zu seinen Füßen doch war, wie entrückt von den Höhen des Himmelsberges.

Heute jedoch ist der Tai Shan keineswegs mehr der Welt entrückt. Seine Hänge sind übersät mit Herbergen, Restaurants und Verkaufsständen für die jährlich über sechs Millionen Touristen. Die meisten von ihnen schweben mühelos mit Seilbahnen auf den zum UNESCO-Weltkulturerbe zählenden heiligen Berg.

Linke Seite oben: Der »Gipfel zum Schauen des Sonnenaufgangs« im ersten Licht der Morgensonne.
Linke Seite unten: Stele mit Kalligraphien unterhalb des »Tempels des Jadekaisers«.
Oben: Im Dai-Miao-Tempel zu Füßen des heiligen Berges wird dem Berggott des Tai Shan vor Beginn des Aufstiegs geopfert.

KAMPFMÖNCHE MIT EISERNEN KÖRPERN

Das Shaolin-Kloster am Song Shan

Chinesische Kriegermönche mit ihren atemberaubenden Kung-Fu-Kampftechniken genießen auch in westlichen Ländern Kultstatus. Das Shaolin-Kloster am Song Shan ist seit Jahrhunderten Heimat dieser Mönche, die sich auf den buddhistischen Meister Bodhidharma beziehen.

Der Song Shan mit seinen drei Hauptgipfeln ist als einer der fünf heiligen Berge des Taoismus der Himmelsrichtung »Mitte« zugeordnet. Der Songyue-Tempel, einer der frühesten Tao-Tempel, wurde hier errichtet, doch seine Berühmtheit verdankt der Berg am Südufer des Gelben Flusses nicht der taoistischen Kosmologie, sondern einem buddhistischen Kloster. Seit ab den 1970er-Jahren die Kung-Fu-Mönche mit ihren »eisernen Körpern« durch Filme, Fernsehserien und Comics in die Pop-Kultur eingingen, wurde das Shaolin-Kloster Kult. Shaolin-Kämpfer touren rund um den Globus und führen ihre spektakulär inszenierten Fertigkeiten einem Millionenpublikum vor. Längst hat die ansonsten dem Religiösen wenig aufgeschlossene chinesische Regierung den kommerziellen Nutzen erkannt und unterstützt das Kloster mit dem 1999 mit Genehmigung der Partei eingesetzten Abt. Kampfsport-Schulen aus dem Westen, die im Weg der Shaolin ihre geistigen Wurzeln sehen, förderten den Wiederaufbau mit Spenden, nachdem die Roten Garden das Kloster während der Kulturrevolution geschlossen und die Mönche vertrieben hatten. Viele Kung-Fu-Schulen siedelten sich in der Umgebung an, was wiederum dem Shaolin-Abt ein Dorn im Auge war. Auf sein Betreiben enteignete der Staat diese Schulen und wies ihnen anderswo ersatzweise Land zu. Nur eine staatliche Kampfsport-Schule darf noch vor Ort vom Andrang der Interessenten profitieren – über zwei Millionen Touristen besuchen jährlich die Kampfmönche, von denen längst nicht mehr alle auch die buddhistische Lehre praktizieren.

Über diesen profanen Dingen wird die spirituelle Bedeutung des Ortes oft vergessen. Schon 477 begründete Kaiser Toba Hongyan ein Kloster, an dessen Tor etwa 30 Jahre später der indische Meister Bodhidharma klopfte. Er war von seinem Vorgänger zum 28. Patriarchen der indischen Linie nach Buddha ernannt worden und reiste ins Reich der Mitte, um die Lehre des Erhabenen zu verbreiten. Da der Kaiser dafür offenbar nicht bereit war, zog Bodhidharma in den Norden Chinas und begehrte Einlass im Shaolin-Kloster. Als man ihn zunächst abwies, ließ er sich in einer Höhle am Song Shan nieder und verharrte neun Jahre in Meditation vor der Höhlenwand, bevor er begann, die neugierig gewordenen Mönche des Klosters in seine Praxis einzuweihen. So wurde Bodhidharma der 1. Patriarch des Chan- oder Zen-Buddhismus. Zu seiner besonderen Art der Meditation gehörten auch gymnastische Lockerungsübungen, die zur Keimzelle für die Kampfkunst der Shaolin-Mönche wurden. Später verfeinert und ergänzt, galten diese Kampftechniken bald als Markenzeichen des Klosters. Die Mönche griffen immer wieder auch in Kriege ein, was sicher Hauptgrund war, dass ihr Kloster im Lauf der Jahrhunderte mehrfach zerstört wurde. Zuletzt brannte es 1928 nieder. Der »Pagodenwald« unterhalb des Klosters, die größte Ansammlung von Pagoden in China, errichtet für Äbte und Mönche aus vielen Jahrhunderten, zeugt bis heute von der langen Tradition des Klosters mit seiner ganz besonderen Auslegung der eigentlich gewaltfreien buddhistischen Lehre.

Linke Seite oben: Shaolin-Kloster am Song Shan. Im Hintergrund der Glockenturm.
Linke Seite unten: In der Daxiong-Bao-Halle finden die morgendlichen Zeremonien der Mönche statt.
Oben: Die Kampfkunst der Shaolin-Mönche wird heute einem internationalen Publikum als spektakuläre Show dargeboten.

DER FÜNF-TERRASSEN-BERG DES MANJUSHRI

Der Wutai Shan

Unmittelbar nach Einführung des Buddhismus im 1. Jahrhundert wurde der Wutai Shan zum bedeutendsten heiligen Berg der chinesischen Buddhisten. Die von fünf abgeflachten Gipfeln umringte malerische Gebirgsregion ist dem Manjushri geweiht, dem Bodhisattva der Weisheit.

Nach taoistischem Vorbild bestimmten auch die Buddhisten im Reich der Mitte vier heilige Berge, von denen jeder einem der großen Bodhisattvas des chinesischen Buddhismus zugeordnet ist: Der Puto Shan im Osten gehört dem Kuanyin, einer später auch weiblich dargestellten Ausprägung des Avalokiteshvara, der »gnädig herabschauenden« Verkörperung höchsten Mitgefühls; auf den Omei Shan im Westen soll Samanthabadra, der »allumfassend Gute«, auf einem weißen Elefanten reitend aus Indien gekommen sein; der Chiuhua Shan im Süden, der mit der Unterwelt und den Toten in Verbindung gebracht wird, ist dem Kshitigarbha geweiht, dem Erretter aus Höllenqualen und Helfer verstorbener Kinder. Der Wutai Shan im Norden schließlich gehört dem Manjushri, dem Bodhisattva der Weisheit: Stets wird er mit einem Buch, das Weisheit symbolisiert, und einem Schwert, mit dem er das Dunkel der Unwissenheit zerschneidet, dargestellt.

Schon bevor der Buddhismus China erreichte, war der Wutai Shan heilig und galt den Taoisten als Wohnsitz von Unsterblichen. Für die chinesischen Buddhisten wurde er zu ihrem wichtigsten heiligen Berg,

Linke Seite: Der Tempel auf dem Pusa Ding, der »Bodhisattva-Spitze«, ist einer der wichtigsten auf dem Wutai Shan.
Oben: Die Bronzehalle des Xiantong-Tempels.

der sogar Pilger aus anderen Ländern, vor allem aus Tibet, der Mongolei und Japan anzog. Der Wutai Shan ist kein einzelner Berg, sondern eine ganze Gebirgsregion. Von seinen zahlreichen Gipfeln sind fünf abgeflacht – daher die Bezeichnung »Fünf-Terrassen-Berg«. Diese fünf Berge – einer in jeder Himmelsrichtung, einer im Zentrum – umschließen ein ausgedehntes Plateau mit mehreren Hochtälern. Der nördliche Berg Beitai Feng ist mit 3058 Metern der höchste. Das Dorf Taihuai und all die Tempel und Klöster in der Umgebung wirken wie ein von Bergen beschütztes Shangrila, eine weltentrückte, malerische Oase mit üppiger Flora und kristallklaren Quellen.

Unmittelbar nach Einführung des Buddhismus in China im 1. Jahrhundert, nachdem Kaiser Mingdi ein goldener Buddha erschienen war, wurde auf dem Wutai Shan der erste Tempel gebaut, der Xiantong Si, der »Tempel der Erscheinung«, eines der ältesten buddhistischen Heiligtümer Chinas. Dieser Tempel ist bis heute der größte im weitläufigen Areal des Wutai Shan. Eine rege Bautätigkeit entwickelte sich: In der Tang-Zeit ab dem 7. Jahrhundert gab es schon 200 sakrale Stätten, und in der Ming-Dynastie ab dem 14. Jahrhundert erlebte der Wutai Shan ein weiteres goldenes Zeitalter. Sogar Kaiser pilgerten zum heiligen Berg und spendeten reichlich für den Neubau und Unterhalt der heiligen Stätten. Im Jahr 2009 wurde der Wutai Shan in die Liste des UNESCO-Weltkulturerbes aufgenommen.

Ein 50 Meter hoher Stupa aus der Ming-Zeit, der ein Haar des Manjushri enthalten soll, ist bis heute Wahrzeichen des Wutai Shan. Darüber hinaus haben sich nur mehr etwa 50 Tempel mit ihren Kunstschätzen erhalten. Einer der wichtigsten ist der Pusa Ding, die »Bodhisattva-Spitze«. Hier, auf dem Gipfel des Lingjiu Feng, soll Manjushri erstmals, auf einem blauen Löwen reitend, erschienen sein, um seine Lehre zu verkünden. Heute führen 108 Stufen zu dem im 5. Jahrhundert gegründeten Tempel. Dieser wurde später zu einem Kloster des tibetischen Vajrayana-Buddhismus umgebaut, wie auch einige weitere Tempel, was die Anziehungskraft des Wutai Shan auf Pilger aus Tibet und der Mongolei erklärt.

Von besonderer Bedeutung für die Pilger ist auch der Shuxiang Si, der Tempel des Abbildes von Manjushri. Der große, auf einem Löwen sitzende Boddhisattva ist dort als fast zehn Meter hohe Statue aus dem 15. Jahrhundert dargestellt. Im Nanshan Si, dem Tempel des Südberges wiederum, sind Szenen aus dem Leben des berühmten chinesischen Pilgers Xuangzang in Wandmalereien verewigt, der im 7. Jahrhundert auf der Seidenstraße über Mittelasien bis nach Indien wanderte.

WO DIE WOLKEN SICH ERHEBEN

Der Izumo-Taisha-Schrein

Der Izumo Taisha ist neben dem Ise-Schrein der älteste und bedeutendste Shinto-Schrein Japans. 15 große Feste finden dort im Laufe eines jeden Jahres statt, das wichtigste aber ist das »Kami arizuki«, zu dem sich alle Gottheiten des Landes im Izumo Taisha versammeln.

Im zehnten lunaren Monat, nach westlichem Kalender im Oktober oder November, verlassen alle Kami ihre Schreine und reisen nach Izumo, um ihre jährlichen Beratungen abzuhalten. »Kami arizuki« – Monat voll von Kami – heißt diese Zeit in Izumo, im übrigen Japan aber »kami nazuki« – Monat ohne Kami. In einem nächtlichen Ritual werden die zahllosen Kami von den Priestern des Izumo Taisha am nahe gelegenen Strand in Empfang genommen und »eingefangen« und in feierlicher Prozession durch die verdunkelten Straßen der Stadt zum Schrein geleitet. Dort verbleiben sie, bis die Priester die Gottheiten in einer Zeremonie freisetzen und zu ihren heimatlichen Schreinen zurücksenden.

Es verwundert nicht, dass ein solcher Ort zu den wichtigsten heiligen Stätten Japans zählt. Der Ursprung des Schreins ist ungewiss, doch berichten schon die ältesten Schriften Japans von ihm – das Kojiki und das Nihonshoki. Sie betonen die außergewöhnlichen Ausmaße des Schreins. Vor dem Jahr 1200, als der Schrein einem Brand zum Opfer fiel und deutlich kleiner neu errichtet wurde, war er das größte Holzgebäude Japans, höher noch als der Todaiji, der berühmte buddhistische Tempel in Nara. Auch später wüteten immer wieder Brände im Schrein; die heutigen Gebäude stammen aus dem Jahr 1744.

Geweiht ist der Izumo Taisha dem Okuninushi-no-kami, einem Sohn des Sturmgottes Susanoo. An dem Ort, an dem der Schrein steht, soll Susanoo einen Zaun aus Wolken errichtet haben, um mit seiner Frau, einer Prinzessin des uralten Landes von Izumo, das er zuvor von einem Ungeheuer befreit hatte, Hochzeit zu feiern. Diese Legende ist, allerdings erst in neuerer Zeit, Grund für die Beliebtheit des Izumo Taisha als Ort von Hochzeitszeremonien. Die Wolken, die Susanoo herbeirief, gaben dem Schrein seinen Namen: »Wo die Wolken herkommen« oder »Wo die acht Wolken aufsteigen«.

Okuninushi-no-kami, Sohn des Susanoo und Herr des Schreins, ist ein Erd-Kami, der für Landwirtschaft, Forstwesen, aber auch für Heil- und Wahrsagekunst zuständig ist und zugleich als Wesen der Unterwelt angesehen wird. Auch wird er gleichgesetzt mit Daikokuten, einer beliebten buddhistischen Gottheit des Reichtums und des Haushalts. Allerdings hat sich die Priesterschaft des Izumo Taisha stets dem

Buddhismus widersetzt. Während Shintoismus und Buddhismus in Japan miteinander verschmolzen und erst im 19. Jahrhundert teilweise mit Gewalt wieder getrennt wurden, blieb der Izumo Taisha allein dem alten Glauben des Shinto gewidmet. Dafür sorgte eine ununterbrochene Linie von Oberpriestern, die aus derselben Familie stammen und ihr Amt bis heute in Erbfolge übertragen. Diese Familie der Senge soll sich schon zu Beginn des 5. Jahrhunderts in der 17. Generation befunden haben und ursprünglich selbst von einer Kami abstammen. Im 19. Jahrhundert, als der Shintoismus wieder zur Staatsreligion aufstieg, machte die Familie den Izumo Taisha zum Zentrum der von ihnen gegründeten eigenen Sekte Izumo Oyashiro-kyo.

Linke Seite oben: Das dicke Seil aus geflochtenem Reisstroh ist unverzichtbares Attribut jedes Shinto-Schreines.
Linke Seite unten: Ein Shinto-Priester ruft mit der Trommel zum Ritual.
Oben: Zwei Kinder im Kimono. Auch im modernen Japan wird noch immer großer Wert auf Tradition gelegt.

本堂

EILAND DER SCHREINE

Die heilige Insel Miyajima

Shinto-Schreine und buddhistische Tempel, ein heiliger Berg mit grandioser Aussicht über die zahllosen Inseln des Sento-Binnenmeeres, zahme Rehe und Horden von Affen erwarten die Besucher der heiligen Insel Miyajima, die zu den drei schönsten Landschaften Japans zählt.

Wer von Hiroshima, jener Stadt, deren Name Mahnmal wurde für das Grauen des Atomkrieges, auf die nahe gelegene, etwa 30 Quadratkilometer große Insel Miyajima übersetzt, sollte dies bei Flut tun. Denn nur dann ist das über 16 Meter hohe, zinnoberrote Torji vom Meerwasser umspült. Dieses symbolische Tor zu Shinto-Heiligtümern, eine Pforte zwischen der Welt der Erscheinungen und dem Transzendenten, steht an der Öffnung einer Bucht, über der das Haupt-Heiligtum der Insel erbaut wurde – der Itsukushima-Schrein. Der Gebäudekomplex steht auf Stelzen über der Bucht und wirkt bei Flut, als würde er auf dem Wasser schweben. Den drei Meeresgottheiten Ichikishima, Tagori und Tagitsu ist dieser Schrein geweiht, allesamt Töchter des Susanoo, der Kami des Sturmes und des Meeres, im Pantheon des Shintoismus der Bruder der wichtigsten Gottheit Amaterasu, die am Himmel scheinende Göttin von Sonne und Licht und zugleich Ahnherrin des japanischen Kaiserhauses.

In alter Zeit sollen nur Shinto-Heilige als Eremiten auf der Insel Miyajima gelebt haben, deren Name so viel bedeutet wie »Schrein-Insel«. Schon im 6. Jahrhundert wurden die ersten Schreine errichtet und später prächtig ausgestattet. Ab dem 11. Jahrhundert erhielten sie ihre heutige Gestalt. Bis zu dieser Zeit war es nur den Priestern der Tempel gestattet, auf der Insel zu leben. Auch auf die rituelle Reinheit der heiligen Stätte wurde peinlich geachtet – es ist streng untersagt, Tote auf der Insel zu bestatten oder dort Kinder zur Welt zu bringen. Frauen durften erstmals im 20. Jahrhundert den Boden Miyajimas betreten, und noch heute werden die Bewohner der heiligen Insel nach ihrem Tod zur Bestattung aufs Festland gebracht.

Inzwischen liegen die Häuser einer Ortschaft mit etwa 2000 Einwohnern um den Schrein verstreut. Hotels, Gästehäuser, Andenkenläden und Restaurants werben um die Besucher, und von der Insel blickt man hinüber zum Festland auf die Hochhäuser des modernen Hiroshima. Wie viele andere heilige Stätten Asiens ist auch Miyajima längst viel besuchte Touristenattraktion, und das nicht erst, seit der Itsukushima-Schrein und das Torji im Jahr 1996 zum UNESCO-Weltkulturerbe erklärt wurden. Aber nicht nur Händler und Wirte der Insel profitieren vom Touristenstrom, der Tag für Tag an der Anlegestelle an Land geht. Die zahmen Rehe konnten sich aufgrund des Jagdverbotes ungehindert vermehren und bedrängen die Touristen um Futter, und die Affen, die den im Inselinneren gelegenen Berg Misen bevölkern, warten ohne jede Scheu an den Wegen und der Seilbahnstation auf Gelegenheiten, Beute zu machen. Trotz alledem ist Miyajima ein ver-

Linke Seite: Zahme Rehe bewegen sich frei bei den verschiedenen Tempeln der Insel Miyajima.
Oben: Die 1407 erbaute fünfstöckige Pagode Gojunoto neben der »Halle der tausend Matten« verbindet japanische und chinesische Architekturelemente auf vollendete Art.

zauberter Ort geblieben, der zu den drei schönsten Landschaften Japans zählt. Seine Tempel und Schreine haben nichts von ihrer Ausstrahlung verloren.

Vor dem Itsukushima-Schrein ragt eine Bühne in die Bucht hinein. Hier werden sakrale Kagura-Tänze aufgeführt, welche die alten Göttermythen darstellen. Dahinter folgen die Halle für die rituelle Reinigung, die Gebetshalle, eine Halle für Opfergaben und schließlich Honden, die den Laien nicht zugängliche Haupthalle und Sanktuarium, Wohnsitz der drei Göttinnen. Weitere Hallen und Schreine schließen sich zu beiden Seiten an, verbunden mit dem Haupttempel durch überdachte Stege, darunter die älteste Bühne des japanischen Nô-Theaters und ein Schatzhaus mit kostbaren Kunstwerken.

Miyajima ist aber nicht nur Pilgerstätte für Shintoisten. Shinto, die nationale Religion Japans, verschmolz ab dem 8. Jahrhundert zunehmend mit dem 552 eingeführten Buddhismus. Zwar wurde später versucht, die beiden Religionen voneinander zu scheiden, indem man den Shintoismus eng mit der Staatsmacht verknüpfte, doch fühlen sich viele Japaner beiden Religionen zugehörig. So verwundert es nicht, dass sich auf Miyajima auch buddhistische Heiligtümer finden, drei

davon sogar in unmittelbarer Nähe des Itsukushima-Schreines zu beiden Seiten der Bucht: Über 27 Meter hoch ragt die 1407 erbaute fünfstöckige Pagode Gojunoto empor, die japanische und chinesische Architekturelemente auf vollendete Art verbindet. Neben ihr steht die

Senjokaku-Halle, das größte Gebäude der Insel. Toyomoto Hideyoshi ließ diese »Halle der tausend Tatami-Matten«, die »Große Sutren-Halle«, 1587 errichten, nachdem es ihm in langen blutigen Kämpfen gelungen war, Japan unter seiner Führung zu vereinen. Mönche sollten hier die Sutren zu Ehren aller im Krieg Gefallenen rezitieren. Doch nach dem Tod des Kriegsherrn im Jahr 1598 wurden die Bauarbeiten eingestellt; die Senjokaku-Halle blieb bis heute unvollendet. Auf der anderen Seite der Bucht wurde der Daiganji errichtet. Er ist ein Tempel des Shingon, der esoterischen, tantrischen Form des Buddhismus in Japan, zugleich aber eng verbunden mit dem Itsukushima-Schrein.

Ein Shingon-Tempel ist auch der Daishoin, der am Fuße des heiligen Berges Misen erbaut wurde, dem zweiten Anziehungspunkt für die Besucher von Miyajima. Im oberen Teil des 530 Meter hohen, dicht bewaldeten Berges trifft man auf eine Reihe von Tempeln und Schreinen, darunter der Anfang des 9. Jahrhunderts begründete Gumonjido. In dessen »Halle des ewigen Feuers« soll die vom Begründer der Shingon-Schule, Kukai (Kobo Daishi), nach seiner Rückkehr aus China entzündete Flamme seit knapp 1200 Jahren ununterbrochen brennen. Die Flamme, die im Friedenspark von Hiroshima an die Hunderttausende Opfer des Atombombenabwurfes erinnert, stammt von diesem uralten heiligen Feuer. Auch die glühende Kohle, über die barfüßige Priester bei einem zweimal im Jahr stattfindenden Fest laufen, wird von diesem Feuer genährt.

Die meisten Besucher lassen sich bequem von einer Seilbahn ein Stück unterhalb des Gipfels absetzen, um an den Schreinen und Tempeln vorbei zum Aussichtspunkt mit Sicht auf die Inseln des Sento-Binnenmeeres hinaufzusteigen, doch nur auf den alten, von Statuen und kleinen Schreinen gesäumten Fußpfaden, die etwa zwei Stunden lang durch den Wald hinaufführen, lässt sich der alte Zauber von Miyajima auch in Zeiten des Massentourismus noch erleben. Hier finden auch moderne »Pilger« einen Rest jener Stille und Abgeschiedenheit, die einst Mönche und Asketen in die Einsamkeit der heiligen Insel lockte.

Linke Seite oben: Der Daishoin ist ein wichtiger Tempel des Shingon, der esoterischen Form des japanischen Buddhismus.
Linke Seite unten: Das große Torji ist das Wahrzeichen von Miyajima.
Oben: Statuen des Jizo, des Boddhisattva Kshitigarbha, vor dem Daishoin-Tempel.

AUF WALLFAHRT MIT KUKAI

Die 88-Tempel-Pilgerreise von Shikoku

Auf Shikoku, der kleinsten der vier japanischen Hauptinseln, findet die beliebteste Wallfahrt Japans statt. Die Pilger folgen auf dem etwa 1200 Kilometer langen Rundweg zu 88 Tempeln den Spuren des Kukai, der im 9. Jahrhundert die buddhistische Shingon-Schule begründete.

Dogyo Ninin« – Zwei, die zusammen gehen – steht auf dem Wanderstock der Pilger, die aufbrechen zur 88-Tempel-Wallfahrt um die Insel Shikoku. Henro werden diese Pilger genannt, und ihr geistiger Reisegefährte, mit dem sie »zusammen gehen«, ist der auf Shikoku geborene Kukai, der Begründer der Shingon-Schule, dem »geheimen«, tantrischen Buddhismus Japans. »Werde in diesem Leben und in diesem Körper ein Buddha«, hat Kukai, der später Kobo Daishi (Großer Meister) genannt wurde, seinen Schülern zum Ziel gesetzt. Die Legende sagt, dass Kukai im Jahr 805 den etwa 1200 Kilometer langen Pilgerpfad erstmals begangen hat. 88 »offizielle« Tempel liegen an der Route der Pilger, und wer auch die 20 »unnummerierten« Bangai-Tempel besuchen möchte, muss 200 Kilometer mehr zurücklegen. Von den 150 00 bis 200 000 Pilgern, die jedes Jahr nach Shikoku kommen, machen sich aber nur einige hundert »echte« Henro zu Fuß auf den Weg und kehren nach 40 bis 60 Tagen zum Ausgangspunkt ihrer Reise zurück. Nur sie empfangen auf ihrer Reise noch immer Osettai, kleine Geschenke, die auf keinen Fall abgelehnt werden dürfen – ein Brauch aus alter Zeit, als viele Pilger und Mönche ganz ohne weltlichen Besitz den Spuren des Kukai folgten. Alle anderen unternehmen die Wallfahrt mit Bus, Auto oder Motorrad. Auch ist es durchaus üblich, dass nur Teile der Gesamtstrecke gegangen werden oder die Wallfahrt in mehreren Etappen über Jahre hinweg vollendet wird. Die Henro erkennt man an ihrer traditionellen Kleidung – weiße Jacke und Hose, Wanderstab mit Glöckchen, konischer Strohhut und ein meist roter Schal. Nicht fehlen darf das Pilgerbuch, in das beim Besuch eines jeden der 88 Heiligtümer das Tempelsiegel gedrückt wird. Auch die motorisierten Pilger sammeln die begehrten Stempel, doch nur die echten Henro, die die inneren und äußeren Herausforderungen der wochenlangen Wanderung auf sich nehmen, gewinnen auch die geistigen Verdienste der Pilgerfahrt. Es sind nicht nur Anhänger des Shingon, die sich auf den beschwerlichen Weg machen, auch Mitglieder anderer buddhistischer Schulen unternehmen die Wallfahrt. Heute mischen sich außerdem Wanderer und Trekker unter die Pilger. Sie gehören oft gar keiner Religion an und werden doch angezogen von solch alten heiligen Pfaden, die stets auch ein Stück Weg ins eigene Innere bedeuten.

Linke Seite: Den Henro, den Pilgern, die in traditioneller Tracht dem Weg des Kukai folgen, wurde auf der Insel Shikoku sogar ein Denkmal gesetzt.
Oben: Auf dem heiligen Berg Koya-san finden sich zahlreiche pittoreske Grabstätten.
Unten: Der Tosa-Schrein auf Shikoku ist einer der 88 Tempel, die von den Pilgern aufgesucht werden.

Der heilige Berg Koya-san

Viele Pilger besuchen vor oder nach ihrer Shikoku-Wallfahrt den heiligen Berg Koya-san in der Präfektur Wakayama, denn erst durch den Besuch dieses Heiligtums mit seinen heute über hundert Tempeln, zahllosen Klostergebäuden, einer Universität für religiöse Studien und vielen Grabstätten wird die Wanderung um die Insel Shikoku vollendet. 815 wurde es von Kukai begründet und gilt als Hauptsitz der Shingon-Schule und als Zentrum eines Mandala, das ganz Japan umfaßt. Der »Große Meister« selbst liegt hier begraben bzw. meditiert gemäß der Legende noch immer an einem verborgenen Ort. Heute lassen sich die meisten Pilger mit der Standseilbahn zu dem zwischen acht Gipfeln eingebetteten heiligen Bezirk hinaufbefördern, doch nur jene, die den langen Anmarsch auf traditionelle Weise zu Fuß bewältigen, vermögen die besondere Stille und Ausstrahlung dieses uralten Heiligtums inmitten herrlicher Natur zu erfahren.

TEMPEL DES ERHABENEN GESETZES

Der Horyuji in Nara

In der ehemaligen Kaiserstadt Nara entfaltete sich die erste Blüte des Buddhismus in Japan. Der Horyuji ist der älteste und am höchsten verehrte buddhistische Tempel des Landes und birgt neben einer Fülle von Kunstschätzen die beiden ältesten Holzgebäude der Welt.

Die Anfänge des Buddhismus in Japan waren wenig verheißungsvoll. Im Jahr 583 überbrachte eine koreanische Delegation eine Statue des Buddha, einige Sutren und Ritualgegenstände sowie einen Brief, in dem die Vorzüge des Buddhismus gepriesen wurden. Der Kaiser ließ dem Kultbild einen Tempel errichten, doch als kurz darauf eine Seuche im Land wütete, schob man dies dem Zorn der einheimischen Kami auf die fremde Religion zu, warf die Statue in einen Fluss und brannte den Tempel nieder. Und doch gelang es dem Buddhismus in den folgenden Jahren, in höfischen Kreisen Fuß zu fassen, zumal die Lehre des Erhabenen durchaus anpassungsfähig war und sich mit dem Gedankengut des Shinto verbinden ließ.

Schon Kaiser Sushun, der von 587 bis 592 regierte, war Buddhist, und seine Nachfolgerin, Kaiserin Suiko, nahm nach ihrer Krönung sogar die Nonnengelübde und setzte ihren Neffen, Prinz Umayado (Shotoku Taishi), ebenfalls gläubiger Buddhist, als Regenten ein. Dieser nun ließ von 605 bis 607 den Vorgängertempel des Horyuji, den Asuka-dera, erbauen. Prinz Umayado begann, Studenten und Mönche zur Ausbildung nach China zu schicken; dadurch gewannen die chinesische Kultur und die buddhistische Lehre zunehmend an Einfluss und mündeten 645 in die Taika-Reform, in deren Folge das Reich nach chinesischem Vorbild umgebildet wurde. Dabei wurden nicht nur philosophische, literarische, künstlerische, architektonische und technische Formen und Stile aus China übernommen, auch eine Landreform und ein neues Steuersystem gehörten dazu. In allen Provinzen entstanden nun auf Staatskosten buddhistische Tempel. Auch der Vorgängerbau des Horyuji, der 670 abgebrannt war, wurde prachtvoll neu aufgebaut. Im Jahr 690 war Kondo, die goldene Halle, fertig gestellt, um 710 auch die anderen Gebäude. Alte Statuen, die den Brand überstanden hatten, wurden feierlich in den neuen Tempelbau gebracht, wo sie sich bis heute erhalten haben. Im Jahr 710 bezog Kaiser Shomu, der den Horyuji neu erbaut hatte, auch seine neue Stadt, die nach dem Vorbild der chinesischen Hauptstadt Chang'an mit einem rechtwinkligen Straßennetz und einer Nord-Süd-Hauptachse mit dem kaiserlichen Viertel im Norden angelegt worden war. Heijo, »Friedensschloss«, wurde die neue Metropole kaiserlicher Macht genannt – das heutige Nara, Zentrum des Buddhismus und der buddhistischen Kunst im Japan jener Zeit.

Linke Seite: Die fünfstöckige Pagode, die im Hof des Horyuji aufragt, gehört zu den ältesten Bauwerken des Tempelbezirks.
Oben: Wasserspendender Drache am Horyuji. Die Nagas genannten Wassergottheiten, die in ganz Asien eine wichtige Rolle spielen, verkörpern sich vorwiegend als Schlangen oder Drachen.

Der Horyuji, der »Tempel des erhabenen Gesetzes«, ist der älteste, in großen Teilen erhalten gebliebene Tempel Ostasiens. Auf insgesamt 187 000 Quadratmetern breitet sich der Tempelkomplex aus. Wichtigstes Gebäude des östlichen Bezirkes ist die »Halle der Visionen« oder »Halle des Traumes«. Hier stand einst der Palast des Prinzen Umayado. Im westlichen Bezirk aber findet sich das Herzstück des Horyuji. Eine Mauer, an deren Innenseite eine überdachte Säulengalerie für die rituelle Umwandlung des Tempels verläuft, trennt den Außenbereich vom »Inneren Tempel«, der durch das Chumon, das »Mittlere Tor«, betreten wird. Im Hof ragt die fünfstöckige Pagode empor, in deren Basis sich Reliquien befinden sollen. Ihr gegenüber steht die »Goldene Halle«

oder Kondo. Diese beiden Gebäude aus dem 7. Jahrhundert sind die ältesten Holzbauwerke der Welt. Der Kondo ist zudem ein Schatzhaus früher buddhistischer Kunst. Hier finden sich die wichtigsten Statuen des Horyuji – als Hauptfigur der von zwei Bodhisattvas flankierte Shaka-Buddha (der historische Buddha Shakyamuni), der schon Mittelpunkt des Vorgängertempels aus dem 7. Jahrhundert war. Auch die vier Shi-tennos, die Himmelskönige, die Wächter der Himmelsrichtungen, die die vier Ecken des Kondo bewachen, entstanden bereits im 7. Jahrhundert und sind die ältesten ihrer Art in Japan. Die berühmten Darstellungen von Bodhisattvas und Buddha-Paradiesen an den Wänden des Kondo galten als die ältesten Wandmalereien des Landes, fielen jedoch 1949 einem Brand zum Opfer. Hinter Pagode und Kondo stößt man auf die in die Umfriedung eingebettete große Versammlungshalle (Kodo) aus dem 10. Jahrhundert.

Über 2300 bedeutende Kunstwerke befinden sich im Horyuji, der 1993 in die Liste des UNESCO-Weltkulturerbes aufgenommen wurde, viele davon, wie etwa der berühmte hölzerne Kudara Kannon aus dem 7. Jahrhundert, sind im Schatzhaus des Tempelbezirks aufbewahrt. Doch die Blüte Naras und seiner Tempel währte nur etwa 75 Jahre, dann wanderte das politische und kulturelle Zentrum Japans an andere Orte, und der Stern einer neuen Metropole ging auf – Kyoto.

Oben: Der Daibutsu, eine Statue des Adi-Buddha Vairocana aus dem 8. Jahrhundert im Todaiji, ist die größe Bronzefigur der Welt. Allein der Kopf ist fünf Meter hoch.
Mitte: Neben dem Daibutsu ist Nyoirin Kannon dargestellt, der »wunscherfüllende Kannon«, eine Erscheinungsform des Bodhisattva Avalokitehvara.

Der Todaiji-Tempel

Noch eine Reihe anderer Tempel zeugt von der großen Epoche Naras als Kaiserstadt, etwa der Kofukuji mit seinem Schatzhaus altjapanischer Kunst, der in der Spätzeit Naras von einem chinesischen Prinzen gegründete Toshodaiji oder der Yakushiji, der Tempel des Medizin-Buddha mit zwei großen Pagoden. Der Todaiji, der Mitte des 8. Jahrhunderts erbaute »Großtempel im Osten« aber zählte über Jahrhunderte zu den wichtigsten Tempeln Japans. Seine Buddhahalle inmitten des riesigen Tempelareals gilt als das größte Holzgebäude der Welt. Es beherbergt die etwa 16 Meter hohe und 550 Tonnen schwere Statue des »Daibutsu«, des Großen Buddha – eine Darstellung des »sonnengleichen« Buddha Vairocana. Der Daibutsu ist die weltweit größte Bronzefigur. Allein sein Kopf ist fünf Meter hoch. Die Herstellung der Statue, die unter gewaltigem Aufwand in mehreren Teilen gegossen und zusammengesetzt wurde, war eine technische Meisterleistung des 8. Jahrhunderts.

Der Legende nach sollen über zweieinhalb Millionen Menschen am Bau des Tempels und der Herstellung der Statue mitgewirkt haben, und die gesamte im Land verfügbare Bronze soll für den Guss verbraucht worden sein. Die Einweihung des Daibutsu war das größte Ereignis der damaligen buddhistischen Welt. Aus ganz Japan sowie aus China und Indien reisten Mönche und Gäste herbei. Der indische Mönch Bodhisena vollzog denn auch im Auftrag des Kaisers die Zeremonie der Augenöffnung, in der die Statue »beseelt« wird, indem ihr die Augen aufgemalt werden. Der Todaiji wurde zum buddhistischen Zentrum Naras. Doch im Lauf der Jahrhunderte erlitten Tempel und Statue immer wieder schwere Schäden durch Kriege, Feuer und Erdbeben. Im 12. und 16. Jahrhundert brannte der Tempel ab, wurde aber nach altem Muster wieder aufgebaut. Ein Jahrhundert lang war der Daibutsu sogar nicht geschützt von einem Dach der Witterung ausgesetzt.

Der heutige Tempel aus dem Jahr 1709 ist etwa ein Drittel kleiner als der Originalbau, und auch von der ursprünglichen Statue sind nur kleine Teile im Original erhalten. Der Großteil des Daibutsu wurde in verschiedenen Epochen neu gegossen. Bis heute ist der Tempel das Zentrum der Kegon-Schule (Blumengirlanden-Schule), einer 740 aus China eingeführten bedeutenden Schule des japanischen Buddhismus, der schon der Begründer des Tempels, Kaiser Shomu, anhing. Im Todaiji findet sich aber auch ein Hinweis auf die Verschmelzung des japanischen Buddhismus mit dem Shintoismus: Auf dem Tempelgelände steht ein Schrein der Kami Hachiman, die zur Schutzgottheit des Großen Buddha ernannt wurde, und Rehe bewegen sich frei im Tempelgelände.

DAS KLATSCHEN DER EINEN HAND

Tempel und Klöster in Kyoto

Wie keine andere Stadt steht Kyoto für die traditionelle japanische Kultur und Ästhetik, die großteils vom Buddhismus, vor allem von den Schulen des Zen, geprägt wurde. In den Tempeln und Klöstern dieser modernen Metropole schlägt noch heute das Herz des alten Japan.

Kyoto ist die einzige Großstadt Japans, die von den schweren Bombardierungen im Zweiten Weltkrieg verschont blieb, obwohl die USA diesen Ort der Kultur bereits als Ziel für einen Atombombenabwurf in Erwägung gezogen hatten. Über 1500 buddhistische Tempel und Hunderte von Shinto-Schreinen mit unermesslich wertvollen Kunstschätzen haben sich in Kyoto erhalten, obwohl sich die Stadt auf den ersten Blick als moderne, von Hochhäusern geprägte Millionenmetropole präsentiert. Es ist unmöglich, aus dieser unüberschaubaren Fülle von Klöstern, Tempeln und Schreinen einen oder zwei herauszuheben, zumal es das Hauptheiligtum oder den als besonders heilig geltenden Pilgerort in Kyoto nicht gibt. Die Tempel und Schreine unterscheiden sich vielmehr durch ihre geschichtliche Bedeutung, durch architektonische und künstlerische Besonderheiten oder durch ihre religiöse Zugehörigkeit zum Shintoismus oder, was für die große Mehrzahl zutrifft, zu den verschiedenen in Japan vertretenen Schulen des Buddhismus.

Schon in Nara hatte der Buddhismus den Shintoismus an Bedeutung übertroffen und wurde nicht nur Staatsreligion, sondern übte auch immer stärkeren politischen Einfluss aus. Der Mönch Dokyo erlangte sogar so großen Einfluss bei Hofe, dass er selbst nach dem Kaiserthron greifen wollte. Kaiser Kenmu suchte dieser religiösen Einengung zu entgehen, indem er Nara verließ und zunächst Nagaoka als neuen Regierungssitz aufbauen wollte, schließlich aber doch im Jahr 794 das nahe gelegene Haiankyo, die »Residenz des Friedens«, das heutige Kyoto, begründete. Vorsichtshalber durften buddhistische Klöster nicht mehr im inneren Bereich der neuen Stadt errichtet werden, deren Anlage sich – wie schon Nara – am Gittersystem der chinesischen Hauptstadt Cha'ang orientierte. Doch dieses Ausweichen in eine neue Residenzstadt konnte das Ende der kaiserlichen Macht nicht verhindern. Familienclans und später Militärherrscher (Shogune) übernahmen bis ins späte 19. Jahrhundert die politische Vorherrschaft in Japan und reduzierten die Position des Kaisers auf repräsentative Pflichten. Kunst und Kultur aber blühten weiterhin in der Residenzstadt des Tenno. Für über tausend Jahre, bis 1868, blieb die Stadt kaiserlicher Sitz. Selbst in Zeiten der Anarchie, als die Fürsten gegeneinander Krieg führten und das Machtzentrum Anfang des 17. Jahrhunderts nach Edo (dem heutigen Tokyo) verlegt wurde, florierten in Kyoto Künste, Philosophie, Religion und die Verfeinerung traditionellen Lebensstils. Die zahllosen Paläste, Tempel und Schreine mit ihren Gärten, Teehäusern und reich gefüllten Schatzkammern zeugen bis heute von dieser langen Blütezeit japanischer Kultur.

Linke Seite: Vom Kiyomizu-Tempel, dem »Tempel des Reinen Wassers«, lässt sich die Aussicht über Kyoto und Umgebung genießen.
Oben: Votivtafeln beim Kiyomizu-Tempel hoch über Kyoto. Der Tempel ist einer der populärsten in ganz Japan. Die Besucher hinterlassen die Votivtafeln mit Bitten um Glück und Gesundheit.

Der Hauptimpuls für diese prächtige Entfaltung der Künste ging vom Buddhismus aus. Für lange Zeit war der Buddhismus in Japan vor allem eine Sache der gebildeten Oberschicht, übernahm daher wie selbstverständlich die weltlichen Verfeinerungen und Künste der herrschenden Klasse und prägte sie seinerseits. Wie schon in China entwickelten sich auch in Japan – ganz entgegen der Lehre des Buddha – die buddhistischen Klöster und Tempel zu Zentren von Reichtum, Einfluss und weltlicher Macht und schreckten nicht einmal davor zurück, sich gegenseitig zu bekriegen. So waren etwa die Mönche vom Hiei-Berg in der Nähe Kyotos, wo der Gründer der Tendai-Schule im 9. Jahrhundert seinen Hauptsitz begründete, der im Laufe der Zeit zu einem riesigen Komplex von Tempeln und Klöstern anwuchs, eher für ihre kriegerischen Fähigkeiten bekannt denn für ihre Frömmigkeit. Erst allmählich entstand ein »Buddhismus für das Volk«, der ohne schwierige Rituale und komplizierte philosophische Erörterungen auskam, sondern sich darauf beschränkte, von den Buddhas und Bodhisattvas gnädige Hilfe zu erwarten. Dazu gehören etwa Jodo-shu, der Kult des Reinen Landes des Amida (Amithaba), oder die Nichiren-Schule. Zuvor waren es andere aus China übernommene Traditionen, die in Kyoto den Buddhismus prägten, vor allem die esoterischen Schulen des Tendai und Shingon. Im 12. und 13. Jahrhundert schließlich kam der Chan-Buddhismus aus China und entwickelte sich zur japanischen Zen-Tradition. Zwei Schulen – Rinzai und Soto – übten fortan gewaltigen Einfluss auf das religiöse Leben, aber auch auf Kultur und Ästhetik Japans aus. Zen wurde in Japan – im Gegensatz zu China – zur vorherrschenden religiösen und kulturellen Kraft.

All diese verschiedenen Schulen und Traditionen errichteten in Kyoto wichtige Klöster und Tempel. Obwohl viele von ihnen im Laufe der Jahrhunderte teils mehrmals abbrannten und neu aufgebaut werden mussten und obwohl sie in unserer Zeit zu beliebten Zielen des in- und ausländischen Massentourismus wurden, spiegeln sie bis heute Reichtum und Vielfalt der religiösen Kultur Japans.

Der Shingon-Schule gehört der Toji, der »östliche Tempel«, einer der bedeutendsten Tempel Japans, in dem über Jahrhunderte alle Zeremonien für Frieden und Sicherheit des Reiches abgehalten wurden. Kukai, Begründer des Shingon, war selbst Leiter dieses von ihm im 9. Jahrhundert erbauten Tempels. Die fünfstöckige Pagode ist mit ihren 55 Metern das höchste Holzgebäude Japans und Wahrzeichen von

Kyoto. Der vom ersten Shogun Tokugawa Ieyasu im Jahr 1602 errichtete Higashi-Honganji-Tempel gehört einer Sekte der »Schule des Reinen Landes«. Seine Haupthalle ist eines der größten Holzgebäude Japans, das aber 1864 wie alle anderen Gebäude des Tempels einem Brand zum Opfer fiel und neu errichtet wurde. Der Tofukuji der Rinzai-Schule, erbaut zwischen 1239 und 1255, gehört zu den fünf »Großen Tempeln« Kyotos und zeigt bis heute auf exemplarische Art den typischen Aufbau eines Zen-Klosters – Haupttor, Haupthalle, Zen-do (Meditationshalle), Sutrenhalle, Glockenturm, Abtswohnung, Mönchswohnungen, Toilettenanlagen und zahlreiche Moos-, Sand- und Steingärten. Auch der Kenninji von 1202 mit dem von einem berühmten Bambuszaun umgebenen Teehaus und einem Trocken-Landschaftsgarten zählt zu den fünf »Großen Tempeln« und gilt als der älteste Zen-Tempel von Kyoto. Der Sanjusangende, der »Tempel der 33 Nischen« ist die einzige noch erhaltene »Tausend-Kannon-Halle« Japans. Tausend Statuen des Kannon – des Bodhisattva Avalokiteshvara – gruppieren sich in strenger Ordnung um die Hauptstatue, die als eine der schönsten Schnitzarbeiten Japans gilt. Der Kiyomizu-Tempel, der »Tempel des reinen Wassers« hoch auf einem Berg über Kyoto, war ursprünglich eine Einsiedelei asketisch lebender Mönche. Der Chionin, einer der berühmtesten und größten Tempel Japans, wurde 1175 an der Stelle errichtet, an der Honen Shonin, der Begründer der buddhistischen Jodo-Schule, seine Lehren verkündet und den Tod durch Fasten gefunden hatte. Das größte Tempeltor Japans führt in den Tempel hinein, dessen 74 Tonnen schwere Tempelglocke den Bewohnern von Kyoto mit 108 Schlägen das neue Jahr ankündigt. 17 Mönche werden benötigt, um diese größte Glocke Japans anzuschlagen. Bedeutende Kunstschätze und Zen-Gärten zeichnen den Daitokuji aus, 1324 von der Rinzai-Schule als ihr Haupttempel begründet. Von seinen zahlreichen Zweigtempeln, die zum großen Teil als Mönchsklausen dienten, gibt es heute nur mehr 21, doch zählt der Tempelkomplex mit seinen Gärten, Teehäusern und Abtsresidenzen zu den

Linke Seite: Steinlaterne im Chionin, dem Hauptsitz der Jodo-Schule, der buddhistischen »Schule des Reinen Landes«.
Oben: Der 1397 von der Rinzai-Schule erbaute Kinakuji-Tempel, der »Goldene Pavillon«, ist das berühmteste Bauwerk von Kyoto.

weitläufigsten sakralen Stätten in Kyoto. Das berühmteste Bauwerk der Stadt ist aber sicherlich der Kinakuji-Tempel, der »Goldene Pavillon«, der 1397 von der Rinzai-Schule in dichtem Wald zu Füßen eines Hügels erbaut wurde. Seine mit Blattgold belegten Wände spiegeln sich in dem See, an dem er, teilweise auf Pfählen über dem Wasser ruhend, erbaut wurde. Sein Steingarten hat den Ryoanji weltberühmt gemacht. Mitte des 15. Jahrhunderts wurde dieser Klassiker der Zen-Gartenkunst errichtet – 15 in Gruppen gesetzte Steine auf einer Fläche aus Kieseln. Über die Bedeutung dieses Gartens wurde viel gerätselt, doch die meditative Ruhe, die er ausstrahlt, lässt sich heute nur mehr sehr selten erleben angesichts der Massen von Besuchern, die in den Ryoanji drängen.

Oben: Ein »Tunnel« aus Tausenden Torjis ist die Besonderheit des Fushimi-Inari-Taisha-Schreins, einem der ältesten und beliebtesten Shinto-Schreine Japans.
Unten: Die Pagode des Toji, des »Westlichen Tempels«, ist das höchste Holzgebäude Japans und eines der Wahrzeichen von Kyoto.
Rechte Seite: Der Steingarten des Ryoanji ist ein weltberühmtes Beispiel für die meditative Gartenkunst der Zenklöster.

Die Kultur des Zen

Vielen gilt die Kultur des Zen als Ausdruck japanischen Wesens schlechthin. Ob Dichtkunst oder Tuschmalerei, Kalligraphie, Nô-Theater, Musik, Architektur, Töpferkunst, Ikebana, Teezeremonie und Gartenkunst – die Geistigkeit des Zen durchdrang all diese Kunstformen.

Auch der Kriegerstand der Samurai wandte sich dem Zen zu, fanden die Meister der Kampfkunst doch in diesem spirituellen Weg, der von strenger Disziplin geprägt war, von Ruhe, Einfachheit, innerer Stärke, Spontaneität, tiefgründigem Humor und dem Bestreben, das duale, begriffliche Denken zu überwinden, eine starke Affinität zur eigenen todesverachtenden Kriegerethik. So wurden auch Künste wie Bogenschießen, Schwert- und Ringkampf von den Prinzipien des Zen inspiriert und eingebunden in diesen Weg, der vor allem durch Za-Zen, das »Sitzen in Versunkenheit«, zur Befreiung, zur Erleuchtung »durchzubrechen« versucht. Vor allem die Rinzai-Schule verwendet zu diesem Zweck auch Koans, paradoxe Fragen, die das duale Denken »knacken« sollen, wie etwa jenen berühmten Koan des Meisters Hakuin Ekaku aus dem 18. Jahrhundert: »Wie klingt das Klatschen einer Hand?« Den Zen-Mönchen galt Kunst als eine Form aktiver Meditation, und die von ihnen geschaffenen Kunstwerke waren niemals bloß Selbstausdruck, sondern praktischer Schritt auf dem Weg zur Erleuchtung. Auf das intensive Studium der Sutren, das Philosophieren oder die Durchführung von Ritualen, was etwa in anderen buddhistischen Schulen von besonderer Bedeutung ist, wird im Zen weit weniger Wert gelegt. Dies zeigt schon die Legende, die sich um die Begründung des Zen rankt: Buddha übermittelte eines Tages nicht die übliche mündliche Lehrrede, sondern zeigte schweigend eine Blume. Nur ein einziger der um ihn versammelten Schüler begriff diese wortlose Botschaft und wurde so zum Ahnherrn des Zen.

LAND DER MORGENSTILLE

Der Bulguksa-Tempel und die Sokkuram-Grotte

Der terrassenförmig angelegte Bulguksa-Tempel mit seinen als Nationalschätze geltenden Kunstwerken und das Grottenheiligtum Sokkuram am Berg Tohamsan mit der erhabenen Granitstatue Buddhas sind die kostbarsten Zeugnisse der Goldenen Zeit des Buddhismus in Korea.

In Korea, dem »Land der Morgenstille«, existieren heute mehrere Religionen friedlich miteinander, zumindest im Süden des geteilten Landes. Im kommunistischen Nordkorea ist auf dem Papier zwar Religionsfreiheit garantiert, doch wurde in dem gleichgeschalteten, verarmten Staat der absurde Kult um die beiden Diktatoren zum Religionsersatz. Ursprüngliche Religion Koreas war der Schamanismus, der noch heute eine wichtige Rolle spielt. Im 4. Jahrhundert kam aus China der Buddhismus, und es gelang ihm, in den drei damaligen Königreichen Staatsreligion zu werden. Auch nach der Vereinigung der drei Reiche durch die Shilla-Könige behielt der Buddhismus seine privilegierte Stellung, bis ab dem 13. Jahrhundert der Konfuzianismus allmählich Vorderhand gewann und sich später auch das Christentum durchsetzte. Doch die über 800 Jahre währende buddhistische Vorherrschaft prägte die Kultur Koreas bis heute. Zahlreiche Tempel wurden erbaut, die bedeutenden als Staatsheiligtümer der jeweiligen Königsdynastie, darunter der Bulguksa-Tempel, der »Tempel des Buddhalandes«, an

den Ausläufern des Berges Tohamsan. Schon 535 entstand hier ein Heiligtum, das 751 der mächtige Erste Minister Kim Daeseong neu errichten ließ. Vollendet wurde der Bulguksa über zwanzig Jahre später von den Shilla-Königen. Während der japanischen Invasion Ende des 16. Jahrhunderts wurde der Tempel niedergebrannt und seither immer wieder restauriert, zuletzt von 1961 bis 1979.

Brücken und Steintreppen mit 33 Stufen – als Symbol für die 33 Schritte zur Erleuchtung – führen zu dem terrassenförmig angelegten Tempelbezirk mit seinen zwei großen Höfen. Daeungjeon, die Halle der Erleuchtung, ist das Hauptgebäude und birgt eine große Statue des Buddha Shakyamuni. Vor seinem Eingang stehen die beiden Pagoden Seokgatap und Dabotop, die zu den sieben koreanischen Nationalschätzen im Bulguksa zählen. Auch die anderen Hallen des Tempelareals wie Museoljeon, die Halle ohne Worte, Gwaneumjeon, der Schrein des Boddhisattva Avalokiteshvara, Birojeon, die Vairocana-Halle oder Geuknakjeon, die Halle höchster Glückseligkeit, enthalten herausragende Kunstschätze, die eindrucksvolles Zeugnis ablegen vom goldenen Zeitalters des Buddhismus in Korea.

Linke Seite: Im stufenförmig angelegten Bulguksa harmonieren die Gebäude perfekt mit der Natur.
Oben: Die Granitstatue des Buddha Shakyamuni in der Rotunde des Grottenheiligtums Sokkuram.

Das Grottenheiligtum Sokkuram

Nur etwa vier Kilometer vom Bulguksa entfernt wurde zeitgleich am Berg Tohamsan ein Grottenheiligtum in den Fels gehauen. Wie bei Bulguksa war es auch hier der Erste Minister Kim Daeseong, der mit dem Bau begann. Die Pilger, die nach Bulguksa kamen, stiegen auch den Tohamsan hinauf, um Sokkuram zu besuchen. Ein Korridor und Vorraum wird von zwei steinernen Torwächtern, acht Geistergenerälen und den vier Weltenwächtern beschützt. Im kreisrunden Heiligtum, auf dem Lotosthron, sitzt die dreieinhalb Meter hohe Granitstatue des Buddha Shakyamuni in der Geste der Erdberührung. Einst blickte der Buddha nach Osten hinaus über die Hügellandschaft und das Meer in die aufgehende Sonne. Heute ist ihm durch moderne Einbauten zum Schutz der Kunstwerke dieser Ausblick verwehrt. Reliefs von Bodhisattvas, Arhats und Göttern sowie Statuen von Mahasattvas in Nischen unterhalb der Kuppel säumen die Rotunde. Die Grotte von Sokkuram, die zu den schönsten Zeugnissen buddhistischer Kunst in Ostasien zählt, steht heute ebenso wie der Bulguksa-Tempel auf der Liste des Weltkulturerbes der UNESCO.

HIMALAYA

Tibet · Ladakh · Nepal · Bhutan

Wo sich vor Millionen von Jahren der Urozean Tethys erstreckte, ragen heute die höchsten Berge der Welt empor – und wachsen noch immer jedes Jahr etwa einen Zentimeter gen Himmel. Wie ein Gleichnis vom ständigen Wandel in den Welten vergänglicher Formen scheint diese erdgeschichtliche Erkenntnis, die so neu nicht ist, denn auch die Mythen der Tibeter berichten, dass sich ihr »Land des Schnees« einst aus dem Wasser erhoben hat. Für sie ist es nur Bestätigung uralter Legenden, dass auf dem Dach der Welt versteinerte Überreste urzeitlicher Meeresbewohner zu finden sind.

Der Himalaya, der »Wohnsitz des Schnees«, wie sein aus zwei Sanskritworten zusammengesetzter Name wörtlich übersetzt bedeutet, erstreckt sich über 3000 Kilometer vom Karakorum an der pakistanisch-chinesischen Grenze bis zu den Dschungeln Burmas. Ein buntes Gemisch von Völkern, Stämmen und ethnischen Gruppen mit einer Vielzahl von Sprachen, Bräuchen und Religionen siedelt in den Tälern und auf den Vorbergen, überragt von einer gigantischen Kulisse aus Fels, Schnee und ewigem Eis. Die zahllosen Gipfel dieses Gebirges, das die heißen Ebenen des indischen Subkontinents vom Hochplateau Tibets scheidet, standen immer auch für geistige Höhen. Indiens »großer Dichter« Mahakavi Kalidasa nannte den Himalaya »eine Verkörperung des Göttlichen« und sang: »Die Erhabenheit Deiner Gipfel gleicht der Deines Geistes.« In der Tat ist der Himalaya das einzige Gebirge, das als Ganzes für heilig gilt und dessen spirituelle Macht in der Gottheit Himavat, Symbol für die höchsten Höhen des Seins, verkörpert wird. Zudem beheimatet er eine Fülle einzelner heiliger Berge, darunter berühmte Throne der Götter wie Chomolungma, »Göttin-Mutter des Windes«, der die Engländer den prosaischen Namen Mount Everest gaben, Ama Dablam, heiliger Berg der Sherpas, Nanda Devi, »Göttin der Glückseligkeit«, Machupuchare in der nepalischen Annapurna-Kette, Kangchenjunga, Sikkims »fünf Schätze Großen Schnees« oder Jomolhari, heiliger Berg Bhutans, aber auch viele andere, kaum bekannte, verehrt nur von den Menschen, die zu ihren Füßen leben. Diese Verehrung von Bergen, die ihre Wurzeln in uralten Naturreligionen und schamanistischen Kulten hat, fand auch Eingang in die großen Religionen Asiens So wird der Kailash, heiligster Berg Asiens – wenn nicht der ganzen Welt –, der im »wilden Westen« der tibetischen Hochebenen liegt, von Pilgern aus vier großen Religionen in Ehrfurcht umrundet.

Auch in den heiligen Schriften Indiens gelten die Eisriesen des Himalaya als Ziel spiritueller Sehnsucht und Abglanz himmlischer Sphären. Einsiedler, Mönche und Yogis zogen sich in die Bergeinsamkeit zurück, um dort ihrem Weg zur Befreiung zu folgen, Schreine entstanden, Tempel und Klöster. Noch in entlegensten Tälern, oft Tagesmärsche entfernt von der nächsten Straße, finden sich heilige Orte und Pilgerstätten, die zugleich oft Schatzhäuser hoch entwickelter Kunst sind. Aus dieser überbordenden Fülle einige besonders bedeutende Beispiele für dieses Buch auszuwählen, ist kaum möglich. Daher werden manche Gebiete zusammenfassend behandelt, so die Klöster und Tempel Ladakhs und Zentraltibets. Obwohl die Gebirgsketten und Hochebenen Tibets geographisch nicht mehr zum Himalaya gehören, sondern manchmal als »Transhimalaya« bezeichnet werden, ist die religiöse Kultur, die sich dort, abgeschottet von der Welt, entwickelte, untrennbar mit den »klassischen« Himalayaländern verknüpft. Der Buddhismus, der einst aus Indien auf uralten Handelspfaden über himmelhohe Pässe nach Norden gelangte, kehrte von dort in seiner tibetischen Ausprägung auf die Südseite des Himalaya zurück. Ladakh, Sikkim und das »Drachenkönigreich« Bhutan sind ganz vom tibetischen Vajrayana-Buddhismus geprägt, im hinduistischen Nepal leben die Verehrer von Shiva, Vishnu und Brahma weitgehend einträchtig mit tibetischstämmigen Buddhisten zusammen, während einzelne Regionen des Landes wie Mustang, Dolpo oder Khumbu, das Gebiet der Sherpas, wiederum völlig von tibetischer Kultur durchdrungen sind.

Doch auch die alten schamanistischen Naturkulte sind in den Tälern des Himalaya und in Tibet noch lebendig und haben sich zumindest auf der Ebene der Volksreligiosität stark mit den Hochreligionen vermischt. Und in Indien, wo die muslimische Invasion den Buddhismus einst mit Feuer und Schwert ausgelöscht hatte, konnte sich die Lehre des Erhabenen erst nach 1959 wieder etablieren, nachdem der Dalai Lama und Zehntausende Tibeter, darunter fast die gesamte geistige Elite des Landes, vor den chinesischen Invasoren dorthin geflüchtet waren. In Tibet dagegen wurde im Zuge der völkerrechtswidrigen Besetzung die spirituelle Hochkultur auf dem Dach der Welt in einem Genozid und beispiellosem Terror bis auf wenige Reste von den Chinesen vernichtet und bis heute jede freie Religionsausübung unterdrückt. So sind auch die Völker und Religionen des Himalaya nicht von den Kräften beständigen Wandels verschont, der die Riesen aus Fels und Eis einst aus einem warmen Urmeer gen Himmel schob.

Rechte Seite: In einem der zahllosen Klöster des tibetischen Buddhismus in der Himalayaregion versammeln sich Mönche zur Prozession.
Vorhergehende Doppelseite: Das Kloster Tengboche liegt im Khumbu-Gebiet Nepals auf 3867 Metern Höhe mitten im Zentralhimalaya.

DAS HERZ TIBETS

Der Jokhang-Tempel in Lhasa

Einst »Ort der Götter«, der als Ganzes für heilig galt, Sitz der Dalai Lamas und Ziel von Pilgerströmen aus ganz Tibet, ist Lhasa heute eine von den chinesischen Besatzern geprägte Provinzstadt. Doch das spirituelle Herz Tibets, der Jokhang-Tempel, schlägt noch immer.

König Songtsen Gampo riss im 7. Jahrhundert die Herrschaft über ganz Tibet an sich und machte das Schneeland zur unangefochtenen Militärmacht Zentralasiens. Auch die Nachbarländer Nepal und China fürchteten die Stärke des tibetischen Herrschers und sandten ihm Prinzessinnen als Ehefrauen. Die beiden Damen waren gläubige Buddhistinnen und brachten neben wertvollen Technologien und Kulturgütern ihrer Heimatländer erstmals buddhistische Schriften und Kultbilder nach Tibet. Songtsen Gampo verließ den Stammsitz seines Herrschergeschlechts im Yarlungtal und begründete am Kyichu-Fluss die Stadt Lhasa, deren Name so viel bedeutet wie »Ort der Götter«. Hier nun entstanden die beiden ältesten buddhistischen Tempel Tibets, um den heiligen Statuen aus der Mitgift der Prinzessinnen würdige Unterkunft zu schaffen – der Jokhang und der Ramoche. Insgesamt 108 Tempel soll Songtsen Gampo im gesamten tibetischen Kulturkreis erbaut haben, um eine über ganz Tibet ausgestreckte, dem Buddhismus feindlich gesonnene Dämonin zu bannen.

Der wichtigste dieser Tempel aber, jener, der über einem zugeschütteten See am Herz der Dämonin erbaut wurde, war der Jokhang, bis heute magnetisches Zentrum des tibetischen Buddhismus, heiligster Tempel Tibets und Ziel von Pilgern aus allen Provinzen des Schneelandes. Noch heute sind Teile des später immer wieder erweiterten Originalbaus erhalten – die Reliefs einiger Türrahmen aus dem 7. Jahrhundert gelten als die ältesten erhaltenen Kunstwerke Tibets. Jahrhundertelang wälzte sich der Strom der Gläubigen um den Barkhor, den Umgehungsweg um den Tempel, und seit 1409 fand das von Tsongkhapa eingeführte Mönlam-Gebetsfest jedes Jahr unmittelbar nach dem tibetischen Neujahr im und um den Jokhang statt. Zehntausende Mönche aus den drei Großklöstern des Gelugpa-Ordens – Ganden, Sera und Drepung – kamen unter großer Anteilnahme der Bevölkerung zusammen, um mehrere Tage lang das »Große Mönchsgebet« zu zelebrieren. Meterhohe Butterskulpturen wurden vor dem Jokhang aufgestellt, prachtvolle Prozessionen abgehalten und viele Tausende von Pilgern strömten nach Lhasa, um der besonderen Kraft dieser Wunschgebete teilhaftig zu werden. Doch Pilger drängten sich nicht nur an Festtagen, sondern das ganze Jahr über durch die Hallen, Schreine und Kapellen des Heiligtums, um den Abbildern der Buddhas, Bodhisattvas und Schutzgottheiten Verehrung zu erweisen, vor allem jenem Bildnis des Jowo Rinpoche, der heiligsten Statue Tibets im prachtvollen Hauptraum des Tempels. Aus allen Teilen Tibets und des tibetischen Kulturkreises kamen sie – Bauern und Nomaden, Händler und Mönche, Adelige und Beamte.

Linke Seite oben: Der Jokhang, das spirituelle Herz Tibets, ist der bedeutendste Tempel des tibetischen Kulturkreises.
Linke Seite unten: Mönche aus Kham bei einer Puja (Reinigungszeremonie) vor dem Jokhang.
Oben: Rund um die Uhr vollziehen Pilger und Gläubige ihre Niederwerfungen vor dem Haupteingang des Jokhang.

Es verwundert nicht, dass die chinesischen Besatzer ihren Hass auf die religiöse Kultur Tibets auch an diesem symbolträchtigen Tempel, dem Herzstück Tibets, abreagierten. Zwar blieben die Gebäude und, wie es heißt, sogar die Statue des Jowo Rinpoche einigermaßen erhalten, doch wurden ab 1959 religiöse Handlungen im Jokhang verboten,

alle anderen Kultbilder zerstört und die sakrale Stätte geschändet, in ein Schlachthaus und später ein Kino für die Soldaten umgewandelt. Erst zwanzig Jahre später, nach seiner Renovierung, wurde der Tempel wieder seinem eigentlichen Zweck zugeführt. Das über viele Jahre verbotene Mönlam-Gebetsfest darf heute wieder abgehalten werden, allerdings nur mit starken Einschränkungen und streng überwacht von chinesischen Sicherheitskräften, denn noch immer ist der Widerstand der Tibeter gegen ihre chinesischen Unterdrücker nicht erloschen. Auch die Pilger haben wieder Zutritt, um dem Jowo Rinpoche zu huldigen. Die Statue stellt den Buddha Shakyamuni nicht als Erleuchteten dar, sondern als jungen Prinzen Siddharta Gautama im königlichen Schmuck. Noch zu Lebzeiten des Buddha soll ein himmlischer Künstler diese Statue geschaffen haben. Die Tibeter drängen sich heran, Mantren murmelnd, ihre Gebetsmühlen drehend, um an Öffnungen zu beiden Seiten der Statue das Bein des Jowo Rinpoche berühren zu können. Doch die Zeit ihrer Andacht ist knapp, denn schon schieben sich die nächsten nach vorne, um endlich das Ziel ihrer Pilgerfahrt zu erreichen. Die Pilger vollenden ihre Wallfahrt, indem sie auch alle Nebenkapellen im Tempel aufsuchen, in denen ebenfalls hochverehrte Statuen stehen, jene der Palden Lhamo beispielsweise, der weiblichen Schutzgottheit Lhasas, oder jene des »Zukunftsbuddhas« Maitreya.

Heute ist das Nationalheiligtum Tibets zwar Pilgern und Touristen wieder geöffnet, auf dem Vorplatz vollführen gläubige Tibeter unermüdlich ihre Niederwerfungen, und in den mit Butterlampen dämmrig erhellten Kapellen und Schreinen scheint die Zeit stehen geblieben. Doch zeigt ein Blick auf die Umgebung des Tempels rasch, dass Lhasa kein »Ort der Götter« mehr ist, sondern eine hässliche chinesische Provinzstadt, in der mehr als doppelt so viele Chinesen wie Tibeter leben. Die historische Altstadt um den Jokhang wurde abgerissen, und die einstmals im Ganzen als heilig geltende Stadt ist geprägt von moderner Zweckarchitektur, Geschäftsgebäuden, Bars, Einkaufszentren, Leuchtreklamen, stinkendem Autoverkehr – und Überwachungskameras, Polizeiposten und anderen Zeugen chinesischer Repression.

Oben: Die goldenen Dächer des Jokhang-Tempels beherbergen die heiligste Statue Tibets, den Jowo Rinpoche.
Rechte Seite: Eindrucksvoll erhebt sich der Potala, das Wahrzeichen Tibets, auf dem Marpori, dem »Roten Hügel« über Lhasa.

Der Potala

Songtsen Gampo war es auch, der auf dem »Roten Hügel« von Lhasa einen Königspalast erbaute, über dem später, im 17. Jahrhundert, der Fünfte, »der Große« Dalai Lama den Potala errichten ließ, das berühmteste Gebäude Tibets und Wahrzeichen Lhasas. Vom Dach des Jokhang kann man hinüberschauen auf dieses Weltwunder der Architektur, das wie ein monumentales Symbol für die Verbindung von weltlicher und geistlicher Macht steht, die sich in den Dalai Lamas verkörperte. Die bis zu fünf Meter dicken Mauern erstrecken sich über eine Breite von 360 Metern, und die knapp tausend Räume sind, mit steilen und verwinkelten Treppen und Gängen verbunden, auf 13 Stockwerke verteilt.

Doch der Potala ist auch heiliger Ort, nicht nur ehemals Residenz der Dalai Lamas, Schatzkammer, Verwaltungszentrum, Sitz der alten tibetischen Regierung und Ort aller Staatszeremonien, sondern auch Tempel, Kloster und Begräbnisort von acht Dalai Lamas, die in kostbaren Stupas beigesetzt sind. Unüberschaubar ist die Fülle der Statuen, Wandmalereien, Thangkas, Bücher und Kultgegenstände in den Tempeln, Kapellen, Hallen und Schreinen. Der 14. Dalai Lama, der in seiner Kindheit die Winter in den Gemächern im obersten Stockwerk verbrachte, von denen der Blick frei über Lhasa und die umliegenden Berge schweifen kann, schreibt über den Potala: »Selbst wenn man schon jahrelang in ihm lebte, war man noch immer nicht in alle seine Geheimnisse eingedrungen.« Heute steht der Potala, der weitgehend von Zerstörungen verschont blieb, auf der Liste des UNESCO-Weltkulturerbes und gilt als Museum. Den tibetischen Pilgern jedoch, die sich unter die Touristenströme mischen, ist er nach wie vor heiliger Ort und Stätte der Verehrung und sie beten darum, dass eines Tages wieder der Dalai Lama als Oberhaupt eines freien Tibet in diesen Räumen leben möge.

BUDDHA IM SCHNEELAND

Die Klöster Zentraltibets

Obwohl die Klöster und Tempel Tibets fast ausnahmslos von den chinesischen Besatzern zerstört wurden, zählen einige von ihnen noch immer zu Schatzhäusern tibetischer Kunst und sind wichtige Pilgerziele für die tief im Buddhismus verwurzelten Tibeter.

Tibets heilige Hauptstadt Lhasa gilt mit ihren nahe gelegenen Großklöstern Drepung und Sera vor allem als Zentrum der seit Jahrhunderten im Schneeland tonangebenden Schule des tibetischen Buddhismus, der Gelugpa, deren weltliches und geistliches Oberhaupt der Dalai Lama ist. Die bedeutendsten Klöster der anderen Schulrichtungen dagegen befinden sich in Ü und Tsang, den beiden Provinzen Zentraltibets. Sie sind bis heute wichtige Pilgerziele der Tibeter, obwohl kaum eines von ihnen von den Zerstörungen durch die chinesischen Machthaber verschont blieb (siehe Kasten). Zugleich lässt sich an diesen Klöstern die Geschichte des Buddhismus in Tibet nachvollziehen.

Samye am Ufer des Tsangpo-Flusses, das erste Kloster, das in Tibet erbaut wurde, markiert die früheste Verwurzelung der buddhistischen Lehre im Schneeland. Um 779, unter dem mächtigen König Trisong Detsen, der sogar die chinesische Hauptstadt Chang'an, das heutige Xian, eroberte, wurde der Grundstein gelegt. Der lotosgeborene »Guru Rinpoche« Padmasambhava, bis heute eine der am höchsten verehrten Figuren des tibetischen Buddhismus, ist eng mit dem Bau von Samye verbunden. Der König hatte den Gelehrten, Magier und Tantriker ins Land geholt, um die Lehre des Buddha gegen den Widerstand der alten Bön-Religion in Tibet zu etablieren und die später Nyingma genannte älteste Schule des tibetischen Buddhismus zu begründen. Das in Form eines Mandala erbaute Samye wurde Stammsitz dieses Ordens, von dem aus er sich im gesamten tibetischen Kulturkreis verbreitete. Doch dieser Erfolg war nur von kurzer Dauer. Das tibetische Großreich zerfiel, die alten Kulte drängten den Buddhismus in den Untergrund.

Erst um die Jahrtausendwende kehrte die Lehre des Erhabenen ins Schneeland zurück, diesmal jedoch, um zu bleiben. Der große indische Gelehrte Atisha wurde 1042 nach Westtibet berufen, um den Buddhismus neu zu beleben und die verbliebenen, oft mit Bön-Traditionen durchmischten kleinen buddhistischen Gemeinden zu reformieren. Er lebte und arbeitete im Kloster Tholing, bevor er seine Lehre weiter nach Zentraltibet trug, wo er 1054 starb. Sein Schüler und Nachfolger Drömtönpa machte die strenge Mönchsethik des Atisha zur Basis der zweiten Schule des tibetischen Buddhismus, der Kadampa, mit ihrem Stammkloster Reting. Inmitten eines malerischen Wacholderhaines, etwa hundert Kilometer nördlich von Lhasa, liegt dieses Kloster, das einst eines der wichtigsten Tibets war, während der Kulturrevolution aber völlig zerstört wurde. Das 11. und 12. Jahrhundert sah die Gründung weiterer Orden durch maßgebliche buddhistische Meister. Der Schule der Sakyapas mit ihrem Stammkloster Sakya im südlichen Zentraltibet gelang es als erster, geistliche und weltliche Macht zu verbinden. Unter ihren mongolischen Schutzherren, darunter Kubilai Khan, der den chinesischen Kaiserthron erobert hatte, setzten sich die Sakyapas gegen die anderen Schulen durch und häuften gewaltige Schätze in ihrer riesigen Klosterstadt an, von der heute nur mehr Teile erhalten sind. Doch die mongolischen Khans und später auch die chinesischen Kaiser suchten spirituelle Belehrung auch bei den Lamas der Kagyü-

Linke Seite oben: Das Kloster Ganden, einst größtes Kloster Tibets, wird mühsam über Ruinen wieder aufgebaut.
Linke Seite unten: Mönche im Kloster Reting bei der Morgenpuja.
Oben: Ein Mönch füllt flüssige Butter in die Lampe vor den ebenfalls aus Butter geformten sakralen Skulpturen.

Die Zerstörung des alten Tibet

Bevor die chinesische Volksbefreiungsarmee 1950 Tibet überfiel, gab es dort etwa 6300 Tempel und Klöster. Nach dem Vernichtungsfeldzug der chinesischen Kommunisten und der »Großen Proletarischen Kulturrevolution« waren davon nur noch 13 einigermaßen unbeschadet übrig geblieben. 1,2 Millionen Tibeter hatten ihr Leben verloren, unzählige waren in Lagern und Foltergefängnissen verschwunden. Unschätzbar wertvolle Bibliotheken mit Handschriften und Blockdrucken waren in Flammen aufgegangen, bewegliche Kunstschätze wie Statuen, Ritualgegenstände und Thangkas zertrümmert, eingeschmolzen oder auf dem internationalen Kunstmarkt in Devisen umgesetzt, Wandmalereien abgeschlagen, Heiligtümer gesprengt, die traditionelle tibetische Lebensart nahezu ausgerottet. Der Genozid auf dem Dach der Welt und die Vernichtung der einzigartigen tibetischen Kultur gehört zu den schlimmsten Verbrechen, die das 20. Jahrhundert gesehen hat. Doch die Unterdrückung Tibets setzt sich bis zur Gegenwart fort. Noch immer genügt der Besitz eines Fotos des 1959 ins Exil geflüchteten Dalai Lama oder der Ruf nach Freiheit, um zu vielen Jahren Gefängnis und Arbeitslager verurteilt zu werden, noch immer gibt es in Tibet keine Religionsfreiheit, werden Mönche zu »patriotischen Umerziehungsmaßnahmen« gezwungen, gelten die Klöster fast nur mehr als folkloristische Kulisse für die mittlerweile vorwiegend chinesischen Touristen. Gezielte Sinisierungsprogramme haben die Tibeter zur Minderheit im eigenen Land gemacht. Auch die natürlichen Schätze Tibets werden nun brutal ausgebeutet. Etwa die Hälfte der Waldfläche Tibets ist mittlerweile ohne Rücksicht auf die ökologischen Folgen kahlgeschlagen, an heiligen Seen entstanden Kraftwerke, auf den Hochebenen Raketenbasen und Lager für Atom- und Giftmüll. Bis heute kommt es in Tibet immer wieder zu blutigen Aufständen gegen die chinesischen Unterdrücker.

Schule, die bis auf Marpa und seinen Schüler Milarepa, Tibets bekanntesten Yogi und mystischen Dichter, zurückgeht und sich im Laufe der Zeit in vier Haupt- und acht Unterschulen teilte.

Das westlich von Lhasa gelegene Kloster Tsurphu wurde Stammsitz der Karmapas, der Oberhäupter der Karma-Kagyü, die im zentralen Tibet auch zu bedeutender weltlicher Macht gelangten. Sie wurden zu Rivalen einer weiteren Schule, die Anfang des 15. Jahrhunderts vom großen Reformator Tsongkhapa begründet wurde und sich dank mongolischer Schutzherren zu den Alleinherrschern über ganz Tibet aufschwang – die Gelugpas, die »Tugendhaften«. Tsongkhapa, der zuvor den Kadampas angehört hatte und diesen Orden später mit seiner Gelug-Schule verschmolz, begründete mit Ganden die größte Klosterstadt Tibets in den Bergen östlich von Lhasa. Ganden wurde zu einer der tragenden Institutionen der Gelugpas, die unter den Dalai Lamas über mehrere Jahrhunderte bis zur chinesischen Invasion die geistliche und weltliche Oberherrschaft über Tibet ausübten. Tausende von Mönchen aus allen Provinzen Tibets lebten und studierten in Ganden, dessen bedeutendstes Heiligtum das Grab des Tsongkhapa war, bevor die Chinesen die Mönche vertrieben und die Klosterstadt mit ihren Schätzen vernichteten. Ganden gilt heute als Symbol für den »Widerstand des Geistes« der Tibeter gegen den Versuch der Chinesen, die Religion und traditionelle Lebensart Tibets auszulöschen. Unter großen Mühen wurden die wichtigsten Gebäude von Ganden von der Bevölkerung wieder aufgebaut. Der Zerstörung entgangen ist glücklicherweise das Hauptgebäude des Klosters Shalu, das bei der zweiten Verbreitung des Buddhismus in Tibet eine wesentliche Rolle spielte. Atisha lehrte hier und Büton Rinpoche sammelte im 14. Jahrhundert in Shalu den tibetischen Kanon des Kanjur und Tanjur in 227 handschriftlichen Bänden – die allesamt von den Chinesen verbrannt wurden. Doch Shalu beherbergt bis heute Wandmalereien von atemberaubender Schönheit, die zu den bedeutendsten Werken tibetischer Kunst gehören. Auch das vom ersten Dalai Lama gegründete Großkloster Tashilunpo am Rand von Tibets zweitgrößter Stadt Shigatse entging der

Linke Seite: Der Klosterbereich von Gyantse mit dem Kumbum Chörten und dem Palkhor Chöde.
Oben: Die Wandmalereien im Kloster Shalu, die Anfang des 14. Jahrhunderts ausgeführt wurden, gehören zu den kostbarsten Tibets.

Zerstörung, weil sein Oberhaupt, der Panchen Lama, zunächst mit den chinesischen Machthabern kooperierte, bevor auch er im Gefängnis verschwand und schließlich 1989 starb. Seine vom Dalai Lama und anderen hohen Würdenträgern anerkannte Wiedergeburt wurde 1995 samt seiner Familie von den Chinesen entführt und ist seither verschwunden. Die Linie der Panchen Lamas war über die Jahrhunderte eng mit jener der Dalai Lamas verflochten. Entsprechend prachtvoll ist Tashilunpo ausgestattet. Tausende von Statuen und Wandmalereien finden sich in den Tempeln und Kapellen, darunter die über 26 Meter hohe, unter dem 9. Panchen Lama aus Gold und Kupfer geschaffene Monumentalstatue des Maitreya-Buddha sowie prunkvolle Grabstupas verstorbener Panchen Lamas.

Wie alle Klöster, Tempel und heiligen Stätten Tibets ist auch Tashilunpo von einem mit Gebetsfahnen und bunt bemalten Steinreliefs geschmückten Pilgerweg umsäumt, den die gläubigen Tibeter im Uhrzeigersinn umrunden. Diese frommen Pilger, deren Inbrunst auch die jahrzehntelange antireligiöse Zwangsherrschaft der Chinesen nicht zu brechen vermochte, unterscheiden kaum zwischen den verschiedenen Schulen des tibetischen Buddhismus. Sie umwandern mit ihren Gebetsmühlen die heiligen Stätten aller Schulen, bringen den Bildwerken Verehrung dar und lassen sich von den Lamas segnen. Doch auch eine Reihe gebildeter Lamas und Mönche, allen voran der Dalai Lama, setzt sich für die Überwindung der sektiererischen Abgrenzungen der einzelnen Orden ein. Im 19. Jahrhundert entstand in Ost-Tibet zu eben diesem Zweck die Rime-Bewegung, doch schon viel früher gab es Bestrebungen, die Differenzen zwischen den verschiedenen Schulen des Buddhismus zu überwinden. In dem Ende des 14. Jahrhunderts begründeten großen Klosterbezirk Palkhor Chöde in Tibets drittgrößter Stadt Gyantse entstanden Klöster verschiedener Orden, die friedlich nebeneinander existierten. Die Roten Garden haben nur die prächtig ausgestattete große Versammlungshalle mit ihren Nebenkapellen, in der die Mönche aller Fakultäten zum Gebet zusammenkamen, übrig gelassen sowie den berühmten, 1440 errichteten Kumbum Chörten, eines der bedeutendsten tibetischen Architekturdenkmäler. Tausende von Buddhas, Bodhisattvas und Schutzgottheiten illustrieren als Statuen und Wandmalereien auf den verschiedenen Stockwerken dieses begehbaren Mandalas das Pantheon des tibetischen Buddhismus.

Doch all diese Klöster Zentraltibets, in denen die Reste jener unermesslichen Schätze gesammelt sind, die chinesische Zerstörungswut übrig ließ, sind heute nur mehr Abglanz einstiger Pracht, oft nur Hüllen, restauriert für den Tourismus. Selbst wenn heute noch Mönche in ihnen leben, streng reglementiert und durch »patriotische Umerziehungsmaßnahmen« schikaniert von den chinesischen Behörden, und selbst wenn nach wie vor Pilger die Tempel und Altäre umrunden, so gehört das einst blühende geistige Leben dieser heiligen Orte unwiederbringlich der Vergangenheit.

Links: Gespannt verfolgen Mönche des Klosters Tashilunpo die Darbietungen bei einem Fest im Klosterhof.

DAS MANDALA AM NABEL DER WELT

Kailash und Manasarovar

In einer der abgelegensten Gegenden der Welt, im fernen Westen Tibets, ragt der heiligste aller Berge auf: der Kailash, für vier Religionen Symbol der Weltenachse. Vor ihm funkelt die »Perle aller heiligen Seen« – der »aus dem Geist Brahmas geschaffene« Manasarovar.

Heilige Berge gibt es unzählige auf dieser Erde, keiner jedoch reicht in seiner Bedeutung an jene »Kristallpyramide« auf den Hochebenen des Transhimalaya heran – den Kailash. Das »Schneejuwel« (Kang Rinpoche), wie die Tibeter diesen Berg nennen, ist mit seiner Höhe von 6 675 Metern ein Zwerg verglichen mit den Sieben- und Achttausendern des Zentralhimalaya, in seiner spirituellen Bedeutung jedoch überragt er all diese Gipfel um ein Vielfaches. Den Anhängern von vier Religionen gilt er als Zentrum der menschlichen Welt – Hindus, Buddhisten, Bönpos und Jainas.

Niemand weiß, wann dieser Berg entdeckt wurde, wie sein Name, sein Nimbus sich verbreiteten, wann Pilgerfahrten zu ihm begannen. Wie ein Archetyp ist der Kailash ins tiefste Bewusstsein Asiens eingesenkt. Der Mythos des »Ersten der Berge« lebte in mündlichen Überlieferungen, die schließlich in die großen Hindu-Dichtungen Ramayana und Mahabharata einflossen: »Es gibt kein Gebirge wie Himaltschal, denn in ihm sind Kailasa und Manasarovar.«

Der Kailash ist Bestandteil eines großen Mandalas der Natur: Ihm gegenüber ragt der Gurla Mandhata auf, gut tausend Meter höher als der Kailash. Gilt der Kailash als Thron männlicher Gottheiten, so ist der Gurla Mandhata sein weibliches Gegenstück. Zwischen beiden Bergen vervollständigen zwei Seen den heiligen Bezirk: Manasarovar und Rakshastal. Auch diese Seen stehen sich als duale Prinzipien von Yin und Yang, Licht und Dunkel, Männlich und Weiblich gegenüber.

Vor allem dem Manasarovar kommt herausragende religiöse Bedeutung zu. Rund wie eine Sonne steht er für die Kräfte des Lichts und des Bewusstseins. Der »König aller heiligen Seen« ist eine der ältesten und am höchsten verehrten sakralen Stätten der Menschheit. Brahma selbst, so erzählt die Legende, habe diesen See aus seinem Geist geschaffen; er habe seinen Söhnen, die in der Gestalt von Rishis zum Kailash wanderten, um dort jahrelang zu meditieren, ein Gewässer für ihre rituellen Waschungen schaffen wollen. Den Hindupilgern ist der Anblick des Manasarovar und ein Bad in seinen eisigen Wassern so wichtig wie die Umrundung des Kailash.

Linke Seite: Gebetsfahnen spannen sich über den Dölma La, den über 5600 Meter hohen Pass der Tara. An diesem höchsten Punkt der Kora erfahren die Pilger ihre spirituelle Neugeburt.
Oben: Das Kloster Gossul Gompa liegt direkt an einem Steilufer über dem heiligen See Manasarovar.

Im Rakshastal hingegen sind die lunaren Kräfte, die Nacht, die Finsternis, das Unbewusste verkörpert. Doch ist auch er Teil im Kailash-Mandala, sind doch beide Seiten der Dualität zum Erhalt der Welt nötig. Wie zur Bekräftigung dieser Einsicht stehen die beiden Seen miteinander in Austausch. Unterhalb der Chiu Gompa, einem der ehemals acht Klöster am Manasarovar, verläuft ein natürlicher Verbindungskanal durch den schmalen Isthmus, der die Seen trennt.

Die Tatsache, dass die Quellen vier großer Flüsse in der Nähe des heiligen Berges entspringen, unterstreicht die Bedeutung des Kailash-Mandala: Sutlej, Karnali, Indus und Tsangpo (Brahmaputra). Herausragendes Element dieses Mandala jedoch ist der Kailash, der Thron der Götter, der Nabel der Welt, das Zentrum des mythischen Kontinents Jambudvipa, die irdische Verkörperung des Weltenberges Meru.

Den Hindus ist der Kailash Thron des Shiva, des Herrn der Yogis, des Zerstörers der Avidya, der Nicht-Erkenntnis, des Auflösers aller

Weltlichkeit, der Verkörperung von Entsagung und Mitgefühl. An Shivas Seite weilt seine Shakti, die Göttin Parvati, Tochter des Himavat, der in der indischen Mythologie als Verkörperung des gesamten Himalayas gilt. Den Hindu-Tantrikern, die Shiva in Umarmung mit seiner Shakti visualisieren, gilt der Gott auf dem Kailash als das transzendente Absolute, während seine Gefährtin die dynamischen schöpferischen Kräfte verkörpert. Die mystische Vereinigung des göttlichen Paares ist Urpunkt der Schöpfung, Einheit der polaren Urelemente von Männlich und Weiblich, die Zwei in Einem, aus deren Wechselbeziehung die Welt erwächst. Der schaffende, zeugende Aspekt des Shiva verdeutlicht sich in dieser Vereinigung. Sein Symbol ist der Lingam, der als phallusähnliches Kultbild gemeinsam mit der Yoni, dem Mutterschoß, vor den Tempeln des Shiva aufgerichtet wird und als dessen Urbild der Berg Kailash gilt. Auf dem Kailash tanzt Shiva auch seinen kosmischen Tanz Tandava, der die Welt hervorbringt, sie in Bewegung hält und wieder unter den tanzenden Füßen zertrampelt.

Das Bild einer Gottheit in Vereinigung mit seiner Gefährtin beherrscht auch die Vision buddhistischer Pilger am Kailash. Sie sehen die tantrische Gottheit Chakrasamvara (tib. Demchok) mit ihrer weiblichen Entsprechung Vajravarahi (tib. Dorje Phagmo) auf dem Gipfel des heiligen Berges.

Die Jainas hingegen bringen den Kailash, den sie Ashtapada nennen, den Achtfüßigen, in Verbindung mit dem ersten ihrer 24 Tirthamkaras, der »Furtbereiter«, deren letzter, Mahavira, als Gründer des Jainismus gilt. Der erste dieser Furtbereiter aber erlangte der Legende zufolge auf dem Kailash Erleuchtung und fand dort den Hungertod durch Fasten, der den Jainas als sicherster Weg zur Befreiung gilt.

Auch die frühen Tibeter verehrten den Kailash, lange bevor der Buddhismus das Dach der Welt erreichte. Ihnen galt der »Kang Tise« als Mittelpunkt des legendären Bön-Königreiches Zhang Zhung, als neunstöckige Swastika-Pyramide, als Seele des Schneelandes.

Die wohl bekannteste der zahllosen Legenden um den heiligen Berg ist jene vom magischen Kampf des buddhistischen Yogis und Dichters Tibets Milarepa (1052-1135) gegen einen Bön-Priester um den Besitz des Kailash. Sie ist zugleich eine Parabel für den »Sieg« des Buddhismus über das alttibetische Bön. Milarepa flog auf den Strahlen der Morgensonne auf den Gipfel des Kang Rinpoche, während der Bön-Priester auf seiner Schamanentrommel, durch die übernatürlichen

Kräfte Milarepas gebannt, hilflos den Gipfel umkreiste und schließlich abstürzte. Bön-Pilger umwandern den Kailash noch heute. Sie sind leicht auszumachen – während Buddhisten, Hindus und Jainas den Umrundungspfad, die Kora oder Parikrama, im Uhrzeigersinn gehen, tun die Bönpos dies in Gegenrichtung.

Pilger aus allen Himmelsrichtungen nähern sich dem heiligen Bezirk seit Jahrhunderten, wenn nicht gar seit Jahrtausenden. Ihnen ist die Kora um den Kailash ein Weg durch Leben, Tod und Wiedergeburt, der das Karma einer ganzen Lebensspanne auslöscht. Zahllose Besonderheiten finden sich auf dem 53 Kilometer langen Rundweg – ein Torchörten und ein Fahnenmast am Beginn der Kora, Stätten der Verehrung und Prüfung, Fußabdrücke von Buddhas und großen Yogis, Orte, an denen Wunder und Erscheinungen geschahen, der Leichenacker der Vajrayogini, an dem die Pilger Kleidungsstücke, Blut oder Haare hinterlassen, um den Tod des Ich zu symbolisieren, und vieles mehr. Fast jeder Fels, jede Bergspitze, jede Höhle im sakralen Bezirk um den Kailash weiß eine Legende zu erzählen und hat seine ganz bestimmte spirituelle Bedeutung. Auch Klöster liegen am Kailash – zwei an der Südseite und je eines entlang des Pilgerweges in den anderen Himmelsrichtungen. Der wohl wichtigste Punkt der Kora aber ist der über 5600 Meter hohe Pass der Tara, der Dölma La, auf dem die Pilger aus dem Bardo des Sterbens und des Werdens in ein neues Leben treten. Hier, am physikalisch höchsten Punkt ihrer Wanderung, am verehrten Fels der Tara, erreichen sie auch das spirituelle Ziel ihrer Pilgerfahrt – Reinigung und Neugeburt.

Die Zerstörungswut der chinesischen Besatzer Tibets machte auch vor dem Kailashgebiet nicht halt – alle Klöster wurden vernichtet, die Mönche vertrieben, Pilgerfahrten über Jahrzehnte bei strengen Strafen untersagt. Heute hingegen hat der Massentourismus den heiligen Berg erreicht. Und doch gilt noch immer, was Milarepa sang, Tibets berühmtester mystischer Dichter, der lange am Kailash lebte und meditierte: »Kein Ort ist wundervoller als dieser, kein Ort ist erstaunlicher als dieser.«

Linke Seite: Ein Großvater mit seinen beiden Enkeln rastet am Dölma La, dem höchsten Punkt der Pilgerfahrt um den Kailash.
Oben: Blick über den Manasarovar-See auf die Kette des Gurla Mandatha, den Thronsitz einer weiblichen Gottheit.

Der Weltenberg

Neben seiner Bedeutung als Wohnsitz von Göttern und Erleuchteten und Schauplatz mystischer Vereinigung der polaren kosmischen Kräfte, gilt der Kailash auch als irdisches Abbild des Weltenberges Meru, jener axis mundi, die alle Seinsbereiche durchdringt, von den Tiefen der Hölle bis zu den himmlischen Gefilden der Götter. Die Vorstellung eines kosmischen Berges, einer Weltenachse oder eines Weltenbaumes findet sich in der Mythologie vieler Völker und Kulturen rund um den Erdball. Nirgendwo jedoch wurde die Kosmologie des Weltenberges so detailliert ausformuliert wie in Hinduismus, Jainismus und Buddhismus. Buddhisten und Jainas haben die Vorstellung des Universums mit dem Meru als Achse weitgehend von den Hindus übernommen, aber gemäß ihren eigenen Lehren ausgeformt. Die Texte der verschiedenen Religionen enthalten exakte Angaben über die Höhe des Weltenberges, über die Größe der Ringozeane, die ihn umgeben und die Zahl der darin liegenden Kontinente, ebenso Beschreibungen der unterschiedlichen Sphären von Götter-, Menschen- und Höllenwelten. Stets aber lässt sich diese Kosmologie in Form eines Kreisbildes, eines Mandalas, verbildlichen. Dieser symmetrische Aufbau des Kosmos spiegelt sich in der sakralen Architektur Asiens, etwa in den Hindutempeln, deren Aufbau über dem Hauptheiligtum den Meru, die Weltachse, symbolisiert, in künstlichen Tempelbergen wie in Angkor oder auch im für den Buddhismus typischen Stupa. Darüber hinaus findet sich die Symbolik des Weltenberges auch in der Praxis der yogischen Wege Indiens und Tibets bis hin zur Identifizierung der menschlichen Körperteile mit den einzelnen Aspekten des kosmischen Mandalas. Der Kailash aber gilt als Verkörperung dieses kosmischen Berges in der irdischen Welt, als sein sichtbares Abbild, als Nabel der menschlichen Welt.

Links: Die Südflanke des Kailash.
Oben: Das »Weltentstehungs-Mandala« aus dem Punakha-Dzong in Bhutan stellt eine direkte Draufsicht auf den Weltenberg Meru dar.

KLEIN-TIBET AM INDUS

Klöster und Tempel von Ladakh

Aufgereiht wie Perlen an einer langer Kette liegen im Tal des Indus und seinen Nebentälern die Klöster und Tempel Ladakhs, Stupas, Schreine und Paläste, in denen sich die Kultur des tibetischen Buddhismus über viele Jahrhunderte nahezu unberührt erhalten hat.

Als im Jahr 1683 Delek Namgyal, König von Ladakh, die Großmoguln aus Nordindien zu Hilfe rief, um ein tibetisch-mongolisches Heer zurückzuschlagen, hatte dies für sein Reich einschneidende Folgen. Zwar konnte sich der König der unmittelbaren Herrschaft des 5. Dalai Lama entziehen, doch musste er stattdessen den Einfluss der muslimischen Herrscher dulden, die er um Hilfe gebeten hatte. Eine Moschee wurde in Ladakhs Hauptstadt Leh gebaut, und der König war gezwungen, formell zum Islam überzutreten. Knapp 200 Jahre später verlor Ladakh endgültig seine Unabhängigkeit an die Maharajas von Jammu und Kaschmir. Auf lange Sicht gesehen aber war dies ein Segen für Ladakh. Schon als der 5. Dalai Lama in Tibet die Vorherrschaft seiner Gelug-Schule mit Gewalt durchsetzte, hatten viele Mönche und Lamas anderer buddhistischer Sekten in der »Mondlandschaft« Ladakhs sichere Zuflucht gefunden. Als Tibet 1950 von den Chinesen überfallen und völkerrechtswidrig besetzt wurde, blieb dem kargen Hochtal, das nun zu Indien gehörte, das Schicksal des »Schneelandes« erspart. Fast alle Tempel und Klöster Tibets wurden von den Chinesen zerstört, jene in Ladakh blieben unberührt, ebenso Lebensweise, Bräuche und Rituale der tief im tibetischen Buddhismus verwurzelten Bevölkerung. Nun wurde Ladakh als »Klein-Tibet« zu einem verborgenen Refugium der tibetischen Kultur. Vieles, was in Tibet unwiderbringlich verloren ging, blieb in Ladakh und seinen Nachbartälern Lahoul und Zanskar erhalten. Doch als Indien 1974 das bis dahin abgeschottete Ladakh der Außenwelt öffnete, flutete eine andere Welle von »Besatzern« ins Land – Touristen aus aller Welt und zunehmend auch muslimische Siedler und Händler aus der von Indien und Pakistan umkämpften Krisenprovinz Kaschmir. Heute ist Ladakh längst zu einem Ziel von Rucksacktouristen, Trekkern und Gruppenreisen geworden. Aber Fremde war Ladakh von jeher gewohnt, lag es doch an einem Schnittpunkt von Handels- und Pilgerwegen, die Kaschmir, Indien, Tibet und die zentralasiatischen Oasenkönigreiche an der Seidenstraße verbanden.

Linke Seite: Das an einem steilen Bergang errichtet Kloster Tikse gilt als eines der schönsten von Ladakh.
Oben: Jeden Morgen rufen vom Tempeldach von Tikse, wo der Blick weit über das Industal schweifen kann, die Muschelhörner zum gemeinschaftlichen Gebet der Mönche.

Ein zentrales Heiligtum, das stellvertretend für die ladakhisch-buddhistische Kultur steht, lässt sich nicht festlegen in dem von Schneebergen gesäumten Tal des Indus. In dem schmalen Streifen fruchtbaren Landes entlang dieser Lebensader Ladakhs sowie in Oasen und Seitentälern haben sich zahlreiche heilige Stätten, Tempel, Stupas, Schreine, Klöster und Paläste erhalten. Viele verschiedene Schulen des tibetischen Buddhismus haben sich in Ladakh angesiedelt, doch zugleich blieben die alten Naturkulte lebendig. Orakel, Medien, Regenmacher und Geistheiler sind in fast jedem Dorf auch heute noch ganz selbstverständlich in das tägliche Leben der Bauern und Hirten eingebunden.

Die »klassische«, heute aufgrund der politischen Wirren seltener benutzte Route von Kaschmir nach Ladakh führt von Srinagar über hohe Pässe ins Tal des Indus. Sie war einst Teil der heute von den Chinesen versperrten Pilgerstraße zwischen Indien und dem heiligen Berg

Kailash. Der in Stein gehauene Buddha von Mulbekh markiert die »Religionsgrenze« zwischen Islam und Buddhismus. Von diesem Punkt an wanderten die Pilger auf buddhistischem Boden. Und trafen einige Tagesmärsche weiter auf die erste Gompa Ladakhs, ein Kloster der Drikung-Kagyü-Schule aus dem 11. Jahrhundert – Lamayuru. Beim Anblick dieser auf etwa 3800 Meter Höhe in die bizarre, kahle Erosionslandschaft gesetzten Gebäude erschließt sich augenblicklich die Bedeutung der tibetischen Bezeichnung »Gompa« für Kloster – Gompa heißt »einsamer, abgelegener Ort«. Heute sind die meisten Gompas von Ladakh keine verborgenen Einsiedeleien mehr – Straßen haben auch einst nur in mehreren Tagesmärschen erreichbare Klöster für Besucher erschlossen.

Einige dieser Klöster bergen Kunstschätze von unermesslichem Wert, etwa Alchi, die kunsthistorisch wertvollste Stätte Ladakhs. Gegründet im 11. Jahrhundert, als der Buddhismus erneut aus Indien nach Tibet kam, eingeladen von den Königen des westtibetischen Guge, wurde Alchi das spirituelle und künstlerische Zentrum des westlichen Ladakh. Künstler aus Kaschmir und Indien schufen in Alchi das kostbarste Kleinod westtibetischer Kunst, das nach den Zerstörungen in Tibet erhalten blieb. Heute sind die vorbildlich restaurierten Tempel von Alchi, allen voran der dreigeschossige, den Weltenberg Meru repräsentierende Sumtsek, mehr Kunstmuseum denn Ort von Meditation und mönchischem Ritual. Doch findet man auch in anderen Tempeln und Klöstern herausragende Beispiele der blühenden westtibetischen Kunst, etwa in Manggyu oder im Padmasambhava-Tempel von Phiyang.

In dem im 15. Jahrhundert von einem Schüler Tsongkhapas gegründeten Gelug-Kloster Tikse lässt sich Leben und Ritual der Mönche in seinem täglich gleichen Rhythmus noch immer nachvollziehen. Nahe der damaligen Residenz Shey wurden die Wohnstätten der Mönche am Hang einer steilen Bergkuppe errichtet, überragt von den rot bemalten Versammlungshallen und Tempeln. Noch immer dröhnen bei Sonnenaufgang die Muschelhörner vom Tempeldach weit über das Tal hinaus, um zur morgendlichen Puja zu rufen, zu der sich alle Mönche in der großen Halle versammeln. Ein besonderer Anziehungspunkt für Pilger ist die Kolossalstatue des Maitreya-Buddha. Tikse vermittelt noch heute einen Eindruck der großen Klosterstädte, wie es sie in Tibet in noch größerem Maßstab gegeben hat.

Eines der größten und reichsten Klöster Ladakhs ist Hemis, das dem Orden der Drukpa-Kagyü gehört. Da Hemis sein jährliches Klosterfest mit den Cham-Tänzen der Mönche im Sommer abhält, wurde die Gompa zu einem Touristenmagneten, gelten die warmen Monate doch als angenehmste Reisezeit. Die Ladakhis hingegen sind im Sommer mit dem Einbringen der Ernte beschäftigt und feiern viele ihre Feste im Winter, wenn bei Temperaturen bis zu minus 30 Grad ihre Dörfer wie in alter Zeit so gut wie abgeschnitten von der Außenwelt sind. Etwa das Fest des Sakya-Klosters Matho im Februar, zu dem Tausende von Menschen aus ganz Ladakh zusammenkommen. Wie so oft im tibetischen Kulturkreis verschmelzen bei diesem Fest die alten schamanistischen Glaubensvorstellungen nahtlos mit denen des Buddhismus: Zwei Mönche in Trance, die als Orakel die zornvolle Schutzgottheit Rongtsan durch sich wirken lassen, tanzen Schwerter schwingend mit verbundenen Augen auf schmalen hohen Mauerbrüstungen und fügen sich Wunden zu, die spurenlos heilen. Das übrige Jahr wohnen Rongtsan und andere schreckliche »Schützer« im halbdunklen Gönkhang, dem Tempel der Schutzgottheiten, in dem die Bauern des Tales eine Schicht Getreidekörner als Opfergabe aufgeschüttet haben. Diese Gottheiten haben für die Menschen Ladakhs auch handfesten Nutzen – sie sagen durch das Orakel die Zukunft voraus, erteilen praktische Ratschläge oder bestimmen die Namen der Neugeborenen. Bis heute sind die Mönche eng mit der bäuerlichen Bevölkerung Ladakhs und ihrem Alltag verbunden. Und die heiligen Stätten, ob Großkloster, Palasttempel oder abgelegene Klause, sind meist nach wie vor intakte Orte von Meditation, Ritual und mönchischem Studium und zugleich Orte der Verehrung und Pilgerschaft, an denen auch das einfache Volk der Segnungen der Buddhas, Bodhisattvas und Schutzgottheiten teilhaftig wird.

Linke Seite: Vier speziell ausgebildete Mönche streuen im Kloster Sabu in mehrtägiger Arbeit ein Sandmandala, das für ein bestimmtes tantrisches Ritual benötigt wird. Anschließend wird das filigrane Gebilde aus farbigem Sand rituell zerstört, als Symbol für die Vergänglichkeit allen Seins.
Oben links: Der vergoldete »Zukunfts-Buddha« Maitreya im Kloster Tikse ist mit seiner Höhe von ca. 15 Metern die größte Statue von Ladakh und reicht über zwei Stockwerke des Tempels.
Oben rechts: Der Dyani-Buddha Akshobya, »der Unerschütterliche«, im Dukhang des Klosters Alchi.

DIE ALLES SEHENDEN AUGEN DES BUDDHA

Die Stupas Svayambhunath und Bodnath

Gütig und zugleich unnahbar blicken die Augen Buddhas von den beiden großen Stupas des Kathmandutales in alle Himmelsrichtungen. Noch vor Jahrzehnten lagen diese heiligen Stätten außerhalb von Nepals Hauptstadt, heute sind sie umgeben vom ständig wachsenden Häusermeer.

Vor undenklichen Zeiten, so weiß die Legende, war das Tal von Kathmandu ein riesiger See. Vipashyin, der Buddha eines früheren Weltzeitalters, warf einen Lotossamen ins Wasser, dem eine Pflanze mit zehntausend goldenen Blütenblättern entspross. Aus ihr züngelte eine magische Flamme, eine spontane Manifestation des Ur-Buddha. »Svayambhu« werden solche Erscheinungen auf Sanskrit genannt, was so viel bedeutet wie »von selbst entstanden«. Sehr viele Jahre später entdeckte der Bodhisattva Manjushri dieses Wunder. Er schlug eine Schlucht in die Bergketten, die das Tal säumten, damit das Wasser abfließen konnte, und baute zwischen dem Hügel, auf dem er stand, und Guyeshvar, dem Ort, wo der Lotos Wurzeln geschlagen hatte, eine Stadt. Auf seinem Hügel aber wurde Svayambhunath errichtet.

Über Gründung und Alter von Svayambhunath gibt es viele Legenden, die älteste Inschrift im Tempelbezirk jedoch stammt von ca. 460 n. Chr. Aber der bewaldete Hügel nordwestlich Kathmandus war schon in vorhistorischer Zeit Kultplatz. Uralte lokale Glaubensvorstellungen flossen in Hinduismus und Buddhismus ein, die später von den Newari, den Bewohnern des Kathmandutales, angenommen wurden. Obwohl der Hinduismus heute Nepals Staatsreligion ist, war im Kathmandutal stets auch der Buddhismus verbreitet, und der Kontakt mit dem benachbarten Tibet wurde intensiv gepflegt. Die beiden größten Stupas von Nepal, Svayambhunath und Bodnath, sind kultisch von Tibet abhängig. Die Regierung in Lhasa beteiligte sich wiederholt an den Kosten für deren Renovierung und entsandte Lamas, um die Bauarbeiten zu überwachen, etwa, als Svayambhunath im 12. Jahrhundert starkem Verfall ausgesetzt war oder im 14. Jahrhundert von islamischen Kriegern aufgebrochen und niedergebrannt wurde.

Doch auch nepalischen Königen und – der Legende nach – Hindu-Gottheiten war der Erhalt des Stupa wichtig. So findet man denn auch heilige Stätten beider Religionen auf dem Hügel. Hindus und Buddhisten steigen einträchtig die lange Pilgertreppe im Osten des Heiligtums hinauf, wo aufdringliche Affen, die den Tempelberg bewohnen, darauf lauern, Leckerbissen von den Besuchern zu erbeuten. Ein riesiger Vajra, im Hinduismus Donnerkeil des Gottes Indra, im tantrischen Buddhismus Symbol des Unzerstörbaren, der Leerheit als innerstes Wesen allen Seins, erwartet die Pilger am Ende der Treppe, flankiert von zwei turmförmigen Shikhara-Tempeln, die tantrischen Gottheiten geweiht sind und zusammen mit dem Stupa schon von Ferne das Bild des Hügelheiligtums prägen.

Zahlreiche kleinere Votivstupas und Tempelchen, in denen neben den fünf Dyani-Buddhas auch hinduistische Gottheiten verehrt werden, etwa die Flussgottheiten Ganga und Yamuna oder Sitala Devi, die bei Pockenerkrankungen um Hilfe angerufen wird, sowie ein buddhistisches Kloster gruppieren sich um den großen Stupa. Ein wenig abseits liegt Shantipur, Zentrum eines alten Regenkultes und verbunden mit zahllosen Legenden. Hoch aufragender Mittelpunkt des Hügels aber ist der Stupa selbst. Ein umlaufendes Band von Gebetsmühlen ist in seine

Linke Seite: Rund um den großen Stupa von Bodnath entstanden nicht nur mehrere tibetische Klöster, sondern auch Läden und Restaurants.
Oben: Die Pilger umwandern die beiden großen Stupas des Kathmandutales auf traditonelle Art stets im Uhrzeigersinn.

Basis eingelassen, beständig umkreist von Pilgern. Hoch über ihnen blicken die Augen des Buddha in alle Himmelsrichtungen. Ein Punkt zwischen den Augenbrauen markiert das dritte, das spirituelle Auge, und die Form der Nase unter den Augen entspricht der nepalischen Ziffer »ek« – eins – Symbol der Einheit.

Auch vom großen Stupa von Bodnath im Nordosten Kathmandus blicken die alles sehenden Augen des Buddha. Doch anders als Svayambhunath hat dieser Stupa nur für tibetische Buddhisten Bedeutung. Auch seine Gründung liegt im Dunkel verschiedener Legenden; vermutlich entstand er im 6. oder 7. Jahrhundert an dem alten Handelsweg zwischen Nepal und Tibet. Noch vor wenigen Jahrzehnten ragte das etwa 45 Meter hohe Bauwerk, das Reliquien des Vorzeit-Buddhas Kashyapa enthalten bzw. als Grabmal für einen tibetischen Lama erbaut worden sein soll, frei inmitten von Feldern auf, umgeben nur von einem schmalen Ring von Gebäuden. Heute ist es eingewachsen in das Häusermeer der nepalischen Hauptstadt und umringt von Souvenirläden, Restaurants und Internet-Cafés. In den vergangenen Jahrzehnten wurde die Gegend um den Stupa zu einem bedeutenden Zentrum des tibetischen Buddhismus. Viele Tibeter, die vor den Chinesen aus ihrer Heimat flohen, haben sich hier niedergelassen und bauten Klöster, Werkstätten, Läden, Wohn- und Gästehäuser.

Eine Mauer mit 147 Nischen für Gebetsmühlen fasst den Stupa ein und lässt nur im Norden einen Zugang zu dem breiten, mandalaförmigen Unterbau mit seinen durch Treppen zugänglichen Terrassen. Gleich hoch wie diese drei Terrassen erhebt sich die Kuppel des Stupa und darüber der turmförmige Aufbau. Wie in Svayambhunath sind

auch hier Gebetsfahnen von der Spitze bis zum Erdboden gespannt, und am tibetischen Neujahr wird der Stupa von Tausenden von Butterlampen festlich beleuchtet. Kübel voll safrangelber Farbe werden dann über die weiße Halbkugel gegossen, um die typischen Girlandenmuster zu erzeugen. Zu diesem Anlass strömen Pilger aus allen Gebieten des tibetischen Kulturkreises nach Bodnath, um an dem Fest rund um den Stupa und in den zahlreichen ringsum entstandenen Klöstern teilzunehmen.

Links oben: Der klassische Pilgerweg zum Stupa von Svayambhunath führt von Osten die lange Steintreppe durch den Wald hinauf.
Rechts oben: Der Hügel mit dem Stupa von Svayambhunath war schon in Vorzeiten heilige Kultstätte.

Der Stupa

Die ureigenste Architekturform des Buddhismus ist in allen buddhistischen Ländern unter verschiedenen Bezeichnungen und Formen zu finden – Stupa, Pagode, Dagoba, Chedi, Chörten. Die Legende berichtet, wie es zur typischen Stupaform kam: Buddha selbst soll seine Schüler angewiesen haben, nach seinem Tod seine Asche unter einem Grabhügel zu bestatten. Auf ihre Frage, wie dieser denn aussehen sollte, habe er sein Gewand genommen und zu einem Viereck gefaltet. Darauf legte er die umgedrehte Bettelschale und pflanzte seinen Pilgerstab darauf.
In der Frühzeit der Buddhismus, als Buddha noch nicht bildlich dargestellt wurde, war der Stupa Symbol für den erleuchteten Buddha und galt anstelle von Bildern oder Statuen als Objekt der Verehrung. Zudem wurde er als Aufbewahrungsort von Reliquien, heiligen Objekten und Schriften oder sterblichen Überresten bedeutender religiöser Persönlichkeiten genutzt. Der Mahayana-Buddhismus übertrug zudem das Prinzip des Mandala auf den Stupa. Nun galt der Stupa auch als dreidimensionales Abbild von Mikro- und Makrokosmos, als Veranschaulichung der verschiedenen Stufen auf dem Erleuchtungsweg, der fünf Elemente, der fünf Familien der transzendenten Buddhas und anderer Aspekte buddhistischer Lehre. Die acht Stupaformen im tibetischen Kulturkreis beispielsweise verweisen auf acht wesentliche Ereignisse im Leben des Buddha Shakyamuni. Die aufgemalten Augen auf den nepalischen Stupas verweisen auf den allgegenwärtigen Adi-Buddha, den Ur-Buddha, der durch den kugelförmigen Mittelteil der Stupas symbolisiert wird. Im Inneren aller Stupas findet sich eine nach oben herausragende Holzsäule oder ein Holzstab, ein »Lebensbaum«, der die Weltenachse, den Weltenberg Meru, die Verbindung von Himmel und Erde symbolisiert. Stupas existieren in allen Größen, von kleinen Bronzestupas für den Hausaltar oder winzigen Votivstupas bis zu gewaltigen Bauwerken mit begehbaren Kapellen.

WOHNSITZ DES HERRN DER TIERE

Pashupatinath

Pashupatinath am Fluss Bagmati bei Kathmandu ist nicht nur das wichtigste hinduistische Heiligtum Nepals und Verbrennungsort der nepalischen Könige, sondern einer der vier bedeutendsten Shiva-Tempel der Welt und ein Magnet für Pilger aus ganz Indien und Nepal.

Pashupathi – Herr der Tiere oder Beschützer der Herde – ist einer der 1008 Namen des Shiva und eine seiner frühesten Erscheinungsformen, wurde Pashupati doch bereits auf einem Siegel der Indus-Kultur dargestellt, lange bevor die Indoarier mit ihren vedischen Göttern Indien erreichten. In der Gestalt von Gazellen sollen sich Shiva und seine Gemahlin Parvati an den hügeligen Ufern des Bagmati vergnügt haben, und so erhielt der Tempel, der hier errichtet wurde, den Namen Pashupatinath. Schon zu Beginn des 5. Jahrhunderts nahmen die Könige Nepals den Tempel unter ihre Obhut. Für die nepalischen Hindus aber ersetzte Pashupatinath fortan die Pilgerreise nach Varanasi am Ganges, denn die gleichen spirituellen Verdienste für Lebende und Tote ließen sich auch hier, am heimischen Fluss Bagmati, ansammeln.

Hauptheiligtum ist der Tempel des Shiva mit seinem vergoldeten zweistufigen Dach. Nur Hindus haben Zutritt zu diesem Komplex, der durch eine Treppe mit dem Fluss verbunden ist. Zahlreiche Gebäude aus verschiedenen Epochen umgeben den Tempel – Pilgerherbergen, Küchen, Nebentempel, Schreine und Räume, wo Sterbende den Tod erwarten können. Nichts ist erstrebenswerter für einen Gläubigen, als an solch geweihtem Ort den letzten Atemzug zu tun und an den Ghats, den Steinstufen am Fluss, verbrannt zu werden. Auf eigens dafür errichteten Plattformen werden die Leichen eingeäschert – Könige und Angehörige der höheren Kasten auf den Arya Ghats, die niederen Kasten auf den Surya Ghats. Gedenkschreine am Hügel erinnern daran, dass in alten Zeiten Witwen ihren verstorbenen Ehemännern in die Flammen des Scheiterhaufens folgten. So sprangen bei der Verbrennung von König Pratapamalla im 17. Jahrhundert gleich neun Frauen ins Feuer. Doch ein solcher Platz von Tod und Verwandlung ist in Asien kein Ort stiller Trauer. Im Anblick der in gelbe Tücher eingeschlagenen Leichen oder der halb verbrannten Körper in den Rauchschwaden der Scheiterhaufen nehmen die Pilger ihr Bad im Fluss und vollziehen die rituellen Waschungen. In den beständig fließenden Strom der Gläubigen mischen sich Bettler, mit Asche eingeriebene halbnackte Sadhus und auch Straßenverkäufer, die eine bunte Fülle von Blumen, Räucherstäbchen, Esswaren und allerlei Tand feilbieten. Geradezu erdrückend wird das Gedränge, wenn am Fest Shivarati im Februar wahre Pilgermassen Pashupatinath aufsuchen.

Am anderen Ufer des Flusses, dem Heiligtum gegenüber und durch zwei Brücken erreichbar, erhebt sich ein bewaldeter Hügel, auf dem einst Eremiten in Höhlen lebten und meditierten. Von hier aus kann auch der Nicht-Hindu einen Blick auf die Dächer und Höfe von Pashupatinath werfen. Und wer den Hügel nach Norden hin überquert, stößt auf das der Kali geweihte Heiligtum von Guyeshvar, jenen Ort, an dem der feuersprühende Lotos seine Wurzeln hatte, von dem die Gründungslegende von Svayambhunath spricht. So verwundert es nicht, dass Pashupatinath in alten Zeiten auch Pilgerziel von Buddhisten war. Noch heute findet sich eine große Statue des Erhabenen im südlichen Bereich des Heiligtums.

Linke Seite oben: Besonders an Festtagen drängen sich die Pilger im Heiligtum des Shiva.
Linke Seite unten: Auf den Ghats, den Stufen, die zum Fluss führen, werden auch Leichen verbrannt.
Oben: Pilger bereiten sich vor auf ein rituelles Bad, während andere Trinkwasser schöpfen oder ihre Wäsche waschen.

IM KÖNIGREICH DES DONNERDRACHEN

Der Punakha Dzong

In keinem Land der Erde ist die Kultur des Vajrayana-Buddhismus so unverfälscht bewahrt wie in dem kleinen Himalayakönigreich Bhutan. Der Punakha Dzong steht beispielhaft für die ungebrochenen spirituellen Traditionen, die bis heute in den Klosterburgen Bhutans lebendig sind.

Bis in die Siebzigerjahre des 20. Jahrhunderts war Druk Yul, das buddhistische Drachenkönigreich Bhutan, versunken in den Bergurwäldern im Südosten des Himalaya. Bhutan war das letzte Land der Erde, das fast völlig isoliert von der Welt, unberührt von Zerstörungen und äußeren Einflüssen seine traditionelle Kultur, Religion und Lebensart praktizieren konnte. Noch 1958 waren der indische Staatspräsident Nehru und seine Tochter Indira Ghandi auf ihrem Staatsbesuch in dem straßenlosen Land, in dem noch nicht einmal das Rad verwendet wurde, sieben Tage lang auf Yaks und Pferden von der indisch-bhutanischen Grenze bis zur Hauptstadt Thimphu unterwegs. Vier Jahre später wurde die erste Schotterpiste gebaut, und 1974 durften erstmals Journalisten und Besucher zu den Krönungsfeierlichkeiten des vierten bhutanischen Königs einreisen. Der Buddhismus tibetischer Prägung konnte sich über die Jahrhunderte ungestört entfalten. Daher sind auch die heiligen Orte des Drachenkönigreiches und die dort gefeierten sakralen Tanzfeste und Mysterienspiele wie in keinem anderen Land authentisch und unverfälscht geblieben.

Bereits zur gleichen Zeit wie in Tibet hatte der Buddhismus in Bhutan Fuß gefasst. Der tibetische König Songtsen Gampo ließ um 640 im Parotal Tempel errichten, und »Guru Rinpoche« Padmasambhava besuchte Bhutan im 8. Jahrhundert dreimal. Obwohl Bhutan und Tibet eine gemeinsame religiöse Kultur teilen, grenzte sich das Drachenreich deutlich vom großen Nachbarn im Norden ab und brachte eine völlig eigenständige und einzigartige »Drukpa«-Kultur hervor, die bis zur Gegenwart das Leben in Bhutan bestimmt. Die buddhistischen Brüder auf der Nord- und Südseite des Himalaya lebten nicht immer friedlich nebeneinander; wiederholt überfielen die Tibeter das kleine Bhutan, wurden aber stets von den wehrhaften Bhutanern zurückgeschlagen. Im frühen 17. Jahrhundert, zur gleichen Zeit, als in Tibet der Fünfte Dalai Lama das Schneeland einte und seiner Gelug-Schule zur Vorherrschaft verhalf, gelang es in Bhutan dem »Reichsgründer« Shabdung Rinpoche, die Täler des Drachenreiches unter seine Regentschaft zu bringen und die im 12. Jahrhundert eingeführte Drukpa-Kagyü-Linie als führende Schule zu etablieren. Shabdung erbaute 1637 den Punakha Dzong am Zusammenfluss des Po-Chhu und des Mo-Chhu, des Vater- und Mutterflusses. »Der Palast der Glückseligkeit«, nach Simthoka der zweitälteste noch bestehende Dzong des Landes, wurde zum Machtzentrum Bhutans, in dem der Desi, der weltliche Führer, und der Je Khenpo, das religiöse Oberhaupt, ihren Sitz nahmen. Erst zu Beginn des 20. Jahrhunderts, als Bhutan Königreich wurde, löste der Dzong in Thimphu, der heutigen Hauptstadt, Punakha als Regierungssitz ab, doch die Könige wurden noch immer im traditionsreichen Punakha gekrönt. Der Punakha Dzong dient bis heute auch dem Je Khenpo und einigen hundert seiner Mönche als Winterresidenz.

Linke Seite: Im waldreichen Bhutan wurden die Schnitzkunst und das Bemalen von Holz zu höchster Vollendung gebracht, wie an dieser Tür und Veranda im Punakha Dzong zu sehen.
Oben: Der Punakha Dzong liegt am Zusammenfluss des »Vater- und Mutterflusses«, einem besonders geheiligten Ort.

Dzong ist das tibetische Wort für Festung, und in der Tat sind die bhutanischen Dzongs trutzige Wehrburgen, von denen aus bis heute die Täler und Distrikte des kleinen Landes regiert werden und die

zugleich einen Klosterbereich mit Tempeln, Versammlungshallen, Schulräumen besitzen, in dem oft Hunderte von Mönchen leben. Die Dzongs waren und sind die Macht- und Verwaltungszentren Bhutans und zugleich Brennpunkte des kulturellen, wirtschaftlichen und religiösen Lebens in einem Land, in dem es bis in die zweite Hälfte des 20. Jahrhunderts keine Städte gab. Noch immer dürfen die Bhutaner ihre Dzongs nur in der traditionellen Nationaltracht und dem Kabney betreten, einem Schal, dessen Farbe den Rang des Trägers ausweist. Erbaut wurden die Dzongs an strategisch wichtigen Plätzen wie Berghängen und Felsspornen, aber auch, wie der Punakha-Dzong, am Talgrund. Stets waren sie groß genug, um in Kriegszeiten, etwa bei Überfällen der Tibeter, der gesamten Bevölkerung des jeweiligen Tales Zuflucht gewähren zu können. Ist der Grundriss der Dzongs dem jeweiligen landschaftlichen Umfeld angepasst, so ähneln sie sich in ihren architektonischen Grundmustern stark. Die mächtigen Außenwälle gehen erst ab einer Höhe von etwa zehn Metern in das typisch bhutanische Fachwerk mit Fenstern über, die Innenhöfe sind mit Steinplatten gepflastert und weisen reich geschnitzte und bemalte hölzerne Arkaden, Veranden, Galerien und Fenster auf. Herzstück jeden Dzongs ist der Utse, der über eine steile hölzerne Stiege erreichbare Hauptturm, der den Weltenberg Meru symbolisiert und zugleich die letzte, so gut wie uneinnehmbare Festung innerhalb des Dzongs darstellt. Im Utse befinden sich auch die Haupttempel.

Neben den Dzongs gibt es in Bhutan eine Vielzahl von Klöstern, Tempeln, Schreinen, Manimauern und Meditationsklausen, in denen bis heute Yogis ihrem Weg zur Erleuchtung folgen. Von feindlicher Zerstörung blieben die Heiligtümer Bhutans verschont, ebenso vom Massentourismus, doch richteten Brände in der stark von Holz bestimmten Architektur immer wieder beträchtlichen Schaden an. Der Punakha Dzong beispielsweise wurde bei neun Großbränden, drei Flutkatastrophen und einem Erdbeben immer wieder schwer in Mitleidenschaft gezogen, entstand jedes Mal aber in neuer Pracht.

Höhepunkte im Jahreslauf eines jeden Klosters und Dzongs sind die jährlichen Tsechus und Dromchös, mehrtägige Feste, zu denen die Menschen in oft langen Fußmärschen von ihren entlegenen Weilern und Einödhöfen weit in den Bergen kommen. Das große Fest von Punakha, der Punakha Dromchö, findet jedes Jahr gemäß dem tibetischen Mondkalender im Februar oder März statt.

Kultische Musik, sakrale und weltliche Tänze, Rituale, Mysterienspiele und in vielen Fällen die abschließende Thangka-Zeremonie vereinigen sich zu religiösen Gesamtkunstwerken, die durch Märkte, Kinobuden und ähnliche profane Begleiterscheinungen außerhalb der Dzongs in ihrer farbigen Lebendigkeit noch gesteigert werden. Die im Mittelpunkt stehenden Cham-Tänze, die in etwas anderer Form im gesamten tibetischen Kulturkreis gepflegt werden, lassen sich zurückführen auf die vorbuddhistische Religion des Bön. Die in prachtvollen Kostümen und Tanzmasken zur dröhnenden kultischen Musik auftretenden Mönche stellen Buddhas, Bodhisattvas und Schutzgottheiten dar, die den Sieg des Buddhismus über die alten Glaubensvorstellungen und die Unterwerfung von Dämonen aller Art zelebrieren.

In den bhutanischen Festen mischen sich aber auch profane Elemente in die religiösen Rituale. Sind die sakralen Tänze ausschließlich den Mönchen und Lamas vorbehalten und werden die wichtigen Figuren in den Mysterienspielen nur von hochrangigen Lamas dargestellt, die sich in langen Meditationen darauf vorbereiten, so zeigen in den

Linke Seite: Altar mit Opfergaben in einem der Tempel des Punakha Dzong.
Oben: Eine feierliche Prozession von Musikern und Lamas eröffnet jeden Tag der Klosterfeste.
Unten: Maske im Tanz der »Herren der Leichenäcker«, der an die Vergänglichkeit allen menschlichen Lebens erinnern soll.

weltlichen Tänzen die hoch angesehenen professionellen Tänzer ihre Künste. Sie erhalten ihre Ausbildung in der königlichen Tanzschule oder stammen aus Familien, in denen die uralte Kunst vom Vater auf den Sohn vererbt wird. Ihre Tänze dienen als Auflockerung zwischen den kultischen Cham-Tänzen und den Mysterienspielen und thematisieren vor allem das breite Spektrum menschlicher Gefühlswelt. Die sakralen Darbietungen hingegen stellen dem einfachen Volk die Inhalte buddhistischer Lehren bildhaft vor Augen. Sie vermitteln Legenden aus dem Leben bedeutender Yogis und Heiliger sowie das Wirken höherer Kräfte im immerwährenden Kampf gegen die Dämonen und alle dem Buddhismus feindlich gesonnenen Mächte. Doch sie bewirken auch spirituelle Reinigung, rufen die Energie geistiger Wesen an und machen den Segen der auftretenden Gottheiten direkt erfahrbar. Die Mysterienspiele schließlich, wie etwa über das Gericht des Todes im Bereich zwischen Tod und Wiedergeburt, führen den Zuschauern die Wirkungsweise spiritueller Gesetze vor. Eine besondere Funktion bei den Kloster- und Dzongfesten fällt den Atsaras zu, den Spaßmachern, die parallel zu den Tänzern auftreten, sich zum Vergnügen des Publikums mit derben, oft obszönen Späßen in das Geschehen mischen und für das Gegengewicht zum heiligen Ernst der sakralen Tänze sorgen. Sie schaffen ein Ventil, durch das sich die magisch aufgeladene Atmosphäre entspannen kann, und bringen mit ihren Kommentaren den Menschen auch den tieferen Sinn der Mysterienspiele nahe. So zeigt sich, dass inbrünstige Spiritualität und unverkrampfte Heiterkeit, magisches Ritual und unbeschwerter Frohsinn einander nicht ausschließen müssen. Eben dies macht die ganz besondere Atmosphäre dieser weltweit einmaligen sakralen Feste aus.

Oben: Zwei Krieger in traditioneller Tracht am Haupteingang des Punakha Dzong.
Mitte: Das Kloster Taktsang wurde um eine Meditationshöhle von Guru Rinpoche Padmasambhava an steiler Felswand errichtet.
Rechts: Ein hochrangiger Lama segnet in der Maske des Guru Rinpoche Padmasambhava die Menschen bei einem Klosterfest.

Das Tigernest

Das Kloster Taktsang hoch über dem Parotal ist eines der spektakulärsten und auch heiligsten Klöster des gesamten Himalaya. In den Vorsprung einer etwa 1300 Meter senkrecht abfallenden Felswand gebaut, wurde es um eine Meditationshöhle errichtet, zu der im 8. Jahrhundert »Guru Rinpoche« Padmasambhava in seiner zornvollen Erscheinungsform Dorje Droloe auf dem Rücken einer Tigerin geflogen sein soll, um die lokalen Geister und Dämonen zu bannen. Eine dieser ortsansässigen Gottheiten, Singye Samdrup, wurde daraufhin Schutzgottheit des Tigernests. Vier Monate lang soll Guru Rinpoche in einer Höhle meditiert und mehrere Termas, für spätere Epochen vorgesehene Schätze seiner Lehre, verborgen haben. Speziell begabte Tertöns (Schatzfinder) fanden diese Hinterlassenschaften in den folgenden Jahrhunderten. Über dem Eingang der Höhle wurde später der Pelphug Lakhang, das Hauptheiligtum des Klosters, errichtet. Zahlreiche andere hoch verehrte und berühmte Gurus, Linienhalter und Yogis des gesamten tibetischen Kulturkreises folgten Padmasambhava und kamen über die Jahrhunderte zu Klausur und Meditation an diesen abgelegenen Ort, der im Laufe der Zeit immer wieder restauriert wurde. Bis heute steigen Mönche und Pilger den steilen Weg zu dem bhutanischen Staatsheiligtum hinauf, das noch immer von einigen wenigen Mönchen bewohnt wird. 1998 brach in einem Tempel Feuer aus und zerstörte einige Gebäude des Tigernestes, doch schon 2001 konnte das originalgetreu und in einer Verbindung von moderner Technologie und traditioneller bhutanischer Handwerkskunst restaurierte Kloster in Anwesenheit der Königsfamilie und des Je Khenpo wieder neu geweiht werden.

INDIEN UND SRI LANKA

Der Subkontinent mit seinen etwa 1,1 Milliarden Einwohnern gilt als »Mutterland« der Spiritualität. Ähnlich unüberschaubar wie das Gemisch von Völkern, Stämmen und Sprachen ist die Vielfalt von geistigen Strömungen, Lehren und Kulten, die Indien hervorgebracht hat. Kaum irgendwo sonst ist Spiritualität in all ihren Formen seit Jahrtausenden so eng verknüpft mit dem täglichen Leben wie im »Land des Bharata«. Große Religionen entstanden dort: der Hinduismus – eine Sammelbezeichnung für eine ganze Reihe von Glaubensformen –, der Buddhismus, der Jainismus, der Sikhismus. Der Zoroastrismus rettete sich vor seinen Verfolgern nach Indien, um dort bis heute zu überleben, das Christentum wurde von Missionaren gebracht, und der Islam, heute nach dem Hinduismus zweitgrößte Religion Indiens, fegte mit Feuer und Schwert über das Land hin. »Mutter Indien« hat sie alle aufgenommen und zu einem mehr oder weniger toleranten Nebeneinander befriedet. Auch die Systeme des Yoga und die tantrischen Lehren haben sich in Indien entwickelt.

Entsprechend zahlreich und vielfältig sind Indiens heilige Stätten. So liegen drei der vier wichtigsten Orte des Buddhismus auf indischem Boden; dazu kommen die buddhistischen Heiligtümer der Insel Sri Lanka, wo sich der Buddhismus nach seinem Verschwinden in Indien bis heute durchsetzen konnte. Die heiligen Stätten der Jainas sind über den ganzen Kontinent verstreut, das zentrale Heiligtum der Sikhs liegt im Punjab nahe der pakistanischen Grenze, die Kultstätten der Hindus aber sind kaum zu zählen, selbst wenn man nur jene von überregionaler Bedeutung berücksichtigt. Eigentlich gilt ganz Indien als heilig. Für einen gläubigen Hindu aus Europa oder Amerika, der eine Geschäftsreise in sein Heimatland unternimmt, wird diese Reise automatisch zur Pilgerfahrt, denn bereits am Flughafen von Mumbai oder Delhi wandelt er auf geheiligtem Boden.

Die sakralen Stätten Indiens gelten als Thirtas, als Furten, durch die man den Fluss überquert, der das Weltliche vom Himmlischen, das Materielle vom Transzendenten scheidet. Viele indische Heiligtümer liegen denn auch an Flüssen oder Quellen, in deren Wassern die Pilger geistige Reinigung suchen. Thirt Yatra, die Pilgerschaft zu diesen Thirtas, ist seit Urzeiten wichtiger Ausdruck spirituellen Lebens. An manchen Pilgerorten strömen vor allem zur Zeit der heiligen Feste, die dort gefeiert werden, Millionen von Gläubigen zusammen, um der Verdienste teilhaftig zu werden, die eine solche Wallfahrt bringt.

Immer wieder wurde versucht, Ordnung in die Fülle der Thirtas zu bringen. Da sind einmal die vier Dhaman, die schon in den Epen und heiligen Schriften Indiens genannt werden. Die Chardham, die Pilgerfahrt zu diesen »göttlichen Wohnsitzen« in den vier Himmelsrichtungen Indiens gilt als verdienstreichste Wallfahrt der Hindus: Badrinath im Norden, Dwarka im Westen, Rameshvaram im Süden und Puri im Osten. Der »göttliche Wohnsitz« Dwarka, wo Krishna als König residierte, zählt außerdem zu den sieben heiligen Städten. Die anderen sind: Ayodhya, Geburtsort von Rama, einer »Herabkunft« des Gottes Vishnu und Held des Epos Ramayana; Mathura, Geburtsort von Krishna, ebenfalls eine Inkarnation Vishnus und die wohl beliebteste Gottheit Indiens; die Tempelstadt Kanchipuram im Süden; Ujjain, alle zwölf Jahre Ort des Kumbh Mela, des größten Pilgerfestes Indiens, das im Wechsel an vier heiligen Orten stattfindet; Varanasi und Haridwar, die beide am Ganges liegen.

Flüsse sind in Indien stets mit weiblichen Gottheiten verbunden und haben ihre ganz besondere Bedeutung im spirituellen Leben, denn ihr Wasser ist Medium von Reinigung und Fruchtbarkeit. »Mutter Ganga«, der Ganges, der im Himalaya entspringt und ganz Nordindien quert, wird von allen am meisten verehrt. Die sakralen Stätten an diesem Fluss sind wie Perlen an einer Kette aufgereiht. Varanasi, das alte Kashi, die Stadt des Lichts am Ganges, gilt als wichtigstes Pilgerziel Indiens, das jeder Gläubige wenigstens einmal in seinem Leben aufsuchen oder besser noch, an dem er sterben, verbrannt und in das heilige Wasser verstreut werden möchte. Außerdem liegen zwei der vier Orte, an denen das Kumbh Mela, das größte hinduistische Fest, stattfindet, am Ganges – die heilige Stadt Haridwar und Allahabad, wo im Jahre 2001 am Hauptbadetag etwa 30 Millionen Pilger in die Fluten des Ganges tauchten. Die beiden anderen Kumbh-Mela-Stätten sind die heilige Stadt Ujjain und Nasik.

Darüber hinaus lassen sich die sakralen Stätten Indiens nach den Gottheiten unterscheiden, die in den einzelnen heiligen Orten verehrt werden. So gibt es die Sitze der Mahadevi, der großen Göttin, oder die zwölf Jyotirlingas, wo Shiva in seiner Form als »Lingam aus Licht« gegenwärtig ist. All diese Stätten und zahllose mehr sind bis heute die Brennpunkte des pulsierenden religiösen Lebens Indiens.

Rechte Seite: Zahllos sind die Tempel, Kultstätten und Pilgerorte auf dem indischen Subkontinent. Die Wallfahrt zu ihnen ist fester Bestandteil der hinduistischen Praxis.
Vorhergehende Doppelseite: Ein Bad im heiligen Fluss Ganges ist für jeden gläubigen Hindu ein Höhepunkt im Leben.

DER HEILIGSTE ALLER FLÜSSE

Mutter Ganga

Kein Fluss gilt als reiner und heiliger als der Ganges und keiner steht so exemplarisch für das religiöse Leben der Hindus in Indien. Zahlreiche sakrale Stätten säumen seine Ufer von den Quellen an den Gletschern des Himalaya bis zur Mündung im Golf von Bengalen.

Im Satya Yuga, dem Goldenen Zeitalter, herrschte König Sagara mit seinen zwei Gemahlinnen. Die eine gebar ihm 60 000 Söhne, große Krieger, denen prophezeit war, dass sie alle gleichzeitig sterben würden, die zweite nur einen einzigen Sohn, der aber die königliche Linie fortführen sollte. Als der König einst das Pferdeopfer ausführte, das höchste Opfer der vedischen Religion, wurde der Gott Indra neidig und entwendete das Opfertier. Die 60 000 Söhne durchsuchten alle Welten und fanden das Pferd schließlich in der Höhle von Maharshi Kapila, einem Sohn Brahmas, der sich in tiefer Versenkung befand. Verärgert über die Störung öffnete Kapila nach vielen Jahren zum ersten Mal die Augen. Sein feuriger Blick verbrannte die 60 000 Königssöhne in einem Augenblick. Da sie kein ordnungsgemäßes Begräbnis erhalten hatten, mussten sie fortan fluchbeladen ein Dasein als Geister fristen. König Bagiratha, ein Nachkomme von Sagara, war entschlossen, die Prophezeiung wahr zu machen, die verhieß, dass nur das Wasser des Ganges die Seelen der Königssöhne zu erlösen vermöge. Zu dieser Zeit floss der Ganges noch nicht auf Erden, sondern in den Himmelswelten der Götter. Ganga Ma, die Mutter Ganges, verkörperte dort den himmlischen Fluss. Über ihre Herkunft gibt es verschiedene Legenden. Heiliges Wasser im Gefäß des Brahma habe sich in Ganga personifiziert, heißt es. Vishnuiten fügen hinzu, dass Brahma mit diesem Wasser zuvor die Füße Vishnus gewaschen habe, Ganga also den Füßen dieses Gottes entsprungen sei; in anderen Legenden gilt Ganga als Tochter des Himavat, der Verkörperung des Himalaya, und sei daher eine Schwester von Parvati, der Gemahlin des Shiva. Ganga Ma nun weigerte sich zunächst, vom Himmel auf die Erde zu kommen, doch als die Gebete des Bagiratha zu machtvoll wurden, beschloss sie, die ganze Erde mit ihren Wassern zu überschwemmen. Da bewog Bagiratha den Shiva, die Fluten zu bändigen, und konnte schließlich unbesorgt die Herabkunft der Ganga erwirken. Shiva, der auf dem heiligen Berg Kailash meditierte, fing den vom Himmel stürzenden Ganges mit seinen Haaren auf und teilte die Wassermassen in kleine Ströme. König Bagiratha aber zog Ganga durch ganz Indien voran, um ihr den Weg zu weisen bis zur Mündung ins Meer. Auf diesem langen Weg, der durch alle drei Seinsbereiche führt – Himmel, Erde und Unterwelt –, erlöste das heilige Wasser auch die 60 000 Söhne von König Sagara. So erzählen – in Variationen – die alten Schriften Indiens die Entstehung des Flusses Ganges. Im südindischen Mamallapuram ist die Herabkunft der Ganga sogar auf einem berühmten riesigen Steinrelief dargestellt.

Linke Seite: In Devprayag vereinigen sich die beiden Hauptquellflüsse des Ganges – der Bhagirathi und der Alaknanda.
Rechts oben: Ein Sadhu betet und meditiert an der schneeumsäumten Ganges-Quelle am Gangotri-Gletscher.

Über 2500 Kilometer fließt Ganga von den Gletschern des Himalaya zum Golf von Bengalen, wo sie sich, vereint mit den Wassern des Brahmaputra, in einem Delta von etwa 350 km Länge ins Meer ergießt. Sie bewässert Landstriche mit der höchsten Bevölkerungsdichte der Welt und ist Lebensader für etwa 400 Millionen Menschen. Doch der Ganges ist mehr als nur ein Fluss, der für Leben und Fruchtbarkeit sorgt, er ist Ziel von Millionen von Pilgern, magischer Ort spiritueller Reinigung und Verehrung. Seine trägen Fluten ziehen an heiligen Stätten vorbei, die zu den bedeutendsten Indiens zählen.

Nach König Bagiratha ist der Haupt-Quellfluss des Ganges benannt. Der Bagirathi entspringt auf einer Höhe von 4225 Metern in einer Eishöhle am Fuß des Gangotri-Gletschers. Gaumukh, das »Kuhmaul«, wo in der dünnen Schneeluft des Himalaya Ganga aus Shivas Haar in die materielle Welt eintritt, ist eine hoch verehrte heilige Stätte mit kleinen Schreinen und Gebetsfahnen. Halbnackte Asketen meditieren hier, und für die Pilger, die dem Ganges von der Mündung zur Quelle folgen, liegt hier das ersehnte Ziel ihrer langen Reise: den Ursprung des göttlichen Stromes in vollendeter Reinheit zu sehen und von seinem Wasser zu kosten. Nur auf einem 17 Kilometer langen Fußmarsch von dem 3140 Meter hoch gelegenen Dorf Gangotri aus kann man diesen heiligen Ort erreichen, sodass viele Pilger sich damit begnügen, der Göttin Ganga in ihrem Tempel in dem mit Autos und Bussen erreichbaren Gangotri Verehrung zu erweisen. Der Gangatempel von Gangotri ist einer der vier heiligen Orte des »kleinen«, nur auf die Umgebung der Gangesquellen beschränkten Chardham, der bedeutendsten Pilgerroute im indischen Himalaya. Auch die anderen drei sind eng verknüpft mit der Herabkunft der Ganga – Badrinath, Kedarnath und Yamunotri.

Badrinath mit seinen heißen Quellen liegt an den Ufern des Alaknanda, des zweiten Hauptquellflusses des Ganges, der wiederum vier kleinere Flüsse in sich aufnimmt, bevor er sich mit dem Baghirati vereinigt. Der Alaknanda entspringt 15 Kilometer oberhalb des Dorfes am Alakapuri-Gletscher. Nur wenige Pilger machen sich auf den schwierig begehbaren Bergpfad, der zur Quelle führt. Das Dorf Badrinath aber ist der wichtigste Ort des Chardham mit den meisten Besuchern, zählt es doch zugleich zum »großen Chardham«, zu jenen vier »Wohnsitzen der Götter«, die über ganz Indien verstreut liegen. Vishnu in seiner Form als Badrinarayan wird im auffällig bunt bemalten Tempel des Ortes verehrt. Der große Vedanta-Heilige Shankara soll diesen Tempel im 8. Jahrhundert erbaut haben. Herrlich ist die Gebirgslandschaft um das 3133 Meter hoch gelegene Badrinath. Das nur wenige Kilometer entfernte Dorf Mana mit seinen Wasserfällen ist der letzte Ort vor der tibetischen Grenze, und auch das berühmte »Tal der Blumen« liegt in der Nähe. Doch das Klima ist rau in diesen Höhen. Im Winter ist der Tempel von Badrinath geschlossen. Die Statue des Vishnu wird in warme Decken gepackt, und die Priester ziehen um in tiefer gelegene Ortschaften.

Das von bis zu 7500 Metern hoch aufragenden Schneegipfeln gesäumte Kedarnath ist Wohnsitz des Shiva und einer der zwölf über ganz Indien verteilten Sitze des Jyotirlinga, des »Linga des Lichts«, des Symbols des Shiva in seiner Form als »Herr des Universums«. Ein steiler, 14 Kilometer langer Pfad führt von der Ortschaft Gaurikund zu dem Tempel, der auf das 8. Jahrhundert zurückgeht und mit dem steinernen Natur-Linga in seinem Sanktuarium als einer der heiligsten Indiens gilt. Nur zu Fuß oder zu Pferde lässt sich dieses Heiligtum auf einer Höhe von 3584 Metern nahe dem kleineren Ganges-Quellfluss Nandakini erreichen.Von den vier Orten der Chardham ist Kedarnath der abgelegenste, zwei Tagesreisen von Gangotri entfernt. An diesem weltentrückten Ort ist Shankara, einer der bedeutendsten Heiligen und Philosophen Indiens und ein Hauptvertreter des Advaita-Vedanta, im Jahr 820 im Alter von nur 32 Jahren gestorben und in das höchste Samadhi eingegangen. Welch hohes Ansehen dieser Ort bei den gläubigen Hindus genießt, beweist die Tatsache, daß ein Teil von Gandhis Asche in den nahe gelegenen See Gandhi Sarovar gestreut wurde. Im Winter versinkt Kedarnath im Schnee. Der Tempel des Shiva wird geschlossen.

Der vierte Ort des kleinen Chardham ist Yamunotri nahe der Quelle des Flusses Yamuna, der nur unweit der Quellflüsse des Ganges entspringt und eine lange Strecke fast parallel zum Ganges fließt, bevor er sich in Allahabad mit den heiligen Wassern vereint. Der Tempel von Yamunotri liegt sechs Kilometer vom Ort Hanuman Chatti entfernt und kann nur zu Fuß oder zu Pferd erreicht werden. Er ist der Flussgöttin Yamuna geweiht, einer der drei großen Flußgöttinen Indiens – Ganga, Sarasvati und Yamuna –, die sich in Allahabad vereinigen. Auch wenn Yamuna eine eigenständige Göttin ist, die manchmal sogar mit Yami, der Schwester des Todesgottes Yama identifiziert wird und in dieser Verbildlichung eine Schädelschale als Attribut trägt, ist sie für viele Pilger weitgehend identisch mit Ganga. Auch der Yamuna wird von vielen nur als weiterer Teilstrom der Ganga aus dem Haar Shivas angesehen.

Linke Seite: Im bunt bemalten Tempel von Badrinath wird Vishnu in seiner Form als Badrinarayan verehrt.
Oben: Pilger im Tempel von Kedarnath, einem der zwölf Jyotirlingas, in denen Shiva als »Herr des Universums« verehrt wird.

Wenn die heiligen Wasser den kleinen Ort Rishikesh an den Ausläufern des Himalaya passieren, haben sich die Quellflüsse des Ganges bereits vereinigt. Rishikesh, der »Ort der Rishis«, der weisen Männer, mit seinen Tempeln an den Ufern des noch jungen Ganges, ist vor allem für »Rucksackpilger« und Touristen aus dem Westen ein beliebtes Ziel. Schon die Beatles und andere Popstars erlernten hier die Meditation. Aber auch viele Inder studieren in den zahlreichen Yogazentren und Ashrams den uralten Weg von Yoga und Versenkung. Mythen ranken sich um die angebliche »Yoga-Hauptstadt der Welt« – Vishnu soll einem streng sich kasteienden Rishi hier erschienen sein, und Rama, der Held des Ramayana-Epos, soll hier Buße getan haben für die Tötung des Dämonenkönigs Ravana. Und wo sich heute die eiserne Brücke über den Ganges schwingt, soll schon Ramas jüngerer Bruder den heiligen Fluß überquert haben.

Ungleich höhere Bedeutung kommt dem etwa 20 Kilometer entfernten Haridwar zu. Hier passiert der Ganges die von zwei Steinlöwen flankierte Schlucht Gangadvar, das »Tor des Ganges«, und fließt in die Ebenen Indiens hinaus. Das kleine Städtchen am Fuß der Shivalikkette ist eine der sieben heiligen Städte Indiens. Hier soll der legendäre König Bagiratha geherrscht haben. Alle zwölf Jahre findet hier das Kumbh-Mela-Fest statt. Dann reisen Millionen von Pilgern aus dem ganzen Land an, um auf den Ghats, den Badetreppen, ins heilige Wasser zu steigen und am Hari Pairi Ghat einen Blick zu werfen auf den Fußabdruck Vishnus, der dem Stein eingeprägt ist. Viele Tempel liegen in und um Haridwar. Die beiden wichtigsten sind der mit einer Seilbahn erreichbare Mansa-Devi-Tempel auf einem Hügel im Zentrum des Ortes. Er ist der Durga, der großen Mutter, geweiht. Von dem etwa drei Kilometer flußabwärts liegenden Daksha-Mahadevi-Tempel brechen die Pilger nach Badrinath und Kedarnath auf.

Jeden Abend findet an den Ghats die Aarti-Zeremonie statt – aus Blättern gefaltete Schiffchen mit Blumen, brennendem Räucherwerk und einer Öllampe werden auf dem Ganges ausgesetzt und treiben hinaus in die heißen Ebenen des Subkontinents.

Linke Seite oben: Am Hari Pairi Ghat von Haridwar bereiten sich die Gläubigen auf die abendliche Aarti-Zeremonie vor.
Rechte Seite oben: Aarti-Zeremonie in Haridwar. Die Gläubigen setzen Schiffchen mit einer Öllampe auf dem Ganges aus.

Quelle der Reinheit

Für Hindus ist der Ganges Inbegriff göttlicher Reinheit. Sein Wasser reinigt von Verschmutzungen des Geistes, von Krankheiten und negativem Karma und es gewährt den Verstorbenen, deren Asche in die Fluten gestreut wird, eine günstige Wiedergeburt. Dem heiligen Nass werden noch eine Reihe andere ungewöhnliche Fähigkeiten nachgesagt. Es soll durch seine Fähigkeit, in besonderem Maße Sauerstoff zu binden, von langer Haltbarkeit sein und die Bakterien von Ruhr und Cholera abtöten, was angeblich Epidemien unter den Millionen von Menschen verhindert, die aus dem Ganges trinken. In ganz Indien wird dieses Wasser in Flaschen und Gefäßen bewahrt, um es bei Ritualen zu versprengen oder Menschen die Möglichkeit zu geben, in der Stunde ihres Todes auch weit entfernt vom heiligen Strom das heilbringende Nass zu trinken. Millionen von Pilgern kommen, um zumindest einmal im Leben in diese Fluten zu tauchen und geistige Reinigung zu erfahren.

In der Tat treten die Quellflüsse kristallrein aus den Himalayagletschern hervor. Doch schon bald ist es mit dieser Reinheit vorbei. Denn die Inder behandeln ihre Mutter Ganga alles andere als liebevoll. Der Ganges gehört zu den acht am schlimmsten verschmutzten Flüssen der Erde und ist vor allem an seinem Unterlauf faktisch eine Kloake. Mehr als 1,2 Millionen Liter Abwässer ergießen sich täglich in den heiligen Strom, dazu Industrie- und Haushaltsabfälle, Chemikalien, Tierkadaver und Leichen von Menschen, die nicht an den Ghats verbrannt wurden. Im Wasser findet sich eine hohe Konzentration von Gift und Schwermetallen und diversen Krankheitserregern. Eine ökologische Rettung des Flusses ist trotz einiger individueller Bemühungen nicht in Sicht, denn in Indien ist man zumeist der Meinung, dass der Ganges zwar für die Reinigung von Körper und Geist der Menschen zuständig ist, nicht aber die Menschen für die Reinigung des Ganges.

Allahabad bedeutet so viel wie »Erbaut von Gott« oder «Stadt Allahs«, denn ein muslimischer Herrscher, der Mogul-Kaiser Akbar, errichtete sie 1583 um eine trutzige Befestigungsanlage auf den Trümmern des von ihm zerstörten Prayaga. Die Hindus benutzen den alten Namen Prayaga – Ort des Opfers – noch heute, denn Brahma soll hier das erste Opfer nach Erschaffung der Welt dargebracht haben. Obwohl es keine besonders geheiligten Tempel in der Stadt gibt, zählt Allahabad doch zu den wichtigsten sakralen Stätten der Hindus, denn hier vereinigen sich drei heilige Flüsse: Der Yamuna, der ganz in der Nähe des Ganges entspringt und lange parallel zum Ganges fließt, verbindet sich mit Mutter Ganga, und zudem stößt der Sarasvati zu den beiden, ein mythischer Fluss, irdischen Augen unsichtbar. Schon im Rigveda, dem ältesten heiligen Text Indiens, wird der Sarasvati als der »beste aller Flüsse«, als Oberhaupt der sieben wichtigsten Ströme, gepriesen, in dem, gleich einer heiligen Mutterkuh, Milch und Butter fließen.

Sangam heißt die Stelle, an der die drei Flüsse sich treffen, und hier wird auch das größte Pilgerfest der Welt gefeiert – Kumbh Mela. Dann strömen in die Stadt mit ihren über eine Million Einwohnern noch bis zu 90 Millionen Besucher und Pilger.

Oben: Tausende von Sadhus stürzen sich beim Kumbh Mela als erste in die Fluten des Ganges, gefolgt von Millionen von Pilgern.
Rechte Seite unten: Die Pilgerströme beim Kumbh Mela versiegen auch in den Nachtstunden nicht.

Kumbh Mela

Am Anfang der Zeit machten sich die Götter und Dämonen daran, den Milchozean zu buttern, um Amrita zu gewinnen, den Nektar der Unsterblichkeit. Den Berg Mandara nutzten sie als Quirl, die Schlange Vasuki als Seil, an dem auf der einen Seite die Götter, auf der anderen die Dämonen zogen. Nach hundert Jahren war ein Gefäß (Kumbh) mit dem kostbaren Nektar gewonnen, und die Götter kämpften mit den Dämonen um seinen Besitz zwölf Tage und zwölf Nächte lang am Himmel. Im Schlachtengetümmel fielen vier Tropfen Amrita auf die Erde nieder – dorthin, wo später die Städte Haridwar, Allahabad, Ujjain und Nasik entstanden, jene Orte, an denen das größte Fest des Hinduismus und das größte religiöse Fest der Erde gefeiert wird – das Kumbh Mela. Zwei dieser Städte, Haridwar und Allahabad, liegen an den Ufern des Ganges, Ujjain am Fluss Kshipra in Zentralindien und Nasik am Godavari nördlich von Mumbai.

Da in der Zeitrechnung des Hinduismus ein Göttertag einem Menschenjahr entspricht und die Götter zwölf Tage mit den Dämonen um den Nektar der Unsterblichkeit rangen und zudem Jupiter, der größte der Planeten, zwölf Jahre für eine Umrundung der Sonne braucht, findet das Kumbh Mela in jeder dieser Städte alle zwölf Jahre statt, dazwischen nach sechs Jahren jeweils ein kleineres Ard Kumbh Mela. Alle drei Jahre ereignet sich also in einer der vier Städte ein Kumbh Mela, aber nur einmal im Zwölf-Jahres-Zyklus ein Maha Kumbh Mela, ein »großes« Kumbh Mela.

Ein solches Maha Kumbh Mela war im Januar und Februar 2001 in Allahabad zu erleben. Während der 44 Festtage kamen zwischen 70 und 90 Millionen Besucher dorthin, wo Ganges, Yamuna und der unsichtbare Sarasvati zusammenfließen. Allein 30 Millionen nahmen am 24. Januar ein Bad im Ganges, denn an diesem Tag standen Jupiter, Mond und Sonne in einer Konstellation, wie sie nur alle 144 Jahre vorkommt und daher als besonders heilsbringend gilt. Tausende von nackten, nur mit Asche beschmierten Sadhus stürzten sich an diesem Neumondtag des Januar, dem Mauni Amavashya, dem Hauptbadetag, in die Fluten des Ganges, bevor die Millionen Pilger ihnen folgten. Dieses Kumbh Mela war nicht nur ein Rekord in der jahrhundertealten Geschichte dieser Feste, sondern die größte Menschenansammlung, die es je auf unserem Planeten gab. Trotzdem ging es, im Gegensatz zu früheren Kumbh Melas und auch anderen indischen Pilgerfesten, wo immer wieder im Gedränge Menschen zu Schaden kommen, ohne tödliche Zwischenfälle ab. Zum Kumbh Mela kommen auch wichtige Vertreter aller hinduistischen Richtungen zusammen, um gemeinsam Belange ihrer Religion zu beraten.

Varanasi ist benannt nach den Flüssen Varuna und Assi, die hier in den Ganges münden, der nun längst zu einem breiten, träge dahinfließenden Strom wurde. Kashi – »Stadt des Lichts« – hieß der Ort in alten Zeiten, bevor die britischen Kolonialherren ihm den Namen Benares gaben. Doch wie man die Stadt mit ihren knapp über einer Million Einwohnern auch nennen mag – es gibt keinen heiligeren Ort am gesamten Lauf des Ganges und auch im restlichen Indien nicht. Varanasi ist die Stätte, die jeder Hindu wenigstens einmal im Leben besuchen und an der er am liebsten sterben möchte. Der Ganges beschreibt hier eine Biegung nach Norden und fließt für einige Kilometer Richtung Himalaya, weshalb dieser Abschnitt des Stromes als besonders heilig geschätzt wird. Varanasi gilt als eine der ältesten Städte der Welt. Bereits vor 3000 Jahren hat es hier Ansiedlungen gegeben, und die Stadt wird schon im Rigveda beschrieben und später auch in den Puranas und den großen Epen des Ramayana und Mahabharata. Varanasi zählt zu den sieben heiligen Städten und zu den zwölf Jyotirlinga-Orten Indiens. Im Vishvanatah, dem goldenen Tempel, wird der Jyotirlinga verehrt, der von allen zwölf als der gilt, der dem Pilger die meisten Verdienste schafft. Shiva selbst, der hier als Herr des Weltalls verehrt wird, soll die Stadt gegründet haben. Aber auch die »unergründliche« Durga, die große Mutter, der man früher Menschenopfer darbrachte, die spirituelle Gefährtin (Shakti) von Shiva, wird hier in einem von Affenhorden bewohnten Tempel verehrt. Doch die Tempel Varanasis sind neueren Datums. Immer wieder wurde das Zentrum der hinduistischen Welt von muslimischen Truppen zerstört und die Steine der Tempel für den Bau von Moscheen verwendet. Erst im 17. und 18. Jahrhundert konnten die alten Heiligtümer wieder aufgebaut werden.

Buddha und Mahavira haben hier meditiert, und viele große Meister und religiöse Poeten wie Kabir, Tulsi Das, Shankara und Patanjali hielten sich hier auf. Doch nicht die zahllosen Tempel und Schreine der Stadt und auch nicht der 80 Kilometer lange Pilgerweg mit seinen 108 Heiligtümern rund um die Stadt sind die Hauptanziehungspunkte für die Millionen von Pilgern, die jährlich nach Varanasi kommen. Sie werden vielmehr angezogen von den ungefähr hundert Ghats, den steinernen Treppen, die zum Ganges führen. Manche sind in Privatbesitz, andere genießen aufgrund ihrer Verknüpfung mit mythischen Ereignissen besondere Verehrung, und am Manikarnika Ghat werden die Toten eingeäschert. Der Rauch der Scheiterhaufen und der Geruch ver-

brannten Fleisches gehören seit Jahrtausenden zu Varanasi wie der unaufhörliche Strom der Pilger. Wer am Ganges verbrannt und wessen Asche in die Fluten gestreut wird, kann auf eine Wiedergeburt in den Welten der Götter hoffen, und wer hier stirbt, einen Tropfen Gangeswasser auf den Lippen, erlangt Moksha, endgültige Befreiung. Viele Menschen kommen, um am Ufer des Flusses ihre letzten Stunden zu verleben. Tausende Pilger baden jeden Morgen in den Fluten des Ganges und trinken das heilige Nass, Sadhus meditieren an den Ghats und vollführen ihre yogischen Übungen, Mütter tauchen ihre Neugeborenen in das Wasser, und zahllose Menschen nehmen an Zeremonien und Pujas teil. Die ganze Vielfalt und mystische Tiefe des religiösen Lebens Indiens bündelt sich in Varanasi. Von dort nimmt der Ganges seinen Weg Richtung Golf von Bengalen, wo er sich in einem mächtigen Delta ins Meer ergießt, wie ein Symbol des Aufgehens des Atman im Brahman, des individuellen Selbst in der unvergänglichen Einheit des Absoluten, dem Ziel des spirituellen Pfades der Hindus.

Linke Seite: Jugendliche in Varanasi nutzen die Ghats am heiligen Fluss auch für ein erfrischendes Bad.
Oben: Das rituelle Bad im Ganges an den Ghats von Varanasi ist Höhepunkt jeder Pilgerfahrt.
Unten: Die Pilger beten und opfern auch in den zahllosen Tempeln und Schreinen von Varanasi.

EIN GOLDENER TEMPEL IM NEKTARSEE

Der Hari Mandir Sahib

Der Hari Mandir Sahib von Amritsar ist das spirituelle Zentrum der Sikh-Religion, kostbares Herzstück eines weiten Tempelbereiches, ein goldfunkelndes Juwel, das schwerelos zu schweben scheint über den Wassern des Nektarteiches, in dessen Mitte es aufragt.

Schon vor Sonnenaufgang beginnen die Hazuri Ragi, die Sänger, mit ihrer Rezitation des Guru Granth Sahib, des heiligen Buches. Aus Lautsprechern klingen die Gesänge, die bis tief in den Abend nicht verstummen, über den Teich des Nektars und über den Tempelkomplex, der das heilige Gewässer umgibt. Ein neuer Morgen erwacht über dem spirituellen Zentrum der Sikh-Religion inmitten der Stadt Amritsar, nur 26 Kilometer von der pakistanischen Grenze entfernt. Tausende Pilger beginnen auf der mit vielfarbigem Marmor gepflasterten Parikrama ihre Umwanderungen des Sees oder nehmen ein Bad in seinen Wassern, hoffend, dass das heilige Nass nicht nur ihre Körper, sondern auch ihren Geist reinigt. Marmorkolonnaden und Gebäude umgeben das quadratische, 130 mal 130 Meter große Wasserbecken, Herbergen und Küchen, in denen Pilger kostenlos schlafen und speisen können, Schreine von Sikh-Gurus und Märtyrern, Versammlungshallen, das zentrale Museum der Sikhs, drei heilige Bäume und anderes mehr, aber auch der »Thron des Zeitlosen«, der Akal Thakat, der zentrale Sitz der Sikh-Führung.

Der heiligste Ort jedoch, der Hari Mandir Sahib, der »Wohnsitz Gottes« aus Marmor und Gold, funkelt inmitten des Sees. Die Verbindung der irdischen und spirituellen Bereiche menschlicher Existenz wird durch diese Lage des Tempels im See symbolisiert. Menschen jeglicher Herkunft steht der Hari Mandir Sahib offen, Frauen und Männern, Sikhs und auch Gläubigen aller anderen Religionen der Welt, um darin gleichberechtigt das Göttliche zu verehren. Als Symbol solcher Toleranz und Offenheit führen vier Eingänge, einer in jeder Himmelsrichtung, in das Heiligtum, in dessen Gebetssaal nur hundert Menschen Platz finden. Ein einziger, 60 Meter langer Damm führt von der Westseite hinüber zum Goldenen Tempel, in dessen Sanktuarium das

Links: Die Pilger umrunden den Nektarteich auf einer marmorgepflasterten Parikrama.
Rechte Seite oben: Wie ein goldglänzendes Schiff liegt der Hari Mandir Sahib inmitten des Nektarteiches.
Rechte Seite unten: Jeden Morgen und Abend wird das heilige Buch Guru Granth Sahib auf einer Sänfte zum und vom Tempel getragen.

Heiligste der Sikh-Religion bewahrt wird, das Guru Granth Sahib, das heilige Buch, mit dessen Zusammenstellung Arjan Dev, der fünfte Guru, Ende des 16. Jahrhunderts begann. Er war es auch, der in dem von seinem Vorgänger um eine heilige Quelle ausgehobenen Nektarsee den ersten Tempel baute, um dem heiligen Buch einen würdigen Bewahrort zu schaffen. Erst Anfang des 19. Jahrhunderts wurde die Kuppel des Tempels vergoldet und die oberen Stockwerke des Gebäudes mit reich geschmückten Kupferplatten verkleidet.

Jeden Morgen wird das Guru Granth Sahib in feierlicher Prozession vom Akal Thakat über den Marmordamm in den Goldenen Tempel getragen und abends wieder zurückgebracht. Der Hari Mandir Sahib ist spirituelles Zentrum einer weltoffenen, toleranten Religion, doch blieb er nicht von Kriegswirren verschont. Immer wieder mussten die Sikhs ihr Heiligtum verteidigen und nach Zerstörungen neu aufrichten. Noch 1984 stürmte indisches Militär den Tempelbezirk, weil sich militante Sikhs, die einen unabhängigen Staat forderten, im Akal Thakat verschanzt hatten. Außer den Rebellen kamen 1200 unschuldige Pilger ums Leben. Doch auch Premierministerin Indira Gandhi, die diese »Operation Blue Star« angeordnet hatte, wurde der Gewaltausbruch zum Verhängnis – sie wurde wenige Monate später von zwei Sikhs aus ihrer eigenen Leibgarde erschossen.

Resort
HOTEL
LAKE

DER BLAUE LOTOS

Der Tempel des Brahma in Pushkar

Am See von Pushkar mitten im Wüstenstaat Rajasthan liegt der bekannteste Brahma-Tempel Indiens. Der Kult des Schöpfergottes spielt im Hinduismus nur mehr eine untergeordnete Rolle. Einmal im Jahr aber erwacht Pushkar in einem farbenfrohen Fest zu quirligem Leben.

Obwohl Brahma als Schöpfer des Universums Teil der Trimurti ist, der Dreiheit der höchsten Götter, ist sein Kult bei weitem nicht so verbreitet wie jener der beiden anderen – Vishnu und Shiva. Diese beiden Götter werden von ihren großen Anhängerscharen als höchste Gottheiten verehrt. Die Vishnuiten behaupten sogar, Brahma sei aus dem Nabel des Vishnu entsprungen. Brahma wird solche Verehrung nicht zuteil, vielleicht weil seine Aufgabe der Schöpfung vollendet ist, während Vishnu und Shiva eng mit dem ständigen Wandel und Wechsel der Welt verknüpft werden. Doch gehört der »Ahnherr der Welt« bereits zu den Gottheiten, die in den Veden, den ältesten heiligen Schriften Indiens, genannt werden. Es gibt zahllose heilige Stätten, die Vishnu oder Shiva geweiht sind, in ganz Indien aber nur drei Pilgerziele, in denen der Weltenschöpfer verehrt wird, alle im nördlichen Indien: Khoklan im Kullutal an den Südhängen des Himalaya, Khedbrahma in Gujarath und als bekanntestes Pushkar in Rajasthan.

In Sanskrit bedeutet Pushkara »blauer Lotos«, und in der Tat berichtet die Padma (Lotos) Purana, eines der »Erzählwerke« des alten Indien, wie Brahma Lotosblätter vom Himmel auf die Erde streute, um einen Dämon zu besiegen. Mitten im Wüstenland Rajasthan entstanden aus diesen Blütenblättern drei Seen; der größte von ihnen wurde zum Heiligtum des Brahma. Das Epos Mahabharata nennt Pushkar als den Ort, an dem die große Wallfahrt zu den heiligsten Orten Indiens beginnen sollte – was darauf hinweist, dass in alten Zeiten die Verehrung des Brahma noch weit höher im Kurs stand als heute.

Der Tempel mit der Statue des vierköpfigen Brahma ist nicht die einzige heilige Stätte in Pushkar; zahlreiche andere Tempel sind um den See oder im Hinterland verteilt. Dazu gibt es über 50 Ghats, Badestellen, an denen die Pilger zur rituellen Reinigung in das Wasser eintauchen. All diese Tempel sind neueren Datums, da die früheren Gebäude im 17. Jahrhundert von einem Mogulherrscher zerstört wurden.

Auch Sarasvati, »die Fließende«, wird in Pushkar verehrt. Gemäß manchen Darstellungen ist sie Brahmas Tochter und Gemahlin, die als seine »weibliche Seite« aus ihm hervorging; in anderen Schriften gilt sie als Flussgöttin, die erst mit Vishnu verheiratet war, bevor dieser sie an Brahma weitergab. Als Schöpfergott ist Brahma auch Hüter der Künste, und Sarasvati, welcher der Hügel von Pushkar geweiht ist, gilt als Göttin der Poesie, des Gesanges und der Musik. Daher pilgern viele Künstler und Musiker nach Pushkar, um Sarasvati zu huldigen, die eine Veena, eine indische Form der Laute, in ihren vier Händen hält. Die meisten Pilger kommen zu Vollmond im Hindumonat Kathik, nach westlicher Zeitrechnung im Oktober oder November. Doch nicht nur Pilger kommen dann, auch Zigtausende von Schaulustigen und Touristen, die von einem mehrtägigen Fest angezogen werden. Eine Zeltstadt wird aufgebaut, der größte Kamelmarkt Indiens wird abgehalten, und durch das verschlafene Städtchen Pushkar tobt der Rummel eines farbenfrohen Festes.

Linke Seite: Die heilige Stadt Pushkar ist auch Ort des größten Kamelmarktes von Indien.
Oben: Rund um den heiligen See befinden sich die Tempel, Häuser und Badeghats von Pushkar.

AM BAUM DER ERKENNTNIS

Bodh Gaya

Bodh Gaya gilt als heiligste Stätte des Buddhismus, denn dort wurde aus Prinz Siddhartha Gautama der erleuchtete Buddha. Für Mönche und Pilger aus der gesamten buddhistischen Welt ist Bodh Gaya Wahrzeichen für das Ziel ihres eigenen Weges zu Erkenntnis und Befreiung.

Als Prinz Siddhartha Gautama als junger Mann aus dem Palast seines Vaters floh, getrieben von aufrüttelnden Erlebnissen, die ihm die Vergänglichkeit menschlichen Daseins vor Augen geführt hatten, suchte er zunächst den Gegenpol zu seinem bisherigen Leben in Luxus und Überfluss. Doch auch extreme Askese und Selbstkasteiung brachte ihn dem Ziel der Befreiung nicht näher. Fortan folgte er dem Pfad, der alle Extreme vermied, dem »Mittleren Weg«, dem Weg der Meditation. In Uruvela in der heutigen indischen Provinz Bihar ließ er sich unter einem Feigenbaum nieder und gelobte, sich nicht eher zu erheben, bis er zum tiefsten Grund der Erkenntnis vorgestoßen sei und Befreiung erreiche aus dem ewigen Kreislauf des Samsara, des Rades von Geburt, Tod und Wiedergeburt. Er erlangte Einsicht in seine früheren Existenzen, Wissen über den Zustand der Welt, die Natur des Geistes, die Wirkungsweise des Karma, die Verkettung von Ursache und Wirkung, und Bewusstheit darüber, wie die Geistesgifte Begierde, Hass und Unwissenheit zu überwinden sind. Mara, der Versucher, warf alles in die Waagschale, um die Illusionen des Samsara aufrechtzuerhalten und zu verhindern, dass ein Mensch den Ausweg aus dem Kreislauf von Geburt und Tod finde, lockte mit Schmeicheleien, Versprechungen, warf Dämonenheere in den Kampf und sandte seine verführerischen Töchter. Doch der Prinz widerstand in der Tiefe seiner Meditation allen Anfechtungen, und als nach der Vollmondnacht des Mai der Morgenstern am Himmel aufging, sah Siddhartha Gautama ihn zum ersten Mal mit den Augen eines Erleuchteten.

Heute steht an dem Ort, an dem Prinz Siddharta Gautama zum Buddha wurde, zum Erwachten, der 55 Meter hohe, mit zahllosen Buddha-Statuen geschmückte Mahabodhi-Tempel in Form eines pyramidenförmigen Terrassenstupa, unmittelbar vor dem Bodhi-Baum, unter dessen mächtiger Krone sich die Erleuchtungserfahrung vollzog.

Linke Seite: Der große Mahabodhi-Stupa ist das zentrale Heiligtum und Wahrzeichen von Bodh Gaya. Neben dem Stupa findet sich auch der heilige Bodhi-Baum.
Oben: Darstellung des Manjushri, eines wichtigen Bodhisattva im Mahayana-Buddhismus.

Der heutige, von einem Steinzaun umgrenzte Baum ist nicht mehr das Original, unter dem der Erhabene meditierte, sondern ein Setzling jener Ficus religiosa in Sri Lanka, der als Ableger der ursprünglichen Pappelfeige von Bodh Gaya gilt. Schon im 3. Jahrhundert v. Chr. ließ der buddhistische Maurya-König Ashoka hier einen Tempel bauen. Der Mahabodhi-Tempel wurde im 2. Jahrhundert errichtet, im 14. Jahrhundert mit den vier Eckschreinen versehen und später immer wieder renoviert. Er birgt eine große vergoldete Statue, die den Buddha zeigt, wie er die Erde zur Zeugin seiner Erleuchtung anruft. Nach der verheerenden muslimischen Invasion in Indien, die den Buddhismus in seinem Entstehungsland so gut wie auslöschte, lag Bodh Gaya für etwa 350 Jahre verlassen und verfiel. Im 18. Jahrhundert wurde der Tempel über hundert Jahre lang gründlich renoviert, doch erst 1953 wurde Bodh Gaya als internationaler buddhistischer Pilgerort etabliert. Zwischenzeitlich hatten auch die Hindus Anspruch auf das Heiligtum erhoben – sie sehen in Buddha eine Herabkunft des Vishnu, und aus diesem Grund zieht Bodh Gaya auch heute noch hinduistische Pilger an. Noch immer werden neue Objekte der Verehrung dort er-

richtet – 1989 enthüllte der Dalai Lama die 20 Meter hohe steinerne Statue eines meditierenden Buddha. Seit 2002 zählt Bodh Gaya zum UNESCO-Weltkulturerbe.

Ob Theravada-Buddhisten aus Sri Lanka und Südostasien, Zen-Mönche aus Japan und Korea, Lamas des Vajrayana-Buddhismus aus Tibet und den Himalayaländern oder Gläubige aus all den anderen Sekten und Schulen, die der Buddhismus im Laufe seiner etwa 2500-jährigen Geschichte hervorgebracht hat – sie alle verehren gleichermaßen, allen verschiedenen Lehrmeinungen, rituellen Praktiken und philosophischen Differenzen zum Trotz, die Stätten von Buddhas Erleuchtung. Dazu gehören der Mahabodhi-Tempel, der durch eine rote Steinplatte symbolisierte »Diamantthron« des Buddha unter dem Bodhi-Baum, der »Juwelen-Pfad« mit seinen 19 Lotosblüten, den der Erhabene in Geh-Meditation beschritten hat, und der nahe gelegene Makalinda-See, der an den Naga-König erinnert, der sich in Gestalt einer Kobra während eines Regensturmes schützend über das Haupt des meditierenden Buddha wölbte. Bodh Gaya als Zentrum der buddhistischen Welt ist auch Zeichen für die Einheit des Buddhismus. Die Mönche und Pilger umkreisen den Tempel, sprechen Gebete, studieren die Schriften, vollziehen Niederwerfungen, bringen Opfer dar und versammeln sich zu Ritualen und Meditation. Zahlreiche Votivstupas sind rings um den heiligen Ort errichtet, und in dem bescheidenen Städtchen, das im Umfeld gewachsen ist, sind Klöster und Tempel vieler buddhistischer Richtungen entstanden. Neben dem Strom der Millionen von Pilger kommen regelmäßig hohe buddhistische Würdenträger, um in Bodh Gaya zu beten und Belehrungen und Rituale abzuhalten. So ist der Platz von Buddhas Erleuchtung nicht nur Verehrungsstätte und sakraler Erinnerungsort, sondern lebendiger Mittelpunkt von buddhistischer Lehre und Philosophie in all ihren verschiedenen Ausprägungen.

Oben: Buddha-Statuen in allen Größen beherrschen den gesamten sakralen Bereich von Bodh Gaya.
Rechte Seite links: Der heutige Bodhi-Baum ist ein Ableger von jenem in Sri Lanka, der wiederum ein Setzling des Originalbaumes sein soll.
Rechte Seite oben: Nur mehr Ruinen sind von Sarnath, dem einstigen Zentrum buddhistischer Gelehrsamkeit, erhalten, in dem Buddha zum ersten Mal seine Lehre von den »Vier edlen Wahrheiten« verkündete.

Sarnath

Nachdem Siddharta Gautama zum Buddha geworden war, zögerte er zunächst, die Früchte seiner Erkenntnis mit anderen zu teilen. Doch als ihn fünf Asketen, mit denen er früher gelebt hatte, um Belehrung baten, drehte er in Isipatana, im Gazellenpark des heutigen Sarnath, zum ersten Mal das Rad der Lehre, verkündete seine grundlegenden Sätze von den »Vier edlen Wahrheiten« und dem »Achtfachen Pfad«, der zur endgültigen Überwindung des Leidens führt, und begründete die erste Mönchsgemeinschaft. Daraus erwuchs ein florierendes Zentrum buddhistischer Gelehrsamkeit mit riesigen Klosteranlagen, in denen Tausende von Mönchen lebten. König Ashoka ließ die 21 Meter hohe Säule mit dem berühmten Löwen-Kapitell errichten, das zum Staatswappen des modernen Indien wurde, Stupas und bedeutende Kunstwerke wurden gestiftet. Der heutige Besucher aber findet in Sarnath, das nur wenige Kilometer von Varanasi, einer der bedeutendsten Pilgerstätten des Hinduismus, entfernt liegt, von alledem nur mehr Ruinen, einen modernen Tempel und in einem Museum bewahrte Ausgrabungsfunde. Denn auch Sarnath fiel dem Vernichtungssturm der muslimischen Heere zum Opfer, der den ohnehin vom neu erstarkenden Hinduismus zurückgedrängten Buddhismus in seinem Ursprungsland weitgehend auslöschte. Der am besten erhaltene Dhamekh-Stupa aus der Gupta-Zeit bezeichnet den Ort, an dem Buddha seine erste Lehrrede hielt. Doch noch immer zählt Sarnath zusammen mit Bodh Gaya, Lumbini in Nepal, wo Buddha geboren wurde, und dem indischen Kusinara, wo der Erhabene starb und in das Parinirvana einging, zu den vier wichtigsten Pilgerorten des Buddhismus, die der Buddha selbst seinem Schüler Ananda genannt haben soll.

WO KRISHNA ALS KÖNIG HERRSCHTE

Die heilige Stadt Dwarka

Der kleine Hafenort Dwarka ist nicht nur eines der wichtigsten Zentren der Verehrung von Krishna, der beliebtesten Gottheit Indiens, sondern gilt als eine der sieben heiligen Städte und eines der vier spirituell bedeutsamsten Pilgerziele des gesamten Subkontinents.

Krishna, die achte Inkarnation des Vishnu, ist die beliebteste Gottheit Indiens. Ob als blaufarbener, flötenspielender Jüngling, der Hirtenmädchen neckt, als königlicher Dämonenbezwinger, als weltweiser Wagenlenker des Arjuna, dessen Belehrungen in der Bhagavadgita, einem der bedeutendsten Texte indischer Philosophie, überliefert sind, oder als höchster Gott und Herr des Universums – Krishna hat viele Formen, und seine Taten fanden Eingang in zahllose Legenden und Gesänge. Sein Tod, gemäß indischer Zeitmessung am 18. Februar 3102 v. Chr., markiert gar das Ende des dritten Weltenalters und den Beginn des vierten, des Kali Yuga, in dem wir uns gegenwärtig befinden. Entsprechend groß ist die Verehrung, die dieser Gott in ganz Indien genießt. Und nicht nur dort – die Gesänge der weltweiten Hare-Krishna-Bewegung sind seit vielen Jahren auch in westlichen Großstädten zu hören.

Eines der wichtigsten Zentren der Krishna-Verehrung ist Dwarka, die kleine Hafenstadt ganz im Westen der indischen Provinz Gujarat.

Nachdem Krishna in seiner Geburtsstadt Mathura den Dämonenkönig Kamsa besiegt hatte, gründete er Dwarka, um dort bis zu seinem Tod als König zu herrschen. Die Legende erzählt, das Meer selbst habe dem Gott Land angeboten, auf dem seine Stadt stehen sollte, doch als Krishna starb, holte eine riesige Flutwelle das Land zurück. Ende der 1990er-Jahre haben Archäologen den wahren Kern dieses Mythos entdeckt – vor der Küste von Dwarka fanden Taucher eine versunkene antike Stadt.

Dwarka zählt nicht nur zu den sieben heiligen Städten, sondern auch zu den vier Dhaman, den »göttlichen Wohnsitzen«, den besonders reinen Pilgerzielen. Und etwas außerhalb der Stadt gilt der Nageshwar-Tempel als einer der zwölf Jyotirlingas, der »Linga des Lichts«, der wichtigsten Wohnsitze Shivas. Der Vedanta-Heilige Shankara lebte in Dwarka und begründete dort einen seiner vier Maths (Klöster). Mira Bai, die »Liebesnärrin«, die bekannteste mystische Dichterin Indiens, verfasste hier im 16. Jahrhundert ihre Gesänge an Krishna, die dem spirituellen Weg des Bhakti, der völligen Hingabe, Ausdruck verleihen. Ihre bedingungslose Liebe zu Krishna läßt Mira Bai sogar Anschläge auf ihr Leben unbeschadet überstehen, wie sie in ihren Gedichten schreibt.

Schon im 12. Jahrhundert stieg Dwarka zu einem bedeutenden Pilgerort auf. Wichtigstes Ziel der Pilger ist der 50 Meter hohe Tempel Dwarakadish oder Jagat Mandir im Zentrum der Stadt. 60 steinerne Säulen tragen den siebenstöckigen Tempel, dessen heutige Bauwerke aus dem 16. Jahrhundert stammen. Die Außenfassade ist kunstvoll gestaltet, das Innere hingegen von großer Schlichtheit. Die Pilger betreten das Heiligtum durch das Swarga Dwar, das Himmelstor, und verlassen es durch das Moksha Dwar, das Tor der Erlösung. Neben einer Reihe anderer Tempel in Dwarka ist jener der Rukmini – einer der Frauen Krishnas – der bedeutendste. Auf der vorgelagerten Insel Bet, wo Krishna als König geherrscht haben soll, finden sich weitere ihm geweihte Heiligtümer. Mahatma Gandhi, ein »moderner Heiliger« Indiens, wurde übrigens nur 87 Kilometer von Dwarka entfernt geboren – in der Hafenstadt Porbandar.

Linke Seite: Krishna, hier dargestellt mit seiner Lieblingsgefährtin Radha, ist die beliebteste Gottheit Indiens und soll in Dwarka als König geherrscht haben.
Oben: Der Dwarakadish-Tempel oder Jagat Mandri im Zentrum der heiligen Stadt Dwarka gehört zu den wichtigsten Pilgerzielen Indiens.

RELIGIÖSE TOLERANZ IN STEIN

Die Höhlen von Ajanta und Ellora

Die aus dem Fels gehauenen Klöster und Tempel von Ajanta und Ellora mit ihren unvergleichlichen Wandmalereien und Skulpturen waren über Jahrhunderte Zentren spirituellen Lebens von Buddhisten, Hindus und Jainas. Heute gehören sie zum UNESCO-Weltkulturerbe.

Heute zählen die Höhlentempel und Höhlenklöster von Ajanta und Ellora im westindischen Bundesstaat Maharashtra zu den bedeutendsten kulturhistorischen Sehenswürdigkeiten des Subkontinents. Einst aber waren sie Brennpunkte religiöser Praxis und Zeichen für gelebte religiöse Toleranz. Die 34 Höhlen von Ajanta sind in eine Felswand gehauen, die halbmondförmig eine Schlucht des Flusses Waghora umschließt. Fünf Höhlen entstanden bereits im 2. vorchristlichen Jahrhundert, die anderen im 5. und 6. Jahrhundert n. Chr. Früh schon, als der Hinduismus den Buddhismus in Indien zurückdrängte, fielen sie in Vergessenheit und wurden erst im 19. Jahrhundert wieder entdeckt. 29 der Ajanta-Höhlen sind Viharas, Mönchsunterkünfte, angeordnet um einen zentralen Raum für Belehrungen. Die übrigen fünf sind Chaityas, Tempel für das gemeinsame Gebet der Mönche. Die Bilderzyklen in den Höhlen zählen zu den bedeutendsten der gesamten buddhistischen Kunst und zeigen Szenen aus dem Leben des Buddha, Jataka-Erzählungen (Episoden aus früheren Existenzen des Buddha) sowie eine Vielzahl von Buddhas und Bodhisattvas, aber auch weltliche Darstellungen, Tiere und Pflanzen.

Sind die Höhlen von Ajanta vor allem berühmt wegen dieser Malereien, so ist es in Ellora die Ausschmückung mit Skulpturen und plastischen Verzierungen, die den Betrachter in Bann schlägt. Die Höhlen von Ellora wurden zwischen 600 und 1000 n. Chr. aus einer zwei Kilometer langen Felswand gehauen. Zwölf davon sind buddhistisch, 17 hinduistisch und in fünf lebten Jainas – ein schönes Beispiel für das friedliche Nebeneinander dieser Religionen. Auch als die Lehre Buddhas in Indien verschwand und die buddhistischen Höhlen von Hindus übernommen wurden, zerstörte man die Bilder des Erhabenen nicht, sondern platzierte Statuen der Hindugötter neben ihnen, wie man noch in Höhle 11 sehen kann. Das bekannteste Heiligtum von Ellora aber ist keine Höhle, sondern ein freistehender, komplett aus dem Felsen geschlagener Tempel – der Kailasanatha oder Kailasa-Tempel aus dem 8. Jahrhundert. Etwa 200 000 Tonnen Basaltgestein mussten entfernt werden, um dieses Bauwerk zu schaffen. Die Legende berichtet, dass der Kailasanatha seit Anbeginn der Welt im Fels verborgen lag und die Steinmetze, die ihn schufen, lediglich die Leerräume

freilegen mussten. Gestaltet ist dieser reich verzierte Tempel als Sitz des Shiva, als Weltenachse Kailash, als Abbild jenes heiligen Berges, der in Westtibet zahllose Pilger aus vier großen Religionen anlockt. Auch in anderen Höhlen wird auf den Kailash Bezug genommen, so in der von Jainas geschaffenen Höhle 32, wo eine Miniaturversion des Kailasanatha zu sehen ist, da auch den Jainas der Kailash als Nabel der Welt gilt. In Höhle 14 wiederum ist Dämonenkönig Ravana dargestellt, wie er am Kailash rüttelt, auf dem Shiva meditiert. Dem Shiva ist auch der Grishneshvar-Tempel nahe Ellora geweiht. Er ist einer der zwölf Jyotirlinga-Tempel Indiens und somit eine Shiva-Pilgerstätte von besonderer Bedeutung.

Linke Seite oben: Die Höhlen von Ajanta sind in eine halbmondförmige Felswand gehauen.
Linke Seite unten: Die Wandmalereien in den Höhlen von Ajanta gehören zu den kostbarsten der buddhistischen Kunst.
Oben: Der komplett aus dem Felsen gehauene Kailasa-Tempel ist das bekannteste Heiligtum von Ellora.

WO DIE FURTFINDER ERLEUCHTUNG ERLANGTEN

Der Tempelberg Shatrunjaya

Von den fünf bedeutendsten Pilgerstätten der Jainas in Indien ist der Tempelbezirk auf dem Berg Shatrunjaya bei Palitana mit seinen über 850 Heiligtümern der größte und heiligste, denn dort erlangten einst die Thirtankaras Erleuchtung, die Furtfinder und Weltüberwinder.

Auch im Jainismus nehmen Wallfahrten einen wichtigen Platz im spirituellen Leben ein. Oft machen sich große Gruppen von Gläubigen auf den Weg. Schon aus dem 13. Jahrhundert gibt es einen Bericht über eine imposante Pilgerkarawane: »4500 Fuhrwerke, 700 Sänften, 700 Ochsenkarren, 1800 Kamele, 2900 Diener, 3300 Barden, 450 Sänger und 13 200 Mönche.« Heute pilgern die meisten Jainas mit Bussen und Autos. Mönchen und Nonnen aber ist der motorisierte Transport verboten; sie müssen zu den Pilgerzentren wandern, was ihnen allerdings deutlich mehr Verdienste einbringt. Die sakralen Stätten der Jainas sind über ganz Indien verstreut. Die wichtigsten Heiligtümer, meist auf Bergen oder Hügeln gelegen, werden mit dem Leben und Wirken der Thirtankaras oder Jinas (Sieger) verbunden, jener 24 »Furtbereiter«, die die Welt überwunden und den Weg über den ewigen Strom von Leben, Tod und Wiedergeburt in das Absolute gefunden haben. Mahavira, ein Zeitgenosse Buddhas und Begründer der heutigen Jain-Religion, war der vierundzwanzigste und letzte dieser Jinas. Der erste, Rishabhanatha, ging der Legende gemäß auf dem heiligen Berg Kailash endgültig ins Nirvana ein, als er bis zum Tode meditierte und fastete – für die Jainas ein sicherer Weg zur Erleuchtung. Das beweisen die zahlreichen Schreine in den Jain-Heiligtümern, die zum Andenken an jene Asketen errichtet wurden, die über die Jahrhunderte Rishabhanatha auf gleiche Weise in Tod und Erlösung gefolgt sind. Der Ashtapada, wie die Jainas den Kailash nennen, ist einer der heiligsten Orte dieser aufgrund ihrer strengen Regeln sehr klein gebliebenen Religion und spielt auch in der Kosmologie des Jainismus eine zentrale Rolle. Für die meisten Jainas bleibt der Kailash jenseits des Himalaya allerdings unerreichbar, nicht zuletzt, weil ein religiöses Gebot sie anweist, indischen Boden nicht zu verlassen. Also unternehmen sie ihre Wallfahren zu den Pilgerstätten Indiens, entweder zu kleineren sakralen Orten, die einem bedeutenden Asketen oder Heiligen geweiht sind,

Linke Seite: Die Pilgerfahrt zu den heiligen Stätten ist für die Jainas ein wichtiger Bestandteil ihrer religiösen Praxis.
Oben: Die Tempel von Shatrunjaya verteilen sich auf zwei Berggipfel und die dazwischenliegende Senke.

oder zu den fünf wichtigsten, die von zentraler Bedeutung für alle Jainas sind: Sammeta auf dem Berg Parshvanatha in Bihar, wo 20 der Thirtankaras gestorben sein sollen; der erloschene Vulkan Girnar in Gujarat, der auch Buddhisten und Hindus heilig gilt; Mount Abu im südlichen Rajasthan, berühmt für die filigranen Verzierungen seiner Marmortempel, die so fein gearbeitet sind, dass sie wie aus Elfenbein geschnitten wirken; der Doppelhügel von Shravana Belgola nahe Mysore in Karnataka mit der 18 Meter hohen Statue von Bahubali, dem Sohn des ersten Furtfinders. Die größte und wichtigste Pilgerstätte der Jainas aber ist die Tempelstadt auf dem Doppelgipfel des Berges Shatrunjaya nahe dem Dorf Palitana.

Mehr als 850 Tempel mit über 11 000 Statuen aus Marmor und Metall sowie Tausenden Reliefs und heiligen Fußabdrücken wurden in dem von einer Mauer umfriedeten sakralen Bezirk erbaut. Die Tempel verteilen sich auf die beiden Gipfel des Berges und die dazwischenliegende breite Senke. Fast alle Thirtankaras sollen hier Erleuchtung erlangt haben, was sich auch im Namen Shatrunjaya – Ort des Sieges – widerspiegelt.

Eine 3,5 Kilometer lange, von Schreinen gesäumte Treppe mit über 3300 Stufen führt den Berg hinauf. Anderthalb bis zwei Stunden benötigen die Pilger für den Aufstieg, der sie vorbereitet auf den Eintritt in den heiligen Bereich. Für jene, die diese Anstrengung in der schattenlosen Sonnenglut nicht bewältigen können, stehen Sänften bereit. Manche tragen ein Tuch vor dem Mund oder kehren vor ihren Füßen mit einem Besen, um das wichtigste Gebot der Jainas, Ahimsa, das Nichtverletzen von Lebewesen, in aller Konsequenz zu befolgen – Mundschutz und Besen schützen Insekten davor, versehentlich eingeatmet oder zertreten zu werden. Bevor die Pilger den Tempelbezirk aufsuchen, nehmen sie noch eine Stärkung zu sich, denn innerhalb der Mauern von Shatrunjaya ist es ihnen nicht gestattet, zu essen. In den alten Jain-Schriften können die Gläubigen nachlesen, in welchem Maß sie ihr Karma reinigen, wenn sie bestimmte Parikramas, Umrundungswege um die Tempel, zurücklegen. Wer den größten Nutzen aus seiner Pilgerschaft nach Shatrunjaya ziehen möchte, dem wird empfohlen, die Treppe zum Heiligtum zu Fuß hinaufzusteigen, alle Haupttempel zu umrunden und die Treppe wieder hinabzugehen, doch nicht nur einmal, sondern 99-mal, um danach eine längere Periode des Fastens auf sich zu nehmen. Wem das nicht genügt, kann auch den gesamten Tempelberg auf drei verschiedenen Parikramas umrunden.

Besonders viele Pilger strömen am Fest Mahavir Jayanti im März oder April nach Shatrunjaya, wenn der Geburt von Mahavira gedacht wird. Doch auch an solchen Tagen, wenn große Pilgerströme ihre Hymnen singen, Reisopfer darbringen und vor den Statuen der Thirtankaras Reinigungszeremonien abhalten, herrscht auf dem heiligen Berg eine Atmosphäre fast überirdischen Friedens.

Erbaut wurden die Heiligtümer von Shatrunjaya ab dem 9. oder 10. Jahrhundert, doch muslimische Heere zerstörten sie. Erst im 15. und 16. Jahrhundert errichtete man sie neu. Die beiden wichtigsten Tempel krönen die zwei Gipfel des Berges. Auf dem Südgipfel liegt der zweistöckige Adishvara-Tempel, der Rishabhanatha, dem ersten Furtfinder, geweiht ist. Wie die meisten Tempel von Shatrunjaya ist er von einer Mauer eingefasst und besitzt einen mit Marmorintarsien gepflasterten Hof sowie zahlreiche Skulpturen und kunstvolle Ornamente. Auf dem Nordgipfel erhebt sich der Chaumukha-Tempel, der größte Tempel von Shatrunjaya. In der Mitte seines Heiligtums sitzt auf steinernem Thron Rishabhanatha mit vier Gesichtern, die durch die vier Tempeltore in

alle Himmelsrichtungen blicken. In allen Tempeln finden sich Statuen der 24 Thirtankaras. Die Jinas sehen identisch aus und können nur durch die ihnen zugeordneten Attribute, etwa die Art des Baumes, unter dem sie Erleuchtung fanden, unterschieden werden. Ihre großen Augen sind weit geöffnet und wirken durch Einlegearbeiten mit Metall, Glas oder Edelsteinen wie lebendig. In Shatrunjaya finden sich auch viele kleinere Schreine, die den Asketen gewidmet sind, die hier ihrem harten Weg der Entbehrung bis zum Tode folgten.

Bei Sonnenuntergang, wenn die letzten Pilger den sakralen Bezirk verlassen, werden die Tempel abgeschlossen. Auch die Priester bleiben nicht auf dem heiligen Berg. Nachts gehört Shatrunjaya ganz denen, für die es erbaut wurde – den Thirtankaras.

Linke Seite: Die Jain-Tempel sind mit kostbaren Reliefs und Ornamenten geschmückt.
Oben: Im gesamten Tempelgelände beten die Pilger und führen Reinigungszeremonien durch.
Unten: Die mit Metall, Glas oder Edelstein eingelegten Augen der Statuen in der Kunst der Jainas wirken wie lebendig.

HERR DES UNIVERSUMS

Der Jagannath-Tempel von Puri

Millionen von Pilgern suchen jedes Jahr diesen Ort auf, um Jagannath, dem »Herrn des Universums«, Verehrung zu erweisen. Besonders zum Rath Yatra, dem prachtvollen Wagenfest, strömen Gläubige aus dem ganzen Subkontinent in Puri zusammen.

Bei Globetrottern ist das Städtchen Puri im indischen Bundesstaat Orissa vor allem wegen seiner feinsandigen Strände bekannt. Doch der Ort an der Bucht von Bengalen, einst wichtiger Hafen, ist eines der bedeutendsten Pilgerziele Indiens, zu dem jedes Jahr Millionen von Gläubigen kommen. Für die Hindus zählt Puri – neben Badrinath, Dwarka und Rameshvaram – zu den Dhaman, den vier besonders heiligen Orten, den »göttlichen Heimstätten«. Schon Shankara (788–820), einer der großen Heiligen Indiens, der die Philosophie des Advaita-Vedanta systematisierte und dadurch eine Renaissance des vom Buddhismus bereits stark zurückgedrängten Hinduismus einleitete, hat eines der vier Klöster, die er in den »Himmelrichtungen des Raumes« begründete, in Puri errichtet. Doch nicht dieser Ort hoher Gelehrsamkeit ist Haupt-Anziehungspunkt der Pilgermassen, sondern der Tempel, der Jagannath, dem »Herrn des Universums«, geweiht ist. Als Dreiheit wird Jagannath dort verehrt, zusammen mit seiner Schwester Subhadra und seinem älteren Bruder Balarama. Die Trimurti, die Dreieinigkeit des »Herrn der Welt« und seiner beiden Geschwister, wird als eigentlich formlose Einheit aufgefasst, die sich hier in ihren drei Aspekten von Erschaffung, Erhaltung und Zerstörung offenbart.

Eine hohe Mauer umgibt den über 35 000 Quadratmeter großen Bezirk mit seinen zahlreichen Tempeln, Schreinen und anderen Gebäuden, darunter die vermutlich größte Küche Indiens. Sie ist für die Verköstigung der Pilger zuständig. Mahaprasad wird dort in riesigen irdenen Töpfen gekocht, ein einfaches vegetarisches Gericht, das jedoch zur heiligen Speise wird, weil man es vor der Verteilung an die Gläubigen Jagannath als Opfer darbringt. Die Großküche und alle anderen Schreine und Nebengebäude gruppieren sich um das noch einmal von einer Mauer umgebene Haupt-Heiligtum, einen im 12. Jahrhundert auf steinerner Plattform errichteten, etwa 60 Meter hohen

Linke Seite: Figuren am Südtor des Jagannath-Tempels von Puri.
Oben: Vor dem Osttor des Jagannath-Tempels vollzieht sich das typische indische Alltagsleben.

kegelförmigen Turmtempel. Er ist bekrönt vom achtspeichigen Rad, dem Attribut des Vishnu, das die Sonne und den Kreislauf von Leben und Tod symbolisiert und Zeichen des Chakravartin ist, des Weltenherrschers. Schon dieses Rad weist darauf hin, dass mit Jagannath, dem »Herrn der Welt«, Vishnu gemeint ist oder in diesem besonderen Fall die achte »Herabkunft« Vishnus – der im gesamten hinduistischen Kulturkreis so außerordentlich beliebte Krishna.

In einer Längsachse zum Hauptheiligtum stehen drei Hallen mit pyramidenförmigen Dächern für Gebet, Tanz und Opfergaben. Herrliche Steinmetzarbeiten zieren die Tempel, wie dies für die sakrale Kunst Orissas typisch ist. Touristen bleiben diese Kunstschätze weitgehend verborgen. Nur von der außerhalb des Tempelgeländes gelegenen Bibliothek mit ihren alten Palmblattmanuskripten dürfen sie einen Blick über die Mauer in die Höfe des Tempels tun – wie bei fast allen wichtigen hinduistischen Heiligtümern ist Nicht-Hindus der Eintritt verwehrt. In Puri nimmt man es mit dieser Regel besonders genau. Selbst Indira Gandhi wurde abgewiesen, da sie mit einem Parsen ver-

heiratet war, und auch Hindus, die nicht aus Indien stammen, haben es mitunter schwer, Zutritt zum Heiligtum zu erlangen.

Vielen Besuchern Puris bleiben die drei Statuen der Gottheiten auf ihrer edelsteingeschmückten Plattform im Sanktuarium des Tempels also unsichtbar. Es sind klobig anmutende, kaum zu menschlicher Gestalt geformte Holzfiguren ohne Arme und Beine mit großen aufgemalten Augen. Ihre Verehrung geht vermutlich zurück auf uralte lokale Stammeskulte, die später mit hinduistischen Glaubensvorstellungen verschmolzen. Die ungeschlachte Form der Statuen wird damit erklärt, dass sie dem eigentlich formlosen Wesen des Jagannath Ausdruck verleihe. Verschiedene Legenden sind mit der mythischen Entstehung dieser Bildwerke verbunden, so jene von König Indradyumna, den Vishnu selbst anwies, am Strand von Puri einen im Meer treibenden Baumstamm an Land zu ziehen. Als der König dies getan hatte, kam Vishvakarma, der Gott der Architekten und Handwerker, der göttliche Baumeister des Universums, der »Zimmermann der Götter«, in Gestalt eines Bildhauers und schuf aus dem Holz des Stammes die drei Statuen. Doch als er vor Ablauf der Zeit, die er sich für die Herstellung der Figuren ausgebeten hatte, von der neugierigen und misstrauischen Frau des Königs gestört wurde, ließ er die Figuren unvollendet, ohne Arme und Beine. In bestimmten, nach dem Mondkalender festgelegten Jahren, wechseln die heiligen Geschwister ihre Körper – die Statuen

werden aus dem Holz des Niem-Baumes neu geschaffen, die alten Figuren an geheimem Ort rituell beigesetzt.

Einmal im Jahr, Ende Juni oder Anfang Juli, verlassen die drei Statuen ihren Tempel, nachdem sie von den Priestern rituell gebadet wurden und die Augen neu gemalt bekamen. Dies ist das wichtigste der Feste und Zeremonien, die jährlich in Puri begangen werden. Zum Rath Yathra, dem Wagenfest – Rath bedeutet Wagen und Yathra steht für Prozession oder Pilgerfahrt –, begibt sich die Dreieinigkeit des Herrn des Universums auf die Reise zur Sommerresidenz Gandicha Mandir am anderen Ende der Hauptstraße. Bei diesem Fest nun können auch Nicht-Hindus des Darshan, des heiligen Anblicks der Kultbilder, teilhaftig werden. Jede der drei Figuren steht auf einem etwa 13 Meter hohen Wagen mit je 16 großen Rädern. Die drei prunkvoll geschmückten Wagen der Götter werden jedes Jahr neu gebaut und von über hundert Männern gezogen. Gewaltige Pilgermassen folgen dem Umzug, der begleitet wird von ekstatischer Musik, Tanz und Gebet. Jeder Pilger versucht, eines der Seile, mit denen die Raths gezogen werden, zu berühren, um sich wenigstens symbolisch am Ziehen des Wagens zu beteiligen. Heute allerdings werden die Wagen abgeschirmt, denn nicht selten warfen sich besonders ergriffene Pilger vor die Räder, um unter dem Wagen der Götter einen heilversprechenden Tod zu finden. Sieben Tage bleiben die Kultbilder in ihrem Sommerhaus, bevor sie in erneuter Prozession zurückkehren zum Jagannath-Tempel. Auch mit dem Wagenfest sind verschiedene Legenden verbunden. So soll es die Heimkehr der drei Geschwister aus dem Krieg symbolisieren, der im Epos des Mahabharatha geschildert wird, oder an den Tag erinnern, als Krishna mit seinem Bruder auf einem Wagen den Ort der Kindheit verließ. Auch im Umfeld anderer Hindu-Tempel Indiens, selbst im westlichen Ausland, gibt es solche »Große Wagenreisen der Götter«, doch sie alle gehen auf jene in Puri zurück, die sie an Größe und Bedeutung weit übertrifft.

Linke Seite oben: Die Gläubigen tragen eine Bildnis von Krishna und seiner Partnerin Radha in der Prozession mit.
Linke Seite unten: Viele Teilnehmer der Prozession sind festlich geschmückt und geschminkt.
Oben: Auf drei großen, reich geschmückten Wagen begeben sich die Götterbilder auf ihre jährliche Reise.

HÜGEL DES LICHTS

Der Berg Arunachala und der Tempel von Tiruvannamalai

Der Arunachala gilt als Manifestation des Shiva, der als Feuersäule auf seinem Gipfel erschienen sein soll. Viele Weise und spirituelle Lehrer lebten dort und in dem Tempel zu Füßen des Berges, unter anderem der größte Heilige Indiens der Neuzeit – Ramana Maharshi.

Der Arunachala im Südosten Indiens ist für Hindus von ähnlicher Bedeutung wie der Kailash. Da für die meisten Inder die Pilgerfahrt zu Kailash und Manasarovar im fernen Westen Tibets unerfüllbarer Traum bleibt, wird der Arunachala, der »Hügel des Lichts«, Ziel ihrer Wallfahrt. Er ist einer der heiligsten Berge des Subkontinents, der bereits im Rigveda genannt wird. Der 980 Meter hohe Berg aus rötlichem Vulkangestein gilt als Manifestation von Shiva, der als Lingam aus Feuer auf dem Gipfel erschienen sein soll, als einer der fünf Bhuta-Lingams, die den fünf Elementen Erde, Feuer, Luft, Wasser und Äther entsprechen. Jedem dieser fünf ist in Indien ein Tempel geweiht – Kanchipuram beispielsweise steht für den Lingam der Erde.

Seit Jahrhunderten wird einmal jährlich, zum Höhepunkt des Kartikai-Deepam-Festes im November/Dezember, eine Flamme aus dem Heiligtum des Tempels zu Füßen des Berges auf den höchsten der fünf Gipfel getragen. Wenn die Sonne sinkt und der Vollmond aufgeht, wird damit in einem Kessel auf uralter, rußgeschwärzter Plattform ein gewaltiges Feuer entzündet. Tonnen von geklärter Butter und Öl speisen die Flamme, die meilenweit ins Land leuchtet und an das Erscheinen des Shiva als Feuer-Lingam erinnert.

Auch im Tempelbezirk wird dann ein Feuer entfacht, während das zehntägige Fest mit Prozessionen, Tänzen, Musik und Zeremonien seinen Lauf nimmt. Der dem Shiva geweihte Tempel von Tiruvannamalai (Tiruvannamalai ist das tamilische Wort für Arunachala) gilt als einer der größten und ältesten Tempelkomplexe Südindiens. Über viele Jahrhunderte ließen ihn verschiedene Herrscherdynastien erbauen, seine heutige Ausgestaltung erhielt er im 16. Jahrhundert. Über 60 Meter

hoch ragt der höchste seiner neun Gopurams, reich verzierte Tortürme, in den Himmel.

Das Licht des Arunachala ist auch Symbol für spirituelles Wissen. Über die Jahrhunderte haben zahlreiche Weise im Tempel oder in Höhlen am Berg gelebt, und noch heute kommen viele Pilger nicht nur, um Shiva zu verehren und den Berg bei Vollmond auf der Parikrama barfuß zu umrunden, sondern um in den Ashrams von Tiruvannamalai praktische Unterweisung für ihren spirituellen Weg zu erhalten. Einer der bedeutendsten Weisheitslehrer der Neuzeit war Sri Ramana Maharshi (1879–1950), der nach einer Erleuchtungserfahrung im Alter von 17 Jahren seine Familie verließ, um sich am Arunachala niederzulassen. Über 50 Jahre lebte er dort, zunächst lange in schweigender Meditation, dann, als Menschen aus aller Welt sich um ihn sammelten und Fragen an ihn richteten, auch als Guru, der ausschließlich mündlich seine in der Philosophie des Vedanta wurzelnden Lehren über das Wesen der Nicht-Dualität und die Kunst der Selbstergründung erteilte. Seine Schüler bauten in seinen letzten Lebensjahren ein Ashram für ihn, in dem bis heute sein geistiges Erbe gepflegt wird. Auch Ramana Maharshi war angezogen von der Ausstrahlung des heiligen Berges, über den er sagte: »Arunachala ist das Herz der Welt, ist Shiva selbst.«

Linke Seite: Der Arunachala ist einer der heiligsten Berge des indischen Subkontinents und kommt in seiner Bedeutung dem Kailash gleich.
Oben: Am Fuße des Berges erhebt sich einer der größten und ältesten Tempelkomplexe Südindiens.
Unten: Darstellung des Shiva als Herr der Yogis.

STADT DER TAUSEND TEMPEL

Kanchipuram

In vorchristlicher Zeit buddhistische Metropole, wurde Kanchipuram ab dem 4. Jahrhundert unter der Pallava-Dynastie und ihren Nachfolgern zu einer heiligen Stadt der Hindus. Bis heute ist die Tempelstadt wichtiges Pilgerziel und ein religiöses Zentrum Südindiens.

Kanchipuram, die »goldene Stadt der tausend Tempel«, bekannt für die jahrhundertealte Tradition der Herstellung hochwertigster handgewebter Seidensaris, zählt zu den sieben heiligen Städten Indiens und ist seit weit über tausend Jahren spirituelles Zentrum für die Anhänger von Shiva und Vishnu. Von den »tausend Tempeln« sind heute zwar nur mehr etwa 200 erhalten, einige davon aber haben nicht nur eine herausragende religiöse Geltung, sondern zählen wegen ihrer künstlerischen Verfeinerung zu den schönsten Indiens. Unter König Ashoka im 3. vorchristlichen Jahrhundert war Kanchipuram eine blühende buddhistische Metropole gewesen und später, in den ersten nachchristlichen Jahrhunderten, Sitz einer berühmten Universität. Als Anfang des 4. Jahrhunderts die Pallava-Dynastie ihren Herrschaftsbereich von Norden her nach Südostindien ausdehnte und die Draviden, die nicht-indoarische Urbevölkerung, unterwarf, wurde die Sanskrit-Kultur der Indoarier tonangebend. Doch die Pallava waren tolerante Herrscher; auch die Heiligtümer der Buddhisten und Jainas blieben bestehen. Noch im 7. Jahrhundert gab es in der Umgebung der Stadt ein großes buddhistisches Kloster. Die Pallava-Dynastie aber machte Kanchipuram zu ihrer Hauptstadt und zu einem bedeutenden Zentrum hinduistischer Kultur. Auch unter den Dynastien nach den Pallavas blieb Kanchipuram religiöser Brennpunkt Südindiens. Zahlreiche bedeutende Tempel entstanden. Der Kailashanta-Tempel, vom Pallava-König Narahimhavarman II. Ende des 7. Jahrhunderts erbaut, ist einer der ältesten in Südindien. Da er bis heute kaum verändert wurde und sogar Wandmalereien aus seiner Gründungszeit erhalten sind, gilt er als Musterbeispiel für die frühe südindische Tempelarchitektur. Sein Name weist auf den Kailash hin, den Sitz des Shiva. Eine Mauer mit 58 Schreinen umgibt den Tempelbezirk, und in den Schreinen am Vimana, dem Turmaufbau über dem zentralen Heiligtum, sieht man Bilder von Inkarnationen Shivas. Im Heiligtum selbst, das nur für Hindus zugänglich ist, wird ein schwarzer Lingam verehrt.

Der Ekambareshvara-Tempel von 1509 ist der größte Tempel der Stadt. Sein Gopuram, der pyramidenförmige Turm über dem südlichen Tor, ragt 58 Meter hoch. Die Pilger, die in den Tempel strömen, vollführen die Parikrama, die heilige Umschreitung, in allen fünf Höfen des riesigen, etwa 10 Hektar großen Tempelbezirks. An zahlreichen Schreinen und zwei großen Teichen kommen sie vorbei, bevor sie das Hauptheiligtum im ersten Hof erreichen, in dem Shiva in Form des Lingam verehrt wird. Erbaut wurde der Tempel ursprünglich um einen Mangobaum, der vier verschiedene Mangosorten trägt und als Symbol gilt für die vier Teile der Veden. Heute steht der Mangobaum im zweiten Hof. Von den zahlreichen anderen Tempeln sei noch der dem Vishnu geweihte Vaikuntha Perumal mit seiner Tausend-Säulen-Halle erwähnt, der kurz nach dem Kailashana erbaut wurde, denn in ihm erzählen Reliefs die Geschichte der Pallava-Dynastie, die Kanchipuram zur heiligen Stadt machte.

Linke Seite oben: Heiliger Teich im Bezirk des Varadaraja-Perunal-Tempels.
Linke Seite unten: Der Kailashanta-Tempel ist einer ältesten Südindiens und verweist auf den Kailash, den heiligen Sitz des Shiva.
Oben: Der Nandi, der weiße Stier und Tragetier des Shiva, wird stets vor Shiva-Heiligtümern dargestellt.

AUF DEN SPUREN VON RAMA UND SITA

Die Insel Rameshvaram

Rameshvaram mit seinen Tempeln, Schreinen und heiligen Quellen liegt fast an der Südspitze Indiens und ist eines der meistfrequentierten Pilgerziele des Subkontinents. Hier trugen sich wichtige Episoden aus dem großen Sanskrit-Epos Ramayana zu.

Der Pamban-Kanal trennt die lang gezogene Insel Rameshvaram vom indischen Festland. Sie war einst Teil einer Landbrücke zwischen Indien und dem etwa 30 Kilometer entfernten Sri Lanka. Rameshvaram zählt zu den Dhaman, den vier »göttlichen Wohnsitzen« Indiens. Die Insel und ihre Tempel sind eng verbunden mit dem ältesten Sanskrit-Epos, dem Ramayana, der Lebensgeschichte Ramas. Die 24 000 Doppelverse erzählen vor allem von der Entführung Sitas, der Gemahlin Ramas, durch den Dämonenkönig Ravana. Ravana verschleppte Sita auf die Insel Lanka. Rama und seine Gefährten folgten ihm mit dem Heer des Affengenerals Hanuman. Mit überirdischen Kräften begabt, setzte Hanuman in einem gewaltigen Sprung von Rameshvaram aus nach Lanka über, um Sitas Aufenthaltsort auszuspähen. Nach Hanumans Rückkehr baute das Affenheer eine Brücke nach Lanka und rückte im Reich des Ravana ein. Noch heute verbindet eine Kette von Untiefen, Korallen- und Sandbänken – die Adams Bridge – Rameshvaram mit der Küste von Sri Lanka. Nach einer fürchterlichen Schlacht stellte Rama den Dämonenkönig mit seinen zehn Köpfen und zwanzig Armen zum Zweikampf und tötete ihn, bevor er Sita befreite.

In Rameshvaram dankte er Shiva für den Sieg und bat zugleich um Vergebung für die Sünde, Ravana getötet zu haben.

Viele Schreine von Rameshvaram repräsentieren Stellen, an denen sich besondere Begebenheiten des Ramayana zugetragen haben. Haupttempel ist der Sri Ramanathaswamy, der zu den zwölf Jyotirlinga-Stätten Indiens zählt. Eine lange Reihe von Königen baute ab dem 12. Jahrhundert an diesem Tempel. Zwar ist er dem Shiva geweiht, doch auch für die Vishnuiten ist Rameshvaram bedeutende Pilgerstätte, gilt Rama doch als Avatar, als »Herabkunft« des Vishnu. Rama sandte einen seiner Weggefährten aus, um vom heiligen Berg Kailash einen Lingam zu holen. Doch als der Gefährte zu lange ausblieb, formte Ramas Gemahlin Sita mit eigenen Händen einen Lingam aus Sand, damit die Dankrituale ausgeführt werden konnten. Als der steinerne Lingam vom Kailash schließlich doch eintraf, wurde er neben jenem aus Sand aufgestellt. Deshalb ist der Sri Ramanathaswamy der einzige Jyotirlinga-Tempel, in dem die Pilger zwei Lingams verehren. Hohe Mauern umgeben den Tempelbezirk mit seinen über 30 Meter hohen Gopurams. Berühmt sind die gedeckten Korridore, die zwischen gewaltigen Säulenkolonnaden verlaufen. Im äußeren Korridor, der mit über 1200 Metern als längster der Welt gilt, stehen weit über tausend mit feiner Steinmetzarbeit verzierte Säulen.

In und um den Tempelbezirk entspringen 22 Quellen. Das Wasser einer jeden Quelle soll einen ganz bestimmten Eigengeschmack aufweisen. Die Pilger nehmen ein rituelles Bad in den Becken, um der Heilkräfte des Wassers teilhaftig zu werden. Für viele Gläubige schließt sich hier der Kreis einer langen Pilgerfahrt, denn nach alter Überlieferung kann eine Wallfahrt nach Varanasi, der heiligen Stadt am Ganges, dem Gläubigen nur dann alle Verdienste einbringen, wenn er davor oder danach auch Rameshvaram aufgesucht hat.

Linke Seite: Über 30 Meter hohe Gopurams prägen den Tempelkomplex von Rameshvaram.
Oben: Die gedeckten Korridore mit ihren Säulenkolonnaden sind die berühmtesten Sehenswürdigkeiten des Pilgerortes.
Unten: Pilger suchen rituelle Reinigung bei den 22 heiligen Quellen von Rameshvaram.

DER ÄLTESTE HEILIGE BAUM DER WELT

Die buddhistische Königsstadt Anuradhapura

Der 2300 Jahre alte Sri Maha Bodhi, der aus einem Zweig jenes Baumes wuchs, unter dem Buddha Erleuchtung erlangte, ist neben imposanten Stupas das sakrale Kleinod der einstmaligen politischen und geistigen Metropole Sri Lankas, von der heute nur ein Ruinenfeld blieb.

Über 1300 Jahre war Anuradhapura Hauptstadt des singhalesischen Reiches. 119 Könige regierten in ihren mächtigen Mauern, deren jede in der Blütezeit des Reiches 26 Kilometer lang war. Eines der komplexesten Bewässerungssysteme des Altertums sicherte das Überleben der Bewohner, doch nach der Invasion der Chola-Herrscher um das Jahr 1070, die ihre Hauptstadt nach Polonnaruwa verlegten, verfiel Anuradhapura. Doch auch in dieser Zeit der Vergessenheit kamen buddhistische Pilger zu der vom Dschungel überwucherten Ruinenstätte, denn dort steht bis heute der Sri Maha Bodhi, der aus einem Zweig jener Ficus religiosa in Bodh Gaya wuchs, unter der Buddha Erleuchtung erlangte. Der Sri Maha Bodhi von Anuradhapura ist der weltweit einzige direkte Abkömmling dieses heiligen Baumes und gilt mit einem Alter von 2300 Jahren als ältester bekannter Baum der Welt. Selbst der Bodhi-Baum, der heute in Bodh Gaya verehrt wird, ist ein Ableger von jenem in Anuradhapura.

Mit dem Pflanzen dieses Baumes hatte der Aufstieg von Anuradhapura begonnen. Sanghamitta, die Schwester von Mahinda, der in Mihintale den König von Anuradhapura zum Buddhismus bekehrt hatte, brachte ihn im Auftrag ihres Vaters, Kaiser Ashoka, im 3. Jahrhundert v. Chr. nach Sri Lanka. Eine Mauer umsäumt den heiligen Bezirk, eine Gebetshalle und Schreine mit Buddhastatuen umringen die erhöhte Terrasse, auf welcher der mit Eisenstäben gestützte Baum steht.

Der Baum der Erleuchtung ist nur einer der Atamasthana, der acht heiligen Stätten, die von den Pilgern in Anuradhapura besucht werden. Die anderen sind die sechs von verschiedenen Königen gestifteten: Dagobas Ruwanwelisaya, Thuparama, Abhayagiri, Jetavanarama, Mirisaveti, Lankarama sowie Lovamahapaya oder Lohapasada, der Bronzepalast genannte Königssitz aus dem 2. Jahrhundert v. Chr. mit seinen über tausend Räumen. Heute zeugen nur mehr 1600 Säulen von seiner einstigen Pracht.

Elf Kilometer östlich von Anuradhapura liegt der heilige Berg von Mihintale mit seinem alten Kloster und mehreren Dagobas. Hier fasste der Buddhismus erstmals Fuß auf Sri Lanka. Kaiser Ashoka hatte Mitte des 3. Jahrhunderts v. Chr. seinen Sohn, den Mönch Mahinda, auf Missionsreise gesandt. Der König von Anuradhapura, Devanampiya Tissa, stieß bei einem Jagdausflug auf den Mönch und ließ sich von ihm zur Lehre des Erhabenen bekehren. Mit ihrem König traten auch die Einwohner von Anuradhapura zum neuen Glauben über. Heute führt eine von blühenden Bäumen gesäumte Treppe mit 1840 Stufen den heiligen Berg hinauf, wo die Ambasthala-Dagoba Reliquien von Mahin-da birgt, der viele Jahre als Eremit auf dem Berg verbrachte und dort die erste Mönchsgemeinschaft (Sangha) von Sri Lanka begründete. Die Wohnhöhlen der Mönche aus dieser Zeit sind noch immer zu sehen. In der Vollmondnacht des Juni versammeln sich Tausende von Pilgern zum Poson-Poya-Fest, um den Tag zu feiern, an dem der König dem buddhistischen Mönch erstmals begegnete.

Linke Seite oben: Der heilige Bodhi-Baum steht erhöht auf einer reich geschmückten Terrassse.
Linke Seite unten: Ein Pilger erweist den Buddha-Statuen in einem Schrein bei der Ruwanwelisaya-Dagoba seine Verehrung.
Oben: In Mihintale fasste der Buddhismus erstmals Fuß auf Sri Lanka.

DER ZAHN DES BUDDHA

Der Dalada Maligawa in Kandy

Hundert bunt geschmückte, mit Ketten von G ühbirnen illuminierte Elefanten sind die Hauptattraktion des Festes, das einmal im Jahr rings um den Zahn-Tempel von Kandy stattfindet. Dort wird eine der kostbarsten Reliquien der buddhistischen Welt verwahrt – ein Zahn des Buddha.

Alle Dinge der Welt sind vergänglich. Wachsam strebt nach dem Ziel.« So lauteten die letzten Worte des Buddha, als er sich im nordindischen Kusinara zum Sterben niederlegte und ins Parinirvana einging. Nach der Verbrennung der Leiche wäre um die Asche des Erhabenen fast Krieg ausgebrochen zwischen acht Königen. Schließlich wurde die Asche, in der sich auch Zähne und Knochenteile befanden, unter den Königen aufgeteilt. Heute finden sich überall in Asien Stupas, die Asche oder Reliquiensplitter des Buddha enthalten sollen. Doch nur eine Reliquie ist bis heute zu sehen: Im Tempel Dalada Maligawa in Kandy wird Buddhas oberer linker Backenzahn verwahrt. Erst nach langer Irrfahrt gelangte der heilige Zahn an diesen Ort im Hochland von Sri Lanka. Zuerst bekam der indische König von Kalinga die Reliquie zugesprochen und hielt sie in seinem Reich in hohen Ehren. Als etwa 800 Jahre später der Buddhismus in Indien immer mehr vom wieder erstarkten Hinduismus zurückgedrängt wurde und Sri Lanka zu einem letzten sicheren Zufluchtsort für die Lehre des Erhabenen auf dem Subkontinent wurde, brachte man die kostbare Reliquie heimlich dorthin. Prinzessin Hemamala mit ihrem Begleiter Prinz Danta, beide verkleidet als Pilger, rettete den Zahn im 4. Jahrhundert, indem sie ihn in ihrem Haar verbarg. Sie floh nach Sri Lanka und übergab ihn dem König von Anuradhapura. Dort waren in Stupas bereits ein Fragment von Buddhas Schlüsselbein und im benachbarten Mihintale ein Haupthaar des Erhabenen eingemauert. Als die alte Königsstadt aufgegeben wurde, begann die Irrfahrt der Reliquie durch alle Provinzen von Sri Lanka. Längst war der heilige Zahn zu einem Symbol der Macht geworden – nur derjenige konnte sich zum König krönen lassen, der den Zahn des Buddha verwahrte. Zwischenzeitlich wurde die Reliquie geraubt und nach Indien, ein andermal angeblich nach China entführt, doch immer wieder kehrte sie nach Sri Lanka zurück. Die portugiesischen Kolonialherren behaupteten, sie hätten den Zahn nach Goa gebracht und dort vernichtet, doch in Sri Lanka entgegnete man, dies sei nur eine Kopie gewesen.

Zuletzt wurde in der Stadt Kandy im Bezirk des königlichen Palastes der Dalada Maligawa erbaut, der Tempel, in dem der Zahn des Buddha bis heute bewahrt wird. Kandy, inmitten der grünen Hügellandschaft des zentralen Sri Lanka, gilt mit seinem künstlich angelegten See und dem üppigen botanischen Garten als schönste Stadt der Insel. Der gegenwärtige Tempel ist neueren Datums. Der älteste, innere Teil stammt aus dem 18. Jahrhundert, 1803 erhielt der äußere Bereich sein heutiges Aussehen. Eine steinerne Brücke führt über einen Wassergraben, in dem heilige Schildkröten leben, zu dem von einer niedrigen Mauer umgebenen Innenhof, wo der eigentliche Tempel steht. Im Erdgeschoss befindet sich eine Gebetshalle, eine Treppe führt hinauf zum Schreinraum, wo die Reliquie in einem stupaförmigen Behälter bewahrt wird. Er umschließt sechs weitere, einzeln verschließbare kleinere Stupas; in der innersten schließlich liegt der heilige Zahn auf einer Lotusblüte aus purem Gold. Nur alle vier Jahre wird die Reliquie in einer besonderen Zeremonie aus ihrem Behälter genommen. Seit 1998

Linke Seite: Die mit Glühbirnen illuminierten, reich geschmückten Elefanten sind die Attraktion des Esala-Perahera-Festes in Kandy.
Oben: Musiker, Tänzer und Gaukler machen die Prozession des heilgen Zahns zu einem bunten Spektakel.

tamilische Separatisten im Dalada Maligawa ein Selbstmordattentat verübten, müssen Pilger und Touristen strenge Sicherheitmaßnahmen über sich ergehen lassen, bevor sie zu den von Mönchen geleiteten Zeremonien zugelassen werden, die dreimal täglich – in der Morgendämmerung, mittags und abends – im Reliquienschrein stattfinden.

Früh schon wurde damit begonnen, den Zahn des Buddha einmal jährlich in feierlicher Prozession durch die Stadt zu tragen. Eine Zeit lang, als auch in Sri Lanka der Hinduismus wieder erstarkte, wurde die buddhistische Feierlichkeit überlagert von hinduistischen Prozessionen, doch seit dem 18. Jahrhundert rückte die Zahn-Reliquie wieder in den Mittelpunkt des jährlichen Festes. Heute ist das Esala Perahera von Kandy das größte buddhistische Fest der Welt und eines der spektakulärsten überhaupt in ganz Südasien. Gefeiert wird es von Buddhisten und Hindus gemeinsam zur Zeit des Esala-Vollmonds im Juli oder August. Der Prunk des Festes scheint nicht recht zu passen zur Botschaft des Buddha, die Vergänglichkeit aller weltlichen Dinge zu durchschauen, doch stört das kaum einen der bis zu einer Million Pilger und Touristen, die zu diesem Ereignis nach Kandy kommen. Höhepunkte des zehntägigen Festes, von denen die ersten Tage eher stillen Ritualen gewidmet sind und das mit einer »Wasserscheide-Zeremonie« ganz unter Ausschluss der Öffentlichkeit endet, sind die nächtlichen Prozessionen. Peitschenknaller bahnen ihnen den Weg, Musiker, Fackelträger, Feuerschlucker, Gaukler und Akrobaten sowie Mitglieder der Adelsfamilien folgen ihr. Die größte Aufmerksamkeit gilt den über hundert Elefanten der fünf Haupttempel der Stadt. Der Meligawa-Tusker, der edelsteingeschmückte Hauptelefant des Zahn-Tempels, führt die Prozession an. Doch er trägt nicht mehr das Original der Zahnreliquie, sondern eine Nachbildung. In neuerer Zeit werden die Elefanten, die im Buddhismus als Symbol für geistige Stärke gelten, mit zahllosen Glühbirnen illuminiert und wirken nahezu surreal, wenn sie, gespiegelt im See von Kandy, am Tempel des Zahns vorüberparadieren. Nur einmal, zum Ausklang des Festes, findet die Prozession während des Tages statt.

Oben: In tiefer Verehrung werfen sich die Mönche vor dem Schrein nieder, in dem die heilige Reliquie aufbewahrt wird.
Rechte Seite: Die Höhlen von Dambulla bergen Kunstschätze von außerordentlichem Rang.

Die Höhlen von Dambulla

Viel stiller geht es in einem anderen bedeutenden buddhistischen Pilgerzentrum Sri Lankas zu, den Höhlentempeln von Dambulla, die wohl schon in prähistorischer Zeit als sakrale Orte galten. In dem freistehenden Felsmassiv, von dessen Gipfel sich ein atemberaubender Ausblick eröffnet, sind etwa 80 Höhlentempel dokumentiert; zu den unter überhängender Felswand errichteten Vorbauten der fünf größten und wichtigsten führt eine Treppe hinauf. In diesen finden sich auch die außergewöhnlichen Kunstschätze, für die Dambulla weltberühmt wurde, darunter ein 14 Meter langer, aus dem Fels gehauener liegender Buddha.

Die hier lebenden und meditierenden Mönche boten 102 v. Chr. einem König, der aus Anuradhapura vertrieben worden war, 14 Jahre lang Zuflucht. Als der König dann seine Macht wieder erlangte, stiftete er zum Dank ein Kloster auf dem Felsen, ließ einige Höhlen mit einzigartigen Malereien und Statuen ausstatten und machte den Felsen von Dambulla zu einem Pilgerzentrum. Spätere Herrscher führten sein Werk fort, und die Könige von Kandy ließen im 18. Jahrhundert die Höhlen restaurieren. Sogar hinduistische Statuen wurden in einer der Höhlen aufgestellt. Seit fast 2200 Jahren sind die Höhlen von Dambulla also ununterbrochen heiliges Pilgerziel. Die Malereien und Hunderte von Statuen zählen zum Schönsten, was die singhalesische Kunst Sri Lankas hervorgebracht hat. Viele der über 2100 Quadratmeter bedeckenden Malereien an Decken und Wänden sind so perfekt auf die Unregelmäßigkeiten des Felsens abgestimmt, dass Betrachter auf den ersten Blick glauben, sie seien auf Tuch gemalt und erst dann auf den Stein geklebt.

Wie das Ausgrabungsfeld von Anuradhapura und der Zahn-Tempel von Kandy zählen auch die Höhlen von Dambulla heute zum UNESCO-Weltkulturerbe.

SÜDOSTASIEN

Burma · Laos · Kambodscha · Vietnam Thailand · Indonesien

Zu Südostasien zählen die Länder östlich von Indien und südlich von China. Dieses riesige Territorium, das von den Ausläufern des Himalaya bis vor die Küsten Australiens reicht, lässt sich in zwei Hauptregionen unterteilen: das ehemals Hinterindien oder Indochina genannte Festland mit Burma (Myanmar), Thailand, Laos, Vietnam und Kambodscha, und die Inselwelt mit Indonesien, Osttimor und den Philippinen. Bindeglied zwischen diesen beiden Sphären ist Malaysia, das Anteil sowohl am Festland als auch an der Insel Borneo hat. Nicht vergessen werden dürfen die beiden kleinsten Länder: der Stadtstaat Singapur am südlichen Ende der malaiischen Halbinsel und das Sultanat Brunei auf Borneo. Erst im Zweiten Weltkrieg wurde dieser geografische Raum von den Alliierten unter dem Begriff »Südostasien« zusammengefasst. Mannigfaltig sind die Völkerschaften und Sprachen Südostasiens. Allein auf den 6000 bewohnten von insgesamt über 17 000 Inseln Indonesiens zählte man 300 verschiedene ethnische Gruppen mit etwa 750 Sprachen und Dialekten.

Und vielfältig sind die Religionen. Animistische Glaubensvorstellungen und Ahnenkult standen am Beginn religiöser Entwicklung und spielen bis heute eine bedeutende Rolle – und das nicht nur bei den archaischen Stammeskulturen, die sich mancherorts erhalten haben. So ist beispielsweise im kommunistisch regierten Vietnam, wo nach offiziellen Angaben 80 Prozent der Bevölkerung Atheisten sind, während die übrigen sich zu Buddhismus, Christentum, Islam, Taoismus, Konfuzianismus oder neuen Bewegungen wie Cao Dai und Hoa Hoa bekennen, der Ahnenkult religionsübergreifende Basis spirituellen Lebens. In nahezu jedem Haushalt findet sich ein mehr oder weniger intensiv gepflegter Ahnenaltar. Auch in den anderen Ländern sind die traditionellen animistischen Praktiken eingebunden in die Hochreligionen, zu denen sich die Menschen bekennen. Davon sind Islam und Buddhismus in der Gegenwart am weitesten verbreitet. Diese fremden Religionen nun waren Triebkräfte der südostasiatischen Hochkulturen. Durch rege Handelsbeziehungen kamen zunächst Hinduismus und Buddhismus aus Indien. Taoismus und Konfuzianismus drangen im Gefolge chinesischer Soldaten vor, die den Norden Vietnams zum Protektorat des Reiches der Mitte machten. Auch nach der Loslösung Vietnams blieben die chinesischen Religionen in Vietnam verwurzelt, und sie werden natürlich auch von der großen Zahl der über ganz Südostasien verteilten Auslandschinesen praktiziert.

Schon in Funan, dem ersten Großreich auf südostasiatischem Boden, begründet im 1. Jahrhundert v. Chr., waren Hinduismus und Buddhismus vorrangige Kulturträger. Funan gilt als Vorläufer des Khmer-Reiches im heutigen Kambodscha, wo die heiligen Stätten von Angkor von dieser unvergleichlichen Hochkultur zeugen. Auch das Reich von Champa, das im 2. Jahrhundert in Zentralvietnam entstand, ruhte auf indisch-hinduistischen Wurzeln. Die Ruinen von My Son sind die Reste der bedeutendsten Tempelstadt Champas. Das buddhistisch geprägte Srivijaya auf Sumatra entstand im 7. Jahrhundert, und hundert Jahre später wuchs auf Java das größte Bauwerk der buddhistischen Welt in den Himmel, der Borobudur. Das erste Königreich Burmas, das ebenfalls vom Buddhismus geprägte Reich von Bagan, formte sich ab 1044, wurde im 13. Jahrhundert aber von den Mongolen überrannt. Später blühte der Buddhismus erneut auf und blieb bis heute die vorherrschende Religion Burmas. In Siam, dem heutigen Thailand, ist die Lehre des Buddha nahezu Staatsreligion. In drei aufeinander folgenden Reichen pflanzte sich dort die Kultur des Buddhismus bis heute fort – in Sukhothai, in Ayuthia und in Bangkok, der gegenwärtigen Hauptstadt. In Laos, dem »Reich der Millionen Elefanten«, sind die Städte Luang Prabang und Vientiane Zeugen einer über Jahrhunderte gewachsenen buddhistischen Hochkultur.

Früh schon kam mit Kaufleuten aus Arabien und Indien und später durch Sufi-Prediger der Islam nach Südostasien, doch erst ab dem 14. Jahrhundert konnte er sich in bedeutenderem Umfang verbreiten, vor allem in Malaysia und Indonesien. Mit seinen 237 Millionen Einwohnern, von denen sich 90 Prozent zur Lehre des Propheten bekennen, ist Indonesien heute das größte muslimische Land der Erde. Auch Malaysia und Brunei zählen zur Umma, zur Gemeinschaft der Muslime.

Als ab dem 16. Jahrhundert das gesamte Südostasien – mit Ausnahme von Thailand, dem »Land der Freien« – von europäischen Kolonialmächten unterworfen wurde, etablierte sich auch das Christentum. Auf den Philippinen, ehemals spanische Kolonie, bekennen sich mehr als 95% der Menschen zu einer christlichen Kirche, ohne aber die animistischen Praktiken ihrer traditionellen Kultur auszuschließen. Das gleiche gilt für Ost-Timor. Diese lokalen Traditionen sorgten über Jahrhunderte in ganz Südostasien für ein tolerantes Nebeneinander aller Religionen. Doch im zunehmenden Fundamentalismus unserer Gegenwart wird dieses Klima von Mäßigkeit und gegenseitigem Respekt leider brüchig.

Rechte Seite: Im Wat Phra Kaeo in Bangkok lassen sich verschiedene Ausdrucksformen südostasiatischer sakraler Kunst studieren.
Vorhergehende Doppelseite: Auf der Ebene von Pagan (Burma) stand einst eine der größten Städte des Mittelalters.

STADT DER MILLIONEN PAGODEN

Die Königsstadt Pagan

Von den über 13000 Pagoden, Tempeln und Klöstern der ersten buddhistischen Königsstadt Burmas sind nur etwa 2200 erhalten geblieben, darunter die vergoldete Shwezigon-Pagode, bis heute wichtigster Reliquienschrein Burmas und Ziel für Pilger aus dem ganzen Land.

Vor Einführung des Buddhismus herrschten in Burma die Nat, die lokalen Geister. Doch das alte Kulturvolk der Mon, das noch heute in Teilen Burmas und Thailands lebt, übernahm durch seine Handelsbeziehungen mit Indien schon früh den Theravada- und Mahayana-Buddhismus, den Hinduismus und den tantrischen Ari-Kult. In der Nähe des Berges Popa, an einer Schleife des Irawady, wurde von den aus Zentralasien zugewanderten Burmesen im Jahr 849 aus mehreren kleinen Siedlungen der Stadtstaat Pagan begründet.

Der Popa war die heilige Stätte des Nat-Kultes; zugleich trafen sich hier die Handelswege aus Indien und China. Der Aufstieg Pagans begann ab 1044 unter König Anawratha, der das Reich ausweitete und nach seiner Bekehrung zum Buddhismus die Theravada-Schule als Staatsreligion einführte. Er eroberte die Mon-Hauptstadt Thaton und verschleppte zusammen mit Reliquien, Kunstwerken und heiligen Schriften gleich auch die Mon-Elite nach Pagan – Mönche, Künstler und Handwerker. Dort nun wuchs auf einer Fläche von etwa 40 Quadratkilometern eine der größten Städte des Mittelalters, ein Zentrum buddhistischer Kultur, das Pilger, Mönche und Gelehrte aus Indien, Sri Lanka und dem südostasiatischen Festland anzog. Unter König Anawratha und seinen Nachfolgern entstanden mehr als 13 000 Pagoden, Tempel und Klöster, von denen etwa 2200 bis heute Kriege und Erdbeben überdauert haben; zahllose weitere liegen als Ruinen verstreut über die versteppte Ebene der ehemaligen Stadt. Von den profanen Bauten aus Holz und Bambus, die zwischen den steinernen Heiligtümern standen, blieb nichts erhalten. Doch die Blüte Pagans währte nur etwa 200 Jahre. 1273 verweigerte König Narathihapate Tributzahlungen an Kubilai Khan, den mongolischen Kaiser von China. Die darauf folgenden vier Strafexpeditionen zerstörten Pagan und ließen das Königreich zerfallen.

Heute ist Pagan neben Angkor der größte archäologische Park Südostasiens mit berühmten Bauwerken wie dem Ananda-Tempel, dem massiven Dhammayangyi-Tempel oder der für eine Kopie der Zahnreliquie aus Sri Lanka erbauten Lawkananda-Pagode. Zahlreiche verschiedene Stile und Bauweisen von Stupas und Tempeln lassen sich hier studieren. Doch Pagan ist noch immer auch ein lebendiges spirituelles Zentrum. Die vergoldete Shwezigon-Pagode, begonnen von König Anawratha und von seinem Nachfolger 1089 vollendet, ist bis heute der bedeutendste Reliquienschrein Burmas. Sie soll Haare des Buddha, einen Zahn und ein Stück seines Schädelknochens enthalten. Besonders zum großen Fest im November oder Dezember strömen Pilger aus ganz Burma in die ehemalige Königsstadt. Nicht nur Buddhisten, auch Anhänger des animistischen Glaubens, denn in einem Seitentempel neben der Pagode werden Statuen der 37 Nat verehrt. Zunächst hatte König Anawratha die vorbuddhistischen Kulte verbieten wollen, dann aber wurde die Verehrung der alten Geister doch erlaubt, um das Volk allmählich an den Buddhismus zu gewöhnen. Diese Taktik hatte Erfolg: Burma gilt als buddhistisch, die Nat aber werden bis heute im Bezirk der Pagode verehrt.

Linke Seite: Pilger vor dem Konagamana-Buddha im Ananda-Tempel, einem der vier Haupttempel von Pagan.
Oben: Die vergoldete Shwezigon-Pagode gilt als der bedeutendste Reliquienschrein Burmas.

DAS LEBENDE BILD DES BUDDHA

Die goldene Stadt Mandalay

Eine fast vier Meter hohe sitzende Buddha-Statue, welcher der Erhabene selbst durch siebenmalige Umarmung geistiges Leben eingehaucht haben soll, ist das heiligste Pilgerziel von Mandalay. Die Gründung der Stadt am Irawady soll auf eine Prophezeiung Buddhas zurückgehen.

Buddha selbst, so weiß die Legende, sagte die Gründung Mandalays voraus, nachdem er die vier edlen Wahrheiten in Burma gelehrt hatte. An seinem zweitausendvierhundertsten Todestag, so kündete der Erhabene seinem Lieblingsschüler Ananda, werde am Fuß des einsam aus fruchtbaren Ebenen aufragenden Mandalay-Hügels, an den flachen, breiten Ufern des Irawady, eine Stadt entstehen, die als Zentrum des Dharma, der Lehre, leuchten werde. Der burmesische König Mindon, letzter Herrscher der Konbaung-Dynastie, dem es gelungen war, den Zentralstaat noch einmal zu festigen und eine Periode des Aufschwungs einzuleiten, nahm die Legende beim Wort und verlegte im Jahr 1857 nach aufwendigen astrologischen Berechnungen seinen Regierungssitz von Amarapura an den Fuß des Mandalay-Hügels, wo er eine großzügig angelegte Hauptstadt erbauen ließ. Kurzerhand ließ er die reich vergoldeten und verzierten Teakholz-Gebäude seiner alten Residenz abbauen und nach Mandalay transportieren. Gemäß einem alten, ganz und gar nicht buddhistischen Brauch soll er auch den Befehl gegeben haben, 52 Menschen lebendig unter den Grundmauern seiner Stadt zu begraben – ihre Seelen sollten sich in mächtige Schutzgeister der neuen Königsstadt Burmas verwandeln. Doch die Rechnung ging nicht auf. Schon 1885 wurde Mandalay von den Briten annektiert; das burmesische Königtum endete. Mindon musste diese Schmach selbst nicht mehr erleben, sein Nachfolger aber wurde nach Plünderung des Palastes mit seiner Familie nach Indien ins Exil gezwungen. Die Hauptstadt des nun unter Kolonialherrschaft stehenden Burma wurde in den Süden nach Yangon verlegt. Doch es sollte noch schlimmer kommen für die Stadt des Buddha-Dharma. Kurz vor Ende des Zweiten Weltkrieges hatten sich japanische Verbände in den Pagoden auf dem Hügel von Mandalay und in der Zitadelle mit dem Königspalast verschanzt. Englische Truppen bombardierten Palast und Hügel und besiegten die Japaner schließlich in einer erbitterten, blutigen Schlacht. Doch auch viele der sakralen Kunstschätze Mandalays sanken in Trümmer.

Linke Seite: Unzählige Pilger haben zu der dicken Schicht aus Blattgold beigetragen, welche die Statue des Mahamuni bedeckt.
Oben: Vor der Mahamuni-Pagode stehen die Pilger Schlange, um der heiligen Buddha-Statue ihre Verehrung zu erweisen.

Heute ist Mandalay mit etwa einer Million Einwohnern die zweitgrößte Stadt Burmas. Die Kriegsschäden sind mehr oder weniger behoben; die Militärjunta ließ Ende der 1990er-Jahre sogar zerstörte Gebäude im Bezirk des Königspalastes rekonstruieren und das Kloster Shwenandaw Kyaung, von dem Teile erhalten geblieben waren, restaurieren, denn das einstmals verborgene südostasiatische Königreich war längst Touristenziel geworden.

Der 230 Meter hohe Hügel von Mandalay mit seinen Klöstern und Pagoden, der schon vor Gründung der Stadt Pilgerziel für Buddhisten war, ist denn auch einer der touristischen Hauptorte. Denn von der Terrasse der Sutaungpyei-Pagode, der »wunscherfüllenden« Pagode auf der Spitze des Hügels, kann nach den Mühen des Aufstiegs über einen der vier Treppenaufgänge mit über 1700 Stufen der Blick frei nach allen Richtungen schweifen. Von hier lässt sich beispielsweise das »größte Buch der Welt« aus der Vogelperspektive bestens überschauen: die Kuthodaw-Pagode im Mittelpunkt von 729 kleineren Pagoden. Jede

von ihnen birgt einen Teil des kompletten Tripitaka, des dreiteiligen Kanons der buddhistischen Schriften, eingemeißelt auf Marmortafeln. Die fünfte buddhistische Synode beglaubigte eigens für dieses Unterfangen 1872 eine autorisierte Fassung.

Noch immer soll es in Burma Mönche geben, die den Tripitaka auswendig rezitieren können – sie benötigen dafür zwei Jahre. 5000 Steinmetze mussten allerdings acht Jahre arbeiten, um die heiligen Schriften in Stein zu hauen. König Mindon wollte mit der Kuthodaw-Pagode auch etwas vom Glanz der alten Königsstadt Pagan auf seine Residenz übertragen – die Pagode ist eine Nachbildung der dortigen Shwezigon-Pagode.

Ein weiteres Großprojekt, das allerdings schon Ende des 18. Jahrhunderts in Angriff genommen wurde, ist die Mingun-Pagode zehn Kilometer flussaufwärts. Sie sollte mit 152 Metern Höhe der größte Stupa der Welt werden, blieb aber Bauruine, von der nur der monumentale quadratische Sockel fertiggestellt wurde.

Auf dem Mandalay-Hügel erinnert der Shweyattaw, eine große Buddha-Statue, die mit der Hand auf die Stadt zeigt, an die legendäre Prophezeiung des Erhabenen. Eine kleine Pagode verweist auf eine weitere Legende über die Gründung Mandalays: Die Menschenfresserin Sanda Mukhi soll dem Buddha verzweifelt ihre Brüste geopfert haben, um nicht auf Ewigkeit in den Höllenwelten leiden zu müssen. Bewegt von solch extremer Hingabe, verkündete Buddha, die Menschenfresserin werde einst als mächtiger König wiedergeboren, der eine große Stadt zu Ehren des Dharma am Fuß dieses Hügels erbauen würde.

Weitere wichtige sakrale Stätten Mandalays sind die Kyauktawgyi-Pagode mit der von Edelsteinen übersäten Buddha-Statue, die aus einem einzigen Block Marmor gehauen wurde, sowie die Myatheindaw- oder Sinbyume-Pagode, die den Weltenberg Meru darstellt.

Der heiligste Ort von Mandalay aber findet sich nicht im Bereich des Königspalastes und auch nicht auf dem Hügel oder in seinem Umfeld, sondern liegt verborgen in der Stadt. Kein Pilger versäumt es, dem goldenen Buddha in der Mahamuni- oder Payagi-Pagode seine Verehrung zu erweisen, denn diese Statue ist von besonderer Bedeutung für die burmesischen Buddhisten. Erst im 18. Jahrhundert kam die fast vier Meter hohe Figur auf dunklen Irrwegen nach Mandalay in die eigens für sie erbaute Pagode. Sie soll noch zu Lebzeiten des Erha-

benen entstanden sein. Als der Buddha der Legende gemäß im Norden Burmas lehrte, baten ihn die Menschen, ein Abbild von sich zu hinterlassen. Der Buddha setzte sich unter einen Baum in Meditation, während ein himmlischer Künstler die Statue schuf. Der Buddha war zufrieden mit dem Werk und umarmte es siebenmal, um ihm geistiges Leben einzuhauchen. Dass moderne Kunsthistoriker den »Mahamuni« auf das zweite Jahrhundert n. Chr. datieren, tut der Verehrung des »Großen Weisen« durch die gläubigen Pilger keinerlei Abbruch. Jeden Tag besuchen Tausende die Pagode, vor allem in den Morgenstunden, wenn die rituelle Gesichtswaschung der Figur durchgeführt wird. Danach folgen die Pilger dem alten Brauch, kleine Stücke von Blattgold an der Statue anzubringen. Die mittlerweile fingerdicke Goldschicht ließ die Statue etwas aus der Form geraten. Unweit des sitzenden Buddha ziehen sechs Statuen von mythischen Wächtern aus dem Khmer-Heiligtum Angkor Wat – zwei Krieger, ein dreiköpfiger Elefant und drei Löwen – die Pilgerströme an, denn diesen Bronzefiguren werden magische Heilkräfte zugesprochen.

Linke Seite: Vom Hügel von Mandalay mit seinen Pagoden und Tempeln schweift der Blick über die Flusslandschaft des Irawady.
Oben: Der Aufgang zur Settawya-Pagode, die einen Fußabdruck Buddhas enthält, ist mit Statuen geschmückt.
Links: Junger Mönch an der Mingun-Pagode, von der nur der gigantische Sockel fertiggestellt wurde.

EIN BERG AUS GOLD UND EDELSTEIN

Die Shwedagon-Pagode in Yangon

Die Shwedagon-Pagode in Burmas Hauptstadt ist das wichtigste religiöse Zentrum des Landes. Hoch ragt der im klassischen burmesischen Stil erbaute Stupa aus einem Kosmos kleinerer Pagoden und Schreine auf, geschmückt mit Unmengen von Gold, Diamanten und Edelsteinen.

Die Shwedagon-Pagode in Yangon ist weit mehr als die am meisten verehrte sakrale Stätte Burmas; sie ist Wahrzeichen des Landes, Symbol nationaler Identität und des Freiheitskampfes gegen die Kolonialherrschaft der Briten, die 1948 endete. Auch auf den Fernsehbildern, die 2007 Zehntausende Nonnen, Mönche und Laien im Protest gegen die Militärdiktatur zeigten, stand im Hintergrund der goldene Berg wie ein Zeichen der Hoffnung. Vergeblich allerdings, denn die Junta erstickte vorerst den Ruf der Burmesen nach Freiheit und Menschenrechten.

Schon 588 v. Chr. soll mit dem Bau der Pagode begonnen worden sein, als acht Haare Buddhas unter Mitwirkung der Nats, der alten Geister, nach Burma gelangten. Man brachte sie zu einem Hügel außerhalb der Stadt, der lange schon als heilig galt, wurden dort doch Reliquien von drei Buddhas aus früheren Weltaltern aufbewahrt. Zunächst wurde ein kleiner goldener Stupa um die Reliquien errichtet und später immer wieder mit Pagoden überbaut, die sich wie Schichten einer Zwiebel ineinander fügten. Viele Könige beteiligten sich am Ausbau des Monuments zur Mehrung ihrer spirituellen Verdienste, doch immer wieder machten auch Erdbeben und andere Naturkatastrophen Umbauten und Erneuerungen nötig. Wieder und wieder wurde die Pagode mit Blattgold überzogen. Die ersten schriftlichen Quellen, Inschriften von 1485, welche die Geschichte der Pagode in drei Sprachen erzählen, berichten von Königin Shinsawbu, die ihr Körpergewicht in Gold für die Pagode spendete. Ihr Schwiegersohn übertraf sie noch – er gab viermal sein Körpergewicht plus das seiner Frau. Die Pagode bekam vermutlich im 16. Jahrhundert ihre heutige, klassisch burmesische Form, wurde aber bis ins 20. Jahrhundert immer

Links: Auf der großen Terrasse mit ihren Nebenpagoden und Schreinen umkreisen die Pilger die Shwedagon-Pagode.
Rechte Seite oben: Die kostbar vergoldete und edelsteingeschmückte Shwedagon-Pagode ist nicht nur Wahrzeichen und heiligste Stätte Burmas, sondern eine der berühmtesten Pagoden der Welt.
Rechte Seite unten: In den Schreinen rund um die Shwedagon-Pagode werden nicht nur Buddhas verehrt, sondern auch die lokalen Gottheiten.

wieder restauriert und wuchs bis zu einer Höhe von etwa hundert Metern. Nicht nur die Tonnen von Gold, die im Lauf der Zeit aufgebracht wurden, sollen zeigen, wie kostbar den Burmesen dieser Reliquienschrein ist – fast 5500 Diamanten und zahllose Rubine, Saphire und Brillanten schmücken den Schirm des Stupa, dessen Spitze von einem einzelnen 76-karätigen Diamanten bekrönt wird.

Die Pagode steht im südlichen Teil einer 214 mal 275 Meter großen, mit Marmor bedeckten Plattform auf dem abgeflachten Hügel, umgeben von kleineren Stupas, Gebetshallen, Schreinen, Statuen, heiligen Bodhibäumen und Pavillons für tonnenschwere Glocken. Bunt bemalte Löwen bewachen die Eingangstore zu den vier Treppen, die auf den Hügel hinaufführen. Klöster und Pilgerherbergen umgeben ihn. Tausende von Pilgern kommen jeden Tag, um ihre Gebete zu verrichten, Opfergaben darzubringen, Kerzen und Räucherwerk anzuzünden und die Pagode im Uhrzeigersinn zu umrunden. Auch die Nat sind hier als Schützer von Buddhas Lehre in eigenen Schreinen gegenwärtig und werden in den Gebeten der Gläubigen angerufen. Völlig selbstverständlich verschmelzen hier die animistischen Glaubensformen mit der Praxis des Theravada-Buddhismus. So steht die goldene Pagode auch für großzügige religiöse Toleranz, wie sie überall in Asien gebräuchlich ist.

REICH DER MILLIONEN ELEFANTEN

Klöster und Tempel von Luang Prabang

Die alte Königsstadt ist bis heute religiöses Zentrum von Laos. Zu ihren bedeutendsten heiligen Stätten zählen Wat Xieng Thong und Wat Mai, wo zum Phimai-Fest der Phra Bang gezeigt wird, der Goldene Buddha, der Luang Prabang im 14. Jahrhundert seinen Namen gab.

Mönche und Novizen in safranfarbenen Roben treten aus ihren Klöstern in den feuchtwarmen tropischen Morgen, um die tägliche Mahlzeit zu erbetteln. Erste Sonnenstrahlen schneiden durch den Dunst, das Leben erwacht in der alten Königsstadt Luang Prabang. Ein Bild wie aus den Tagen, als die Lehre Buddhas das Land im Herzen des südostasiatischen Festlands erreichte. Der tief in der Bevölkerung verwurzelte Theravada-Buddhismus hat alle Stürme überstanden, die Laos heimsuchten: die Fremdherrschaft von Khmer, Thais und französischen Kolonialherren, Überfälle feindlicher Mächte, Bürgerkriege, amerikanische Bomben während des Vietnamkriegs und schließlich die Gründung der »demokratischen Volksrepublik«. Die kommunistische Regierung versuchte nach ihrer Machtergreifung 1975 zunächst, den Buddhismus zu unterdrücken. Tausende von Mönchen, darunter der oberste Patriarch, flohen außer Landes. Dann änderte die Partei ihre Strategie und versucht seither, die Klöster zu nutzen, um die Lehren des Marxismus in der Bevölkerung zu verwurzeln. Wie eifrig die Mönche dieser Aufgabe nachkommen, ist nicht bekannt. Noch immer aber ist es Sitte, dass alle Männer in ihrer Jugend oder im Alter zumindest einige Wochen oder Monate im Kloster leben, um die Lehre des Erhabenen zu studieren und seinen Mönchsregeln zu folgen.

Luang Prabang, die mythische »Stadt des Flusses Dong, funkelnde Stadt«, gilt als besonders beschützt von den Nagas, halbgöttlichen Wassergeistern, die die Körper von Schlangen und Drachen annehmen und im gesamten wasserreichen Festland Südostasiens in der Volksreligiosität eine bedeutende Rolle spielen. Mitte des 14. Jahrhunderts wurde Lane Xang, das »Reich der Millionen Elefanten«, begründet und Luang Prabang zur Königsresidenz erwählt. Reichsgründer Fa Ngum erhielt vom Herrscher der Khmer in Angkor, mit dessen Tochter er verheiratet war, als Krönungsgeschenk den Phra Bang, eine goldene Buddhastatue, die seine Macht legitimieren sollte. Er ließ die Figur in der neuen Königsstadt aufstellen und machte Luang Prabang, das dieser Statue seinen Namen verdankt, zugleich auch zu einem Wallfahrtsort. Nur bis 1563, als der König aufgrund der sich häufenden Überfälle aus Burma die Hauptstadt nach Vientiane verlegte, blieb Luang Prabang Metropole des Reiches, doch bis heute ist es kulturelles Zentrum des Landes und Sitz der buddhistischen Führungsschicht.

Linke Seite: Das Glasmosaik mit einem Maulbeerbaum, über dem der Buddha steht, ist das berühmteste Kunstwerk des Wat Xieng Thong.
Oben: Tempeltänzerinnen und Figuren aus der buddhistischen Mythologie ziehen beim Phimai-Fest durch die Straßen.

Viele buddhistische Tempel und Klöster mit ihren anmutig geschwungenen, fast bis zum Boden herabreichenden Dächern entstanden, auch Pagoden wie der 1504 errichtete That Makmo, der »Melonen-Stupa«, doch immer wieder wurden die Stadt und ihre Architekturschätze angegriffen und zerstört, so dass die meisten sakralen Stätten aus neuerer Zeit stammen. 1995 wurde Luang Prabang aufgrund der einmaligen Verbindung von traditioneller laotischer Architektur mit europäischen Kolonialbauten auf die Liste des UNESCO-Weltkulturerbes gesetzt.

Von den ehemals etwa 60 Wats sind nur noch etwas mehr als die Hälfte erhalten. Das bedeutendste ist Wat Xieng Thong, das 1559 am Zusammenfluss von Mekong und Nam Khan erbaut wurde. In diesem

Haupttheiligtum von Luang Prabang und zugleich einem der wichtigsten Klöster des ganzen Landes wurden die Könige von Laos gekrönt. Die beiden Nagas, die auf der Halbinsel leben sollen, haben das Kloster gut beschützt, denn es überstand alle Wellen der Zerstörung. Selbst als die chinesische »Armee der schwarzen Flagge« 1887 viele Wats und Teile der Stadt zerwüstete, blieb das Kloster unbeschadet – der Anführer der Soldaten hatte einst als Novize dort gelebt und verschonte es. Im 20. Jahrhundert wurde Wat Xieng Thong komplett restauriert und mit neuen Dekorationen versehen. Eingebettet in einen Garten liegen die außen und innen reich mit vergoldeten Reliefs, Fresken, Schnitzereien, Mosaiken und Statuen ausgestatteten Gebäude, Kapellen und Stupas. Berühmt wurde vor allem das Glasmosaik eines Maulbeerbaumes (Thong) auf der Rückwand des Sim, des Hauptheiligtums, der dem Wat seinen Namen gab und als Baum des Lebens gilt, über dessen Spitze Buddha steht. Von besonderer Bedeutung ist auch der einstige Tempel der Königsfamilie, Wat Mai, mit seinem monumentalen vergoldeten Basrelief, auf dem Szenen aus einer der letzten Inkarnationen Buddhas dargestellt sind. Hier wird während des Phimai, einem der imposantesten buddhistischen Feste Südostasiens, der Phra Bang, der »Goldene Buddha«, drei Tage lang öffentlich gezeigt. Auch aus anderen Tempeln werden die Buddha-Statuen auf die Straße getragen und mit gesegnetem Wasser rituell gereinigt. Die Gläubigen fangen dieses Wasser auf, um damit am Neujahrsfest sich selbst und die Freunde und Familienmitglieder zu segnen.

Ein ganz besonderer buddhistischer Wallfahrtsort liegt etwa 25 Kilometer nördlich der Stadt: die beiden Höhlen Tham Ting und Tham Theung nahe Pak Ou in den bizarren Kalksteinfelsen des Mekong-Ufers. Im Lauf der Jahrhunderte wurden Tausende von Buddha-Statuen von Pilgern und den Menschen der Umgebung an diesen verborgenen, nur mit dem Boot erreichbaren heiligen Ort gebracht. Schon bevor der Buddhismus Laos erreichte, wurden in diesen Höhlen die Geister des Flusses verehrt.

Oben: Der Eingang zum Hauptheiligtum des Wat Xieng Thong ist mit kostbaren Einlegearbeiten verziert.
Rechte Seite: Die goldene Pagode Pha That Luang in Vientiane ist das religiöse Zentrum von Laos.

Der goldene Lotos von Vientiane

Wie die Knospe einer goldenen Lotosblüte erhebt sich die Pagode Pha That Luang auf einem Hügel in Vientiane, der »Stadt des Mondes«, die einst Sitz eines Naga-Königs gewesen sein soll. Wie die Shwedagon-Pagode im burmesischen Yangon ist auch dieser große buddhistische Reliquienstupa nicht nur religiöses Zentrum und beliebter Wallfahrtsort, sondern auch nationales Wahrzeichen.
Vientiane, seit 1563 Reichshauptstadt, hat viele Tempel, Schreine und Klöster, darunter als wichtigstes Kloster das Wat Sri Saket mit seinen über 6800 Buddha-Statuen, doch der Pha That Luang übertrifft sie alle an spiritueller Bedeutung. Gemäß der Legende sollen hier schon im 3. vorchristlichen Jahrhundert buddhistische Mönche als Abgesandte des indischen Kaisers Ashoka einen Reliquienschrein um ein Stück von Buddhas Brustknochen errichtet haben. Davon ist jedoch nichts mehr erhalten geblieben. Archäologen fanden nur die Ruinen eines Tempels der Khmer, die bis ins 14. Jahrhundert hier ansässig waren.
An diesem geheiligten Ort nun wurde im 16. Jahrhundert auf Betreiben von König Sai Setthathirat I. der Pha That Luang erbaut. Doch immer wieder wurde die heilige Stätte zerstört und geplündert, bis 1930, unter französischer Kolonialherrschaft, eine detailgetreue Rekonstruktion vorgenommen wurde. Als sollten zerstörerische Kräfte künftig abgewehrt werden, ist die goldene Pagode von einer zinnengekrönten Mauer umgeben. Treppen führen durch vier Tore in den inneren Bereich mit seinen drei Terrassen. Die zweite, gesäumt von 33 Pagoden, die vor der Plünderung je einen Stupa aus purem Gold enthielten, dient den Pilgern als Prozessionsweg. Sie umrunden das Heiligtum entlang der riesigen vergoldeten Lotosblätter, aus denen der Reliquienturm, die Knospe des Lotos, in den Himmel wächst.

STEINERNES GEHEIMNIS IM DSCHUNGEL

Die heiligen Stätten von Angkor

Einzigartig auf der Erde sind die Tempel und Weltenberge, die in der Blütezeit des Khmer-Reiches in Kambodscha entstanden, rätselhafte architektonische Wunderwerke, zu Stein gewordene hinduistische und buddhistische Kosmologien, deren magische Kraft jeden Besucher berührt.

Vom 9. bis ins 14. Jahrhundert stieg das Reich der Khmer im heutigen Kambodscha zu seiner vollen Blüte auf. Die »Gottkönige« der Khmer eroberten weite Teile Indochinas und machten ihre Nachbarländer tributpflichtig. Zentrum ihres mächtigen Reiches waren die von verschiedenen Herrschern errichteten Städte in der Region Angkor, die inmitten fruchtbarer Ebenen nördlich des Tonle-Sap-Sees liegt. Doch von dem geschäftigen Treiben auf den Märkten und zwischen den Holz- und Strohhütten, von dem 1296 ein vom Kaiser von China beauftragter Gesandter berichtete und das auf Steinreliefs am Bayon in seiner ganzen Fülle für die Ewigkeit festgehalten wurde, blieb wenig. Das Reich zerfiel, Mitte des 15. Jahrhunderts wurde die Hauptstadt nach Phnom Penh verlegt; die Strohhütten verrotteten, die Reisfelder vertrockneten. Die aus Stein errichteten sakralen Zentren aber überdauerten den Verfall – die Tempelkomplexe und Weltenberge, die Gesichtertürme und Gigantenalleen, Skulpturen und Reliefs, Tore, Mauern und Terrassen. Teilweise blieben auch jene Barays genannten Wasserbecken erhalten, die einerseits zu einem ausgeklügelten System zur Bewässerung der Reisfelder des Reiches gehörten, zugleich aber auch in der architektonischen Verbildlichung mythischer Kosmologien die Weltozeane darstellen.

Über tausend heilige Stätten liegen in dem etwa 400 Quadratkilometer großen Bezirk von Angkor, der seit 1925 archäologischer Park ist, von kleinen, in der üppigen Vegetation versunkenen und fast ganz zerfallenen Ruinen bis hin zu vorbildlich restaurierten Tempelpyramiden, darunter der größte Sakralbau der Welt: Angkor Wat. Dieses berühmteste architektonische Wunder von Angkor mit seinem rund 200 Meter breiten, von Steinstufen gesäumten Wassergraben und der 250 Meter langen und zwölf Meter breiten gepflasterten Prozessionsstraße stammt aus der späteren Epoche des Reiches. Von 1113 bis 1150 wurde es von König Suryavarman II. erbaut, und es war der einzige Teil von Angkor, der bis in unsere Zeit lebendig blieb. Buddhistische Mönche übernahmen nach dem Niedergang des Khmer-Reiches den eigentlich hinduistischen Tempelkomplex, dessen ursprünglicher Name »heiliger Wohnsitz des Vishnu« lautete und in dessen schier endlosen Flachreliefs die Mythen und Epen der Hindus erzählt werden. »Die Hauptstadt, die zum Kloster wurde« bedeutet denn auch der heutige Name Angkor Wat.

Linke Seite: Urwaldriesen umschlingen mit ihren Wurzeln die Ruinen des Tempels von Ta Prohm.
Oben: Die buddhistischen»Gesichtertürme«, hier an einem Tor von Angkor Thom, zeigen das Antlitz des Boddhisattva Lokeshvara.

Hinduismus und Buddhismus durchdrangen sich in Angkor schon, als das Reich der Khmer noch blühte. Bauten die ersten Könige ihre Städte und Tempel im Geist des Hinduismus, so wandte sich der 1181 gekrönte König Jayavarman VII. dem Mahayana-Buddhismus zu und ließ eine Reihe buddhistischer Bauwerke errichten. Dann aber setzten sich die Brahmanen wieder durch, und die Statuen des erhabenen Buddha in den Tempeln verschwanden. Wie eng die beiden Religionen in Angkor verflochten waren, beweist die Tatsache, dass es westlichen Forschern erst 1925 gelang, den Bayon eindeutig als Heiligtum des Mahayana-Buddhismus zu identifizieren. Bis dahin hatte dieser Tempel wie die meisten anderen heiligen Stätten Angkors als hinduistisch gegolten. Zuletzt aber, als Angkor als Hauptstadt des Khmer-Reiches aufgegeben wurde, drang mit den thailändischen Eroberern erneut der Buddhismus vor, diesmal die »alte« Schule des Theravada, die bis heute in Kambodscha tonangebend ist. Die buddhistischen Mönche nahmen den Tempel von Angkor Wat in Beschlag, brachten über die Jahrhunderte immer wieder Inschriften im Tempelkomplex an und blieben bis heute in zwei Klöstern dort verwurzelt. Daher ist heute eine Buddha-Figur in einem Kreuzgang das verehrteste Kultobjekt von Angkor Wat. Die anderen heiligen Stätten von Angkor aber verfielen und wurden vom Dschungel überwuchert, sanken jedoch nicht ganz in Vergessenheit. Um 1550 entdeckte ein kambodschanischer Herrscher bei der Jagd die Prachtbauten seiner Vorfahren im Wald, und vereinzelt kamen auch buddhistische Pilger. Das Interesse der westlichen Welt an Angkor erwachte erst im 19. Jahrhundert, obwohl portugiesische und spanische Missionare schon früher von rätselhaften Relikten einer versunkenen Hochkultur im Urwald berichtet hatten. Doch mühsam war die Arbeit, die Tempel Angkors aus dem Griff der Natur zu befreien und zu restaurieren. Von 1970 bis 1975 wurde diese Arbeit unterbrochen, als die Roten Khmer ihr Terrorregime in Kambodscha errichteten, dem ein Fünftel der Bevölkerung zum Opfer fiel. Anschließend wurde das Land von vietnamesischen Truppen besetzt. Erst 1991 durften wieder Besucher zu den heiligen Stätten von Angkor reisen, ein Jahr später wurde der gesamte archäologische Park in die Liste des UNESCO-Weltkulturerbes aufgenommen und gilt heute als eine der herausragendsten touristischen Stätten Asiens.

Die am meisten besuchte Sehenswürdigkeit ist natürlich der Komplex von Angkor Wat, doch befinden sich im gesamten Gelände von

Angkor heilige Orte von außergewöhnlichem Rang, etwa der Roulos-Komplex mit dem um 880 errichteten Bakong, der als Prototyp aller Tempelberge in Angkor gilt oder die 967 von zwei Brahmanen erbaute kleine Tempelanlage Banteay Srei mit ihren filigranen Steinmetzarbeiten, die einen Höhepunkt der Khmer-Kunst markieren. Banteay Srei war der erste Tempel Angkors, der1931 restauriert wurde.

Auch Angkor Thom, »das Herz von Angkor«, an dem mehrere Könige bauten, die »Große Hauptstadt« mit ihrem mächtigen Mauerring von drei Kilometern Seitenlänge und breiten Wassergräben ist eine besondere Attraktion für Besucher. Vor allem der zentrale Tempel Bayon mit seinen Gesichtertürmen gilt als ein Wahrzeichen Angkors. Von diesen hoch aufragenden Prasats, den Turmheiligtümern, blickt das in Stein gehauene gigantische Antlitz des Lokeshvara (Sanskrit: Avalokiteshvara), des Bodhisattva höchsten Mitgefühls, wachsam in alle Himmelsrichtungen. Es empfängt den Besucher auch an den Toren dieser großen Stadt, die einst für eine Million Einwohner Zentrum weltlicher und geistlicher Macht war. Vom Leben dieser Menschen sowie von religiösen und kriegerischen Ereignissen berichten die Basreliefs des Bayon in frappierender Lebendigkeit.

Von besonderem Zauber sind jene Tempelbezirke Angkors, die nicht ganz aus der Umklammerung des Dschungels befreit wurden, etwa der 1186 erbaute Ta Prohm, der »Tempel von Brahma dem Ahnen«, oder das zwei Jahre ältere buddhistische Heiligtum Preah Khan, das aber auch Schreine für die Hindugötter enthielt. Urwaldriesen haben ihre Wurzeln um zerbröckelnde Mauern geschlungen, Moos und Flechten bedecken Tore, Dächer und Säulen, Trümmer liegen verstreut im feuchten Schatten des Laubdaches. Wer solche Orte in stillen Stunden aufsucht, kann in dieser Verschlungenheit von übermächtiger Natur und monumentaler sakraler Kunst noch immer Geheimnis und Mythos von Angkor hautnah spüren.

Linke Seite: Angkor Wat ist der größte Sakralbau der Welt. Ursprünglich als hinduistischer Tempel errichtet, leben heute buddhistische Mönche im Gelände des berühmtesten Tempelkomplexes von Angkor.
Oben links: Ein kleines Mädchen verkauft Lotosblüten im Tempel von Banteay Srei, der berühmt ist für seine filigranen Steinmetzarbeiten.
Oben rechts: Im einstigen hinduistischen Heiligtum Angkor Wat ist heute eine Statue des Buddha Objekt der Verehrung.

DER HEILIGE STUHL ASIENS

Der Haupttempel des Cao Dai

Der »Heilige Stuhl«, das Hauptheiligtum der synkretistischen Glaubensgemeinschaft des Cao Dai mit seiner imposanten Kathedrale, liegt im Süden Vietnams nahe der Provinzhauptstadt Tay Ninh. Cao Dai scheint wie ein Spiegel der verschiedenen Religionen Vietnams.

Vietnam wurde in seiner langen Geschichte von mehreren Religionen beeinflusst – aus Indien stammen Hinduismus und Buddhismus, aus China Taoismus und die Lehre des Konfuzius, später kamen Christentum und Islam hinzu. Sie alle verfügen über Orte der Anbetung und Verehrung, über Tempel, Klöster, Kirchen, doch ist keiner von zentraler oder überregionaler Bedeutung. Nur eine Religion, zu der sich etwa drei Millionen Menschen bekennen, hat in Vietnam ihren Hauptsitz – die 1926 offiziell begründete Glaubensgemeinschaft des Cao Dai. Grundgedanke dieser Religion ist es, die Trennung zwischen Konfessionen aus Ost und West aufzuheben und Elemente aus Christentum, Buddhismus, Konfuzianismus und Taoismus in einem »Großen Gebäude« – so die Übersetzung von Cao Dai – zu vereinen. Cao Dai ist nur ein Beispiel für zahlreiche religiöse Vereinigungen und Sekten, die in jüngerer Zeit überall in Asien entstanden sind und das Spektrum asiatischer Religiosität beständig erweitern.

Ngo Van Chieu (1876–1934), ein Beamter der französischen Kolonialverwaltung, der seine Lehre auf Offenbarungen der höchsten Gottheit zurückführte, gründete die Bewegung; sie spielte auch eine aktive Rolle im nationalen Widerstand gegen Fremdmächte und brachte es zu bedeutender wirtschaftlicher Macht. Nach der Wiedervereinigung des Landes im Jahr 1975 wurde Cao Dai wie andere religiöse Gruppen von der kommunistischen Regierung unterdrückt, ist seit 1985 aber offiziell wieder zugelassen.

In der Lehre des Cao Dai mischen sich die ethischen Prinzipien des Konfuzius mit okkulten Praktiken aus dem Taoismus, verwoben mit Elementen der alten animistischen Religiosität Vietnams und der Ahnenverehrung. Die Lehre von Karma und Reinkarnation stammt aus Hinduismus und Buddhismus, der neunstufige hierarchische Aufbau folgt mit Papst, Kardinälen, Erzbischöfen, Bischöfen und Priestern dem Beispiel des Katholizismus. Im Pantheon der Cao-Dai-Heiligen finden sich nicht nur Jesus, Buddha, Lao-tse oder Konfuzius; auch Dichter wie Victor Hugo und Shakespeare oder politische Führer wie der Chef der chinesischen Nationalpartei Sun Yat Sen oder Winston Churchill zählen dazu. Mehrere hundert Cao-Dai-Tempel verteilen sich in Vietnam, die meisten im Delta des Mekong. Auch der zwischen 1933 und 1955 errichtete Hauptsitz, der »Heilige Stuhl« bei Tay Ninh, liegt im Süden Vietnams, unweit von Ho-Chi-Minh-Stadt, dem früheren Saigon. Mittelpunkt des Cao-Dai-Zentrums ist die Kathedrale, »die aussieht wie eine Phantasie von Walt Disney«, wie der Asien-Reisende Norman Lewis 1951 schrieb. Viermal täglich finden dort farbenfrohe, musikalisch umrahmte Zeremonien statt, zu denen auch alle Touristen eingeladen sind Während die Gäste auf den Emporen Platz nehmen, verteilen sich die Gläubigen, Männer und Frauen getrennt, in der Haupthalle mit den mit Drachen und bunten Ornamenten verzierten Säulen vor den Statuen der Heiligen und dem Emblem von Cao Dai – dem »alles sehenden Auge Gottes« auf einer riesigen sternfunkelnden Weltkugel.

Linke Seite oben: Der Haupttempel der Cao-Dai-Religion.
Linke Seite unten: Viermal täglich finden in der Cao-Dai-Kathedrale musikalisch umrahmte Zeremonien statt.
Oben: Das »alles sehende Auge Gottes« in der Weltkugel ist das wichtigste Symbol des Cao Dai.

DAS GOLDENE ZEITALTER VON SIAM

Sukhothai und Ayuthia

Von den alten Königsstädten der Thais, Sukhothai und Ayuthia, sind vor allem Ruinen geblieben, doch hier schlug über viele Jahrhunderte das kulturelle Herz Thailands. Ihre heiligen Stätten waren Heimat für zahllose Mönche und Ziel von Pilgern aus dem ganzen Land.

Als die Thai-Stämme aus Südchina in ihre heutigen Siedlungsgebiete einwanderten und kleine Staaten begründeten, stand Thailand unter der Herrschaft der Khmer. Der spätere erste König von Sukhothai, Si Indratiya, schüttelte 1238 die Fremdherrschaft der Khmer ab und machte Sukhothai zum ersten unabhängigen Thai-Reich. Im 14. Jahrhundert wurden Mönche aus Sri Lanka eingeladen, um den Buddhismus von lokalen Einflüssen zu »reinigen« und die Schule des Theravada als Staatsreligion zu etablieren. In diesem ersten Reich mit seinen Zwillingsstädten Sukhothai und Sri Saccanalay erblühte das goldene Zeitalter Siams. Aus Kunstformen der Khmer und der Mon wurde die eigenständige siamesische Architektur und Kunst geformt, die bis heute weiterentwickelt wird. Wichtigstes Zentrum buddhistischen Lebens in Sukhothai war Wat Mahathat, das Heiligtum der Reliquien – ein Haar und ein Nackenknochen des Buddha –, die angeblich aus Sri Lanka nach Sukhothai gekommen waren.

Fast 200 Chedis und weitere Bauwerke waren um das Hauptgebäude angeordnet, und zahllose andere Wats und Chedis verteilten sich über die Königsstadt und ihre Umgebung. Doch die Blütezeit von Sukhothai dauerte nur kurz. Im 14. Jahrhundert vereinte der Fürst von U Thong ehemalige Vasallen von Sukhothai unter seiner Führung und ließ sich 1350 in seiner neu gegründeten Hauptstadt Ayuthia zum König ausrufen. Es gelang ihm, selbst Angkor zu erobern und Ayuthia als Erbe der mächtigen Khmer-Hauptstadt zu etablieren. Schon bald musste sich auch Sukhothai der Oberherrschaft von Ayuthia beugen, das nach der heiligen Geburtsstadt des Rama, der »uneinnehmbaren Festung« aus dem Epos des Ramayana, benannt war. In der Tat war Ayuthia, von drei Flüssen umschlossen und durch einen Kanal vollständig zur Insel gemacht, ein strategisch idealer Ort, der mehr als 400

Links: Die tropische Vegetation hat sich der verlassenen heiligen Stätten bemächtigt.
Rechte Seite oben: Im Wat Si Sanphet von Ayuthia mit seinen drei gewaltigen Chedis wurden früher alle Staatszeremonien abgehalten.
Rechte Seite unten: Noch immer ragen zwischen den Ruinen von Sukhothai und Ayuthia orginale Buddha-Statuen auf.

Jahre politisches, kulturelles und religiöses Zentrum des blühenden Königreiches war und Handelsbeziehungen in alle Welt pflegte. Erst 1767 wurde Ayuthia von den Burmesen eingenommen, geplündert und niedergebrannt.

Auch Ayuthia besaß zahlreiche heilige Stätten. Das zentrale Heiligtum, das um eine auf magische Weise erschienene Buddha-Reliquie erbaut worden war, hieß wie in Sukhothai Wat Mahathat. Tatsächlich entdeckten Archäologen 1956 in dem stark zerstörten Tempel neben Buddha-Figuren und goldenen Votivtafeln ein Gefäß mit Reliquien. Wahrzeichen des heutigen Ayuthia aber ist Wat Si Sanphet, der ehemalige Tempel des Königs mit drei monumentalen Chedis im Bezirk des Wang Luang, des Königspalastes. Hier wurden früher alle Staatszeremonien abgehalten. Ebenso wie im jetzigen Staatsheiligtum Wat Phra Kaeo in Bangkok gab es in diesem der königlichen Familie vorbehaltenen Tempel keine Mönchsunterkünfte.

Heute sind die heiligen Stätten von Sukhothai und Ayuthia Ruinenfelder, die zum Weltkulturerbe der UNESCO zählen und zu beliebten Zielen der Rundreisetouristen wurden. Noch immer ragen originale Buddha-Statuen aus den zerfallenen Tempeln auf, und ihr sanftes Lächeln ist wie eine Mahnung an die grundlegende Lehre des Erhabenen von der Vergänglichkeit aller weltlichen Erscheinungen.

DER TEMPEL DES SMARAGD-BUDDHA

Wat Phra Kaeo in Bangkok

Mitten in der modernen, pulsierenden Weltmetropole Bangkok steht auf dem Gelände des alten Königspalastes der Wat Phra Kaeo, das kostbar ausgestattete Staatsheiligtum Thailands mit der am höchsten verehrten Statue des Landes, dem legendenumwobenen »Smaragd-Buddha«.

Nach der Zerstörung der Königsstadt Ayuthia durch die Burmesen wurde der Sitz der Macht Thailands in den Süden des Landes verlegt, zunächst für kurze Zeit nach Thonburi am Westufer des Menam Chao Phraya. König Rama I., der 1782 die bis heute regierende Chakri-Dynastie begründete, verlegte die Hauptstadt seines neuen Reiches an das andere Ufer des »königlichen Flusses«, nach Bangkok. Dort ließ er auf einem Gelände von etwa 1,5 Quadratkilometern eine Königsresidenz errichten, in welcher der Glanz von Ayuthia neu erstrahlen sollte – und im Nordosten dieses Areals den Wat Phra Kaeo, einen Tempelbezirk mit der Halle für die heiligste Buddha-Statue des Landes, den »Smaragd-Buddha«, den der König nach Thonburi gebracht hatte. Seine Nachfolger bauten Tempelbereich und Residenz weiter aus. Da Thailand als einziges Land Südostasiens nicht unter die Kolonialherrschaft fiel, blieben Königtum und das Staatsheiligtum des Wat Phra Kaeo bis heute unangetastet.

Tausende von Gläubigen kommen jeden Tag, um dem heiligen Kultbild, der kaum mehr als 62 Zentimeter hohen Statue eines sitzenden Buddha, Verehrung zu erweisen. Von seinem elf Meter hohen goldenen Podest blickt der Smaragd-Buddha, der eigentlich aus Jade besteht, aus einer Glasvitrine über die Gläubigen zu seinen Füßen hinweg. Ihm nahe kommen darf nur der König, der ihn in drei jährlich sich wiederholenden Zeremonien rituell mit goldenen Gewändern bekleidet, jeweils zu Beginn der Regenzeit, der heißen und der kühlen Jahreszeit. Diese Rituale, bei denen der König auch heiliges Wasser über die versammelten Mönche und Gläubigen versprengt, gelten als entscheidend für das Wohlergehen Thailands.

Zahlreiche Legenden ranken sich um die Herkunft des Smaragd-Buddha. Bereits im ersten vorchristlichen Jahrhundert soll die Statue im indischen Patna entstanden sein. Ein halbes Jahrtausend später brachte man sie vor Kriegswirren in Sri Lanka in Sicherheit. Ein König aus Burma bat dort um die Statue und um heilige Schriften, um den Buddhismus in seinem Land zu fördern. Beides wurde ihm gewährt, doch sein Schiff strandete im Reich der Khmer, und die Statue verblieb in Angkor. Als die Thais Angkor im 15. Jahrhundert eroberten, sei der Buddha nach Ayuthia gebracht worden.

Eine andere Geschichte erzählt von der geheimnisvollen Erscheinung des Smaragd-Buddha im nordthailändischen Chiang Rai: Ein Blitz traf einen Tempel, und eine bis dahin unbekannte, eher unscheinbare Statue wurde hinter aufgeplatztem Mauerwerk sichtbar. In den Jahren darauf aber löste sich der grüne Buddha aus dem Mantel aus Stuck, der ihn umgab. Die Statue gelangte nach Lampang, dann in die Hauptstadt des Königreiches Lanna, Chiang Mai, wurde nach Luang Prabang und Vientiane in Laos verschleppt, und erst als die Thais im 18. Jahrhundert die laotische Hauptstadt erobert hatten, von König Rama I., damals noch General, nach Bangkok gebracht. Als gesichert gilt nur, dass der Smaragd-Buddha 1436 erstmals schriftlich erwähnt

Linke Seite oben: Die Halle des Smaragd-Buddha ist das zentrale Heiligtum des Wat Phra Kaeo.
Linke Seite unten: Im Wat Phra Kaeo wurde das thailändische Kunsthandwerk zur Vollendung gebracht.
Oben: Wächterdämonen stützen die Chedis neben dem Tempel des Smaragd-Buddha.

... Göttern und göttlichen Wesen gelten und vier Bauten dazwischen, welche die vier wichtigsten Stationen im Leben Buddhas bezeichnen: Geburt, Erlangen der Erleuchtung,

... che genießen ein besonderes Privileg – der König überreicht ihnen in einer speziellen Zeremonie beim Thot-Kathin-Fest persönlich ihre safranfarbenen Roben.

DER TEMPEL DES WISSENS

Wat Pho in Bangkok

Im größten und ältesten Tempelbezirk Bangkoks zieht vor allem die kolossale Statue des liegenden Buddha Pilger und Besucher an, doch war Wat Pho auch als Zentrum öffentlicher Bildung gedacht. Noch heute besteht hier eine Schule für traditionelle Massage und Medizin.

Wat Phra Chetuphon, oder, wie er im Volksmund genannt wird, Wat Pho, ist mit einer Fläche von 80 000 Quadratmetern der größte und älteste Tempelbezirk Bangkoks, älter als die Stadt selbst. Im 16. Jahrhundert schon wurde hier Wat Photharam gegründet, der Tempel des Bodhi-Baumes – als Würdigung des Baumes, unter dem Buddha Erleuchtung fand. Von Photharam leitet sich die populäre Abkürzung Wat Pho ab. Als Rama I. Bangkok zu seiner Königsresidenz machte und unweit vom Wat Pho den Königspalast mit dem Staatsheiligtum Wat Phra Kaeo errichten ließ, wurde auch der Wat Pho erneuert und erweitert: mit Tempeln, Chedis, Mönchsquartieren, Bibliotheken und Verwaltungsgebäuden. Rama I. und seine Nachfolger ließen den Tempelbezirk aber auch zu einem Zentrum für Erziehung und Bildung gestalten; hier entstand die erste öffentliche Universität Thailands. Tafeln mit Schaubildern und Texten zu verschiedenen Wissensgebieten wurden angebracht und Statuen aufgestellt, die Yogapositionen darstellen. Viele dieser Lehrtafeln über Astrologie, Literatur, fremde Länder, diverse Heilmethoden und historische und buddhistische Themen sind nicht mehr erhalten oder in schlechtem Zustand, doch noch immer ist Wat Pho Ausbildungsstätte für die traditionelle thailändische Massage und Medizin, deren Methoden angeblich schon Jahrhunderte vor Gründung des Klosters hier entwickelt und praktiziert wurden. Pilger und Besucher des Tempelbezirks können sich noch heute in kleinen Pavillons massieren und behandeln lassen oder Lehrkurse belegen.

Die Pilger im Wat Pho aber suchen vor allem den nördlichen Teil des Geländes auf, wo sich die sakralen Stätten befinden. Im östlichen Hof, verteilt um den Phra Ubosoth, dem Hauptheiligtum und seinen Nebengebäuden, stehen mehr als 70 Chedis, alle verziert mit glitzernden Mosaiken aus Keramikstücken. Ein berühmtes Marmorrelief, das auf 152 Platten Szenen aus dem Ramakien zeigt, schmückt die »Juwelenmauer« rund um den Ubosoth, der aufgrund seiner harmonischen Proportionen und delikaten kunsthandwerklichen Ausgestaltung als Meisterwerk thailändischer Architektur gilt. Dieses Gebäude birgt die Hauptstatue des Tempels, einen meditierenden Buddha im Stil von Ayuthia. Im Sockel der Statue wurden die sterblichen Überreste von König Rama I. beigesetzt. Wenn die Pilger hier ihre Gebete verrichtet haben, ziehen sie weiter in den westlichen Hof mit den vier über vierzig Meter hohen königlichen Chedis, der Bibliothek mit dem Kanon der buddhistischen Schriften und dem Vihan des liegenden Buddha. Diese kolossale Statue, 46 Meter lang und 15 Meter hoch, aus Ziegeln gemauert, mit Stuck modelliert und ganz mit Blattgold überzogen, ist das wichtigste Ziel für Pilger und Besucher des Wat Pho. Hier opfern sie dem Buddha, der lächelnd, im Augenblick seines friedlichen Sterbens und Eingehens in das Parinirvana dargestellt ist. An Resten exzellenter Wandgemälde entlang führt nur ein enger Gang rings um den Buddha, vorbei auch an seinen Füßen, in die 108 glücksverheißende Zeichen mit Perlmutt eingelegt sind.

Linke Seite oben: Die 46 Meter lange Statue des liegenden Buddha ist die Hauptattraktion für Pilger und Besucher.
Linke Seite unten: Mönche beim Gebet im Ubosoth, dem Hauptheiligtum des Wat Pho, vor der Statue des meditierenden Buddha.
Oben: Noch immer sind im Wat Pho Schautafeln zu verschiedenen Wissensgebieten zu sehen.

DER TEMPEL DES WEISSEN ELEFANTEN

Wat Doi Suthep in Chiang Mai

Ein weißer Elefant trug eine auf magische Weise verdoppelte Buddha-Reliquie auf den Suthep-Berg, hoch über der Stadt Chiang Mai. An der Stelle, an der er sich niederließ, wurde Wat Doi Sutheb mit seiner goldenen Chedi errichtet, die bis heute Pilger und Besucher anzieht.

Wichtige religiöse Zentren und Wallfahrtsstätten entstanden in Thailand nicht nur in den Königsresidenzen Sukhothai, Ayuthia und Bangkok, sondern auch in den Provinzen. Ein solcher Ort ist zum Beispiel That Phanom im Nordosten, unmittelbar an der laotischen Grenze nahe des Mekong. Die Legende berichtet, dass Gautama Buddha und drei Vorzeitbuddhas That Phanom besucht haben. In deren Chedi, die eine Spitze aus purem Gold besitzt, sollen hoch verehrte Reliquien dieser vier Buddhas aufbewahrt werden. Jedes Jahr findet dort ein beliebtes Pilgerfest statt.

Auch Chiang Mai, »die Rose des Nordens«, ehemalige Hauptstadt des Königreichs Lanna und heute größte Stadt Nordthailands, verfügt über ein Heiligtum, das zahllose Pilger und Besucher anzieht – Wat Doi Suthep, das etwa 15 Kilometer außerhalb des Zentrums auf einem Berg gelegene Wahrzeichen der Stadt. Die goldene Chedi des Heiligtums enthält ebenfalls eine Reliquie des Buddha, um die sich eine wundersame Legende rankt: Der Mönch Sumana aus Sukhothai wurde im 14. Jahrhundert vom König von Lanna eingeladen, um die reine Lehre des Theravada-Buddhismus im Norden Thailands zu verkünden. Der Mönch brachte eine Reliquie mit: ein Stück von Buddhas Schulterknochen. Sie war für Wat Suan Dok in Chiang Mai bestimmt, doch auf magische Weise verdoppelte sich die Reliquie. Der König entschied, nur eine Hälfte im Wat Suan Dok zu bewahren und ließ dafür eine Chedi bauen, die bis heute ebenfalls Pilgerziel ist. Die andere Hälfte wurde auf dem Rücken eines weißen Elefanten befestigt. Man ließ den Elefanten frei und folgte ihm, als er sich den Weg durch dichten Dschungel bahnte. Das Tier stieg den Suthep-Berg hinauf bis zu einer Stelle, an welcher einst der legendäre Asket Wasuthepa gelebt hatte. Dort kniete der Elefant nieder und starb. Diese Stelle, auf etwa 1070

Links: Die zentrale Chedi des Wat Doi Suthep enthält eine Buddha-Reliquie, um die sich eine wundersame Legende rankt.
Rechte Seite oben: Es ist uralte Pilgertradition in Südostasien, Statuen mit kleinen Blattgoldstreifen zu bekleben.
Rechte Seite unten: Wenn die Pilger den Tempel erreichen, schlagen sie die Glocken im Vorhof an.

Meter Höhe, bestimmte der König zum Bau des Wat Doi Suthep, um die Reliquie würdig zu bewahren.

Die Statue eines weißen Elefanten und die des Eremiten kann man noch heute auf der das Heiligtum umgebenden breiten Terrasse besichtigen. Eine Treppe aus dem 16. Jahrhundert führt das letzte Stück zu ihr empor. Einst mussten die Pilger einen langen steilen Bergpfad hinaufsteigen, bevor sie die Glocken anschlagen konnten, die im weiten Vorhof des Tempels hängen. Seit 1935 aber führt eine Autostraße zum Eingang der Steintreppe, der von mächtigen siebenköpfigen Nagas bewacht wird. Im Zentrum des Heiligtums ragt die mit vergoldeten Kupferplatten umkleidete Chedi empor, umgeben von einer nach innen offenen, mit neueren Wandmalereien ausgeschmückten Galerie. Noch einmal führen zwei Treppen weiter auf die Terrasse der Chedi. Der innerste Bereich, ein Umrundungsweg, den nur Männer betreten dürfen, ist durch einen Zaun abgegrenzt.

Wie in vielen Heiligtümern Nordthailands stehen an den Ecken der Umfriedung fein gearbeitete vergoldete Schirme, unter denen die Pilger Opfergaben niederlegen, Gebete verrichten und nach alter Tradition die Buddha-Statuen mit Blattgoldstreifen bekleben, bevor sie draußen auf der Terrasse den weiten Ausblick über die Stadt Chiang Mai, die Flussebene und die bewaldeten Berge genießen.

EIN KOSMOS AUS STEIN

Der Borobudur

Der Borobudur auf der heute vom Islam geprägten indonesischen Insel Java ist das größte Bauwerk der gesamten buddhistischen Welt: ein riesiges dreidimensionales Mandala mit Reliefgalerien, die den Weg zur Erleuchtung in einzigartiger Bilderfülle veranschaulichen.

Inmitten der fruchtbaren Kedu-Ebene, weitläufig umsäumt von mächtigen Vulkankegeln, liegt das größte und vielleicht auch rätselhafteste Bauwerk der gesamten buddhistischen Welt. Auf den uralten Seehandelsrouten waren Hinduismus und verschiedene Schulen des Buddhismus von Indien nach Indonesien gelangt. Herrscherdynastien hatten ab dem 7. Jahrhundert diese Religionen angenommen, sie mit lokalen Traditionen verknüpft und eine Reihe von Heiligtümern errichtet. Die dem Mahayana-Buddhismus zugeneigte Shailendra-Dynastie aber schuf ein Werk, das sie alle übertreffen sollte: zwischen 780 und 830 wuchs in Zentraljava der Borobudur in mehreren Bauphasen über einem natürlichen Erdhügel empor. Niemand weiß, wie viele Tausende Künstler und Arbeiter an ihm gewirkt haben, und noch heute ist sein Geheimnis nicht ganz entschlüsselt. Stellt er eine symbolische Ummantelung des Weltenberges Meru da, ist er eine Verbildlichung der Dreikörper-Lehre des Mahayana-Buddhismus, ist er ein gewaltiges dreidimensionales Mandala, sollte ein gigantischer Stupa seine oberen Terrassen umschließen – man fand Ansätze eines solchen Bauvorhabens – oder ist er ein in Stein gemeißeltes Lehrbuch, dessen Stufen die buddhistischen Pilger im Uhrzeigersinn durchwanderten, um den Weg zur Erleuchtung nachzuvollziehen? Etwa 2,5 Kilometer Flachreliefs und figürliche Reliefs aus porösem Lavagestein säumen diesen Weg mit einer schier unerschöpflichen Vielfalt an Bildern.

Dieser Pfad der Unterweisung über die neun Stockwerke des Borobudur beginnt auf der untersten Ebene des Triloka, der Drei Welten, die Kamadhatu verkörpert, die Sphäre der Begierden und Leidenschaften. Deren Reliefs aber, die das Gesetz von Ursache und Wirkung darstellen, die Resultate menschlichen Handelns, wurden mit einer zweiten Schicht von Steinen überdeckt, entweder um die Missachtung dieser Sphäre durch den der Erleuchtung zugewandten Menschen zu verdeutlichen, vielleicht aber auch, weil während des Baus zusätzliche Stützmaßnahmen an der Basis nötig wurden. Von hier steigt der Pilger über steile Treppen in die Welt der Formen auf, die Sphäre begierdeloser Körperlichkeit – Rupadhatu. Szenen aus dem Leben Buddhas, aus seinen vergangenen Inkarnationen, die Inhalte von Lehrschriften, der Weg des Schülers Sudhana zur Erleuchtung sind hier an den Wänden und Balustraden der verwinkelten Umgänge in Stein gemeißelt, durchwirkt von Darstellungen alltäglichen Lebens – Menschen, Tiere, Schiffe

Linke Seite: In den durchbrochenen Stupas auf der oberen Ebene des Borobudur sitzen Statuen des Dyana-Buddha Vairocana.
Oben: Das Bildprogramm des Borobudur mit Flachreliefs und figürlichen Reliefs zieht sich über 2,5 Kilometer.

und Musikinstrumente, auch überirdische Wesen und Fabeltiere. In Nischen über den Galeriegängen blicken 432 Statuen von vier Jinas, transzendenten Buddhas, über die Pilger hinweg, ein jeder in die ihm zugeschriebene Himmelsrichtung blickend, die Hände zur typischen Mudra geformt. In den vier Stockwerken des Rupadhatu ist der Blick durch die Wände und Balustraden eingeschränkt, bleibt konzentriert auf die über 2500 Relieftafeln. Erst wenn der Pilger diese Welt der lehrenden Bilder verlässt und hinaufgestiegen ist in die oberste Ebene, in das Arupadhatu, das Formlose, Geistige, öffnet sich ihm der Ausblick über die Landschaft. Waren die unteren Stockwerke quadratisch wie auch die Grundfläche des Borobudur, so erheben sich nun drei kreisrunde Stufen, auf denen 72 durchbrochene Stupas stehen, in denen, durch die kleinen Öffnungen kaum zu sehen, Statuen des »sonnengleichen« Vairocana sitzen, des fünften Jina, dem gemäß der Ikonographie des Mahayana-Buddhismus die Himmelsrichtung »Mitte« zugeordnet ist. Erst jetzt sieht man auch die Spitze des Borobudur, einen Stupa mit elf Metern Durchmesser, der im Zentrum dieses Kosmos aus Stein zum Himmel ragt als Symbol des Absoluten, der Leerheit, des Zieles des Erleuchtungswegs.

Nicht lange währte der Glanz des steinernen Lotos. Schon im 10. Jahrhundert wurde der Borobudur aufgegeben, da vermutlich heftige Vulkanausbrüche die Ebene verwüsteten. Das Bauwerk versank unter Erde und Tuffstein, wurde überwuchert von Büschen und Bäumen. Auch Hinduismus und Buddhismus verschwanden aus Java – seit dem 16. Jahrhundert ist die Insel Teil der islamischen Welt. Erst im 19. Jahrhundert wurde mit der Freilegung des Borobudur begonnen – und mit seiner Plünderung. Ab 1975 wurde er komplett zerlegt, jeder einzelne Stein katalogisiert, chemisch behandelt und wieder an seinen Platz gefügt, bis 1983 das buddhistische Heiligtum als Nationaldenkmal des muslimischen Indonesien eingeweiht werden konnte. Da der Borobudur inzwischen zum UNESCO-Weltkulturerbe gehört, ist er auch stark frequentiertes Touristenziel. Doch selbst wenn er heute kein »aktives« spirituelles Zentrum mehr ist, hat seine geistige Kraft den Gang der Jahrhunderte unbeschadet überstanden.

Oben: Von der oberen Terrasse des Borobudur schweift der Blick weit in die Landschaft Zentraljavas.
Rechte Seite: Die drei Haupttempel des Prambanan.

Prambanan

Nicht lange nach Fertigstellung des Borobudur begann der Stern der buddhistischen Shailendra-Dynastie zu sinken. Hinduistische Herrscher übernahmen die Macht in Zentraljava. Sie schufen um das Jahr 854 mit Prambanan ein Gegenstück zum Borobudur. Die drei größten und heiligsten Gebäude dieses Reichstempels und Bestattungsorts der Könige sind der Trimurti, der Trinität von Shiva, Vishnu und Brahma geweiht. Prambanan ist eine der größten hinduistischen Tempelanlagen Südostasiens, die acht Haupttempel inmitten von über 250 kleinen Candis – so der indonesische Name für Tempel – umfasst. 47 Meter hoch ist das dem Shiva geweihte Hauptgebäude, gerahmt von den nur wenig kleineren Candis des Vishnu und Brahma. Wie beim Borobudur zieren herrliche Steinreliefs die großen Tempel, nur schöpfen sie ihre Themen aus den Mythen des Hinduismus – beispielsweise wird das Epos des Ramayana dargestellt. Interessant ist, dass die Reliefs der buddhistischen und hinduistischen Monumente auf Java keinerlei Stilunterschiede aufweisen. Oft wurden sie sogar von den gleichen Künstlern ausgeführt – ein Zeichen dafür, dass die beiden großen Religionen nicht nur friedlich miteinander existierten, sondern eng verflochten waren.

Prambanan teilte das Schicksal des Borobudur, wurde im 10. Jahrhundert aufgegeben und begann zu verfallen. Im 16. Jahrhundert stürzten die Tempel bei einem Erdbeben zusammen. 1918 begann die Rekonstruktion, doch viele Steine und Kunstwerke waren gestohlen worden. Nur die Haupttempel wurden neu aufgerichtet, von vielen Nebentempeln blieben nur Grundmauern. 2006 wurde der zum UNESCO-Weltkulturerbe zählende Prambanan erneut von einem schweren Erdbeben heimgesucht, das auch die Haupttempel wieder stark beschädigte. Zwar wurde der Tempelbezirk erneut für Besucher geöffnet, das Ausmaß der Zerstörung ist aber noch nicht ganz geklärt.

AUF DER INSEL DER GÖTTER

Der Muttertempel Pura Besakih

Pura Besakih, der größte und wichtigste Tempelkomplex Balis, liegt am Abhang des Vulkans Gunung Agung. Kein anderer von den Tausenden Tempeln auf der Insel der Götter kommt ihm an Bedeutung gleich, wird in ihm doch alle hundert Jahre das gesamte Universum symbolisch gereinigt.

Weit über elftausend Tempel findet man auf Bali, der einzigen hinduistischen Insel Indonesiens, und in dieser Zahl sind die Familientempelchen, die in jedem Gehöft zu finden sind, die Schreine und Naturheiligtümer gar nicht eingerechnet. Noch das kleinste Bergdorf verfügt über ein sakrales Zentrum, die meisten Dörfer nennen in alter Tradition sogar drei Tempel ihr eigen – den Pura Puseh, den Ursprungstempel, den Pura Desa, den Tempel der Ratsversammlung aller verheirateten Männer, und den Pura Dalem, den Tempel des Todes nahe dem Verbrennungsplatz. Sie symbolisieren die Dreiheit von Himmel, Menschenwelt und Unterwelt.

Mindestens einmal jährlich wird in diesen Tempeln ein prachtvolles Fest begangen. Wenn am hohen Feiertag die Götter vom Himmel steigen, um leibhaftig zugegen zu sein in der menschlichen Welt, wenn nachts die Figuren der Schattenspiele über die von einer Kokosflamme flackernd beleuchtete Leinwand huschen, um die alten Mythen und Epen der Götter und Helden lebendig werden zu lassen, wenn junge Mädchen, in deren Körpern Himmelsnymphen Wohnung genommen haben, in perfekter Synchronität die heiligen Tänze aufführen oder einfache Bauern, vom Brahmanen in Trance versetzt, barfuß durch glühende Kokosschalen waten – dann wird die Magie des alten Bali unmittelbar greifbar. Das Wirken von Göttern und Dämonen ist den Balinesen bis heute völlig selbstverständlich, zeigt es sich doch in allen Aspekten des Lebens. Die göttlichen Wesen werden mit täglichen Opfern und Gebeten geehrt, mit der traditionellen Architektur, den farbenfrohen Festen und Ritualen, den Zyklen von Säen und Ernten, von Werden und Sterben.

Alle Tempel und heiligen Stätten der Götterinsel aber, die berühmten und spektakulären und die in Bergen, Feldern und Wäldern versteckten, werden an Bedeutung weit übertroffen vom Muttertempel Besakih am Hang des Vulkans Gunung Agung. Das zentrale hinduistische Heiligtum Indonesiens soll im 8. Jahrhundert, als der Hinduismus in Bali Einzug hielt, von dem Shiva-Priester Sri Markadeya begründet worden sein, doch zuvor schon war hier eine uralte sakrale Stätte gewesen, vermutlich dem Gunung Agung und den Ahnen geweiht. Einige mit Tüchern umhüllte Lingam-Steine erinnern bis heute an diesen heiligen Ort vorhinduistischer Zeit, deren Glaubensvorstellungen in die typische balinesische Ausprägung des Hinduismus eingewoben sind. Heute gibt es in Besakih auf etwa tausend Metern über dem Meer auf emporsteigenden Terrassen über 30 Tempelkomplexe mit über 200 verschiedenen Bauwerken, von denen jedes seine ganz besondere religiöse Bedeutung besitzt. Die Fürstengeschlechter, Dorfgemeinschaften und Zünfte von ganz Bali pflegen hier ihre eigenen Heiligtümer. Wichtigster Tempel von Besakih ist der sieben Terrassen emporsteigende Pura Panataran Agung, dessen Innenbereich nur Hindus betreten dürfen. Er ist der Trimurti geweiht, der Trinität von Shiva, Vishnu und Brahma. Hinter den gespaltenen Toren und den hoch aufragenden Pagoden

Linke Seite: Der Muttertempel Pura Besakih ist terrassenförmig in den Abhang des heiligen Vulkans Gunung Agung gebaut.
Oben: Sakrale Feste begleiten die Balinesen von der Geburt bis zum Tod. Die Verbrennung der Leiche eines Brahmanen in einem aufwendig gestalteten Verbrennungsstier steht im Mittelpunkt einer prachtvollen Zeremonie, an der das gesamte Dorf teilnimmt.

Besakihs, die den Weltenberg Meru symbolisieren, steigt der heilige Vulkan steil gen Himmel. Nur früh am Morgen, wenn sich der Dunst aus den heißen Ebenen noch nicht in Wolken verwandelt hat, ist der 3143 Meter hohe Gipfel zu sehen, der symbolische Mittelpunkt des Universums und Sitz des Shiva in seiner Erscheinungsform als Mahadeva, als »der große Gott«.

Doch die Götter sind nur an Festtagen in ihren Heiligtümern zugegen. Nur im Klang des Gamelan, im sakralen Tanz, im Räucherwerk, im Ritual vermögen sie herabzusteigen zu den Menschen. Während die Höfe der Dorftempel oft Wochen und Monate leer bleiben und nur zu den Festen zum Leben erwachen, werden im Muttertempel Besakih fast jeden Tag Riten und Reinigungsrituale abgehalten, denn nur solche Zeremonien vermögen das fragile Gleichgewicht der Mächte von Gut und Böse zu bewahren und den Kosmos aufrechtzuerhalten. Einmal jährlich strömen die Menschen aus ganz Bali zum großen Tempelfest an den Hang des Gunung Agung. Alle zehn Jahre wird das Fest prächtiger und mit mehr Besuchern gefeiert, und nur einmal im Jahrhundert findet in Besakih das Eka-Dasa-Rudra-Fest statt, bei dem das ganze Universum symbolisch gereinigt wird. Der heilige Kalender muss ganz genau eingehalten werden. Als 1963 das Jahrhundertfest auf politischen Druck um einige Jahre vorgezogen werden sollte und die Vorbereitungen in Besakih schon in vollem Gange waren, zürnten die Götter solchem Frevel: Der als erloschen geltende Gunung Agung brach aus, verwüstete weite Landstriche und tötete über 2500 Menschen. Die Gläubigen im Bezirk des Tempels blieben verschont. Ein Lavastrom wälzte sich den Hang hinab auf Besakih zu, doch er teilte sich vor den Mauern des Heiligtums. Die Vorbereitungen zum Fest wurden abgebrochen und erst 1979 wieder aufgenommen, als die rechte Zeit für das Eka Dasa Rudra gekommen war. Nun konnte mehr als eine Million Balinesen ungestört zu ihrem heiligsten Tempel pilgern, um dieses hohe Fest zu begehen, das nur ein einziges Mal in einem Menschenleben zu feiern ist.

Oben: Ein Brahmane segnet die Betenden bei einer Zeremonie mit heiligem Wasser.
Rechte Seite: Der Meerestempel Tanah Lot liegt auf einer kleinen Insel, die nur bei Ebbe zu Fuß erreichbar ist.

Der Meerestempel Tanah Lot

Aus der schier unüberschaubaren Fülle an Heiligtümern Balis sei noch ein kleiner Tempel hervorgehoben, der die besondere Gunst der Bali-Reisenden genießt, aber auch in der spirituellen Hierarchie der Tempel Balis eine wichtige Rolle spielt – Tanah Lot. Der gänzlich unheilige Touristenrummel, der sich allabendlich zum Sonnenuntergang dort abspielt, ist ungeheuerlich, doch wie so oft in Asien werden die Würde und Bedeutung eines Heiligtums durch solche Umstände kaum beeinträchtigt.

Für die Balinesen gehören die Berge im Inselinneren zum Bereich der Götter, das Meer hingegen ist Wohnsitz der Dämonen und bösen Geister und wird von den Balinesen gefürchtet. Doch auch die negativen Mächte müssen besänftigt und verehrt werden, um das Gleichgewicht des Universums zu erhalten. Zu diesem Zweck wurden an den Küsten Balis sieben Meerestempel errichtet, die in einem fein gesponnenen spirituellen System Bezüge zu Pura Besakih und anderen Bergtempeln aufweisen. Gelegen auf einer vom Meer unterspülten Felseninsel an der Südwestküste, ist Tanah Lot – der Name bedeutet »Land inmitten des Meeres« – nur bei Ebbe trockenen Fußes zu erreichen. Gegründet haben soll den Tempel von Tanah Lot, der in einigen Aufstellungen sogar zu den sechs Reichstempeln von Bali gezählt wird, Anfang des 16. Jahrhunderts der javanische Brahmane Pedanda Sakti Bau Rau, der vor dem in Java sich ausbreitenden Islam nach Bali floh und auf der Felsspitze, auf der heute der Tempel steht, lebte und meditierte.

Eine heilige Süßwasserquelle entspringt im Fels, und in Höhlungen leben giftige Seeschlangen, die als Beschützer des Tempels gelten. Eine Schlange gilt auch als Herrin dieses Tempels, was eine Verbindung zu Pura Besakih herstellt, denn einer der Tempel dort ist der kosmischen Schlange Batara Basuki geweiht.

16 WEITERE HEILIGE STÄTTEN

AFGHANISTAN

DIE VERLORENEN BUDDHAS VON BAMIAN

Im März 2001 ereignete sich vor laufenden Fernsehkameras ein Kulturfrevel ohnegleichen: Das fundamentalistische Taliban-Regime ließ die beiden kolossalen Buddha-Statuen von Bamian aus dem 6. Jahrhundert sprengen. In der Zeit, als diese Statuen als späte Zeugen der Kultur von Gandhara in den Fels gehauen wurden, war das fruchtbare Hochtal Bamian ein blühendes buddhistisches Zentrum an einem Zweig der Seidenstraße. Tausende von Mönchen lebten hier in Felsenklöstern mit Tempeln und Versammlungshallen, die mit prächtigen Statuen und Wandmalereien ausgestattet waren. Erst ab dem 11. Jahrhundert musste der Buddhismus dem Islam weichen. Schon im 7. Jahrhundert berichtete der chinesische Pilger Xuangzang von den Klöstern und in den Fels gehauenen Statuen, aber auch von einer liegenden Buddha-Figur, die über 300 Meter groß sein sollte. Archäologen haben auf der Suche nach dieser einzigartigen Skulptur Ende 2008 einen 19 Meter langen »schlafenden Buddha« ausgegraben – weiteres Zeugnis einer ehemals hoch entwickelten buddhistischen Kultur im heute streng muslimischen Afghanistan.

CHINA

DER MATSU-TEMPEL AUF MEIZHOU

An den Küsten Südchinas und Taiwans sowie im gesamten pazifischen Raum, wo Chinesen leben, gibt es etwa 1500 Tempel der Matsu, der taoistischen Schutzpatronin und Nothelferin der Fischer und Seefahrer, der Meeresgöttin und Himmelskaiserin, der Mutter-Ahnin und heiligen Himmelsmutter. Die weitaus meisten Tempel liegen auf Taiwan, das zentrale Heiligtum des Matsu-Kultes aber steht auf der Insel Meizhou in der südchinesischen Provinz Fujian. Dort soll die Göttin im Jahr 960 als Lin Moniang, Tochter eines Fischers, geboren worden sein. Sie half den Fischern, rettete auf magische Weise ihre beiden Brüder vor dem Ertrinken und sei nach ihrem frühen Tod als Gottheit in den Himmel aufgestiegen. Der Schrein, der bereits im 10. Jahrhundert auf ihrer Heimatinsel errichtet und seither erweitert wurde sowie die große Statue der Göttin sind Ziel der Pilger, die nach Meizhou kommen, um die schützende Muttergöttin zu verehren. In all ihren Heiligtümern werden prachtvolle Zeremonien und Prozessionen zu ihren Ehren abgehalten.

CHINA

DER GROSSE BUDDHA VON LESHAN

Seit über 1200 Jahren sitzt die größte steinerne Buddha-Statue der Welt in die Felswand gelehnt, aus der sie geschlagen wurde, die Hände auf den Knien, den Blick der in Meditation halb geschlossenen Augen auf den Emai Shan gerichtet. Nur noch 30 Klöster befinden sich auf dem höchsten der vier heiligen Berge des Buddhismus in China, der dem Bodhisattva Samantabhadra geweiht ist, dem »Allumfassend Guten«. 71 Meter hoch ist der Buddha von Leshan in der Provinz Sichuan, und 90 Jahre dauerte es, bis ihn fromme Hände auf Initiative des Mönches Haiton aus dem Fels befreit hatten. Er wacht über den Zusammenfluss von Minjiang, Dadu und Qingyi und soll die Bootsleute schützen, die in den reißenden Strömungen dort leicht zu kentern drohen. Allein der Kopf des Buddha hat eine Höhe von 15 Metern, die Schultern sind 28 Meter breit. Die Statue, die zusammen mit dem Emai Shan zum UNESCO-Weltkulturerbe zählt, stellt den Buddha Maitreya dar, den letzten irdischen Buddha, den »Buddha der Zukunft«, der in ungefähr 30 000 Jahren als Weltenlehrer in Erscheinung treten soll.

Links: Der 71 Meter hohe Buddha von Leshan blickt auf den Emai Shan, einen der vier heiligen Berge des Buddhismus in China.

China

DER TEMPEL DES KONFUZIUS IN QUFU

Schon kurz nach dem Tod des großen Philosophen Kung-tse wurde sein Geburtshaus in einen Tempel umgewandelt. Seit 2500 Jahren pilgern Kaiser, Staatsmänner, Gelehrte und Scharen von Anhängern nach Qufu, um dem »heiligen König der Kultur« Verehrung zu erweisen. An der Stelle des Hauses von Konfuzius entstand der Tempelbezirk Kong Miao, der im Laufe der Jahrhunderte oft umgebaut und erweitert wurde. Zentrum des 16 000 Quadratmeter großen Areals ist Dachen Dian, die »Halle der großen Vollendung«, wo Zeremonien zu Ehren von Kung-tse stattfanden und wo auch heute noch an seinem Geburtstag am 28. September des großen Weisen gedacht wird. Seine Familie wurde nach dem Tod ihres berühmten Sohnes in den Adelsstand erhoben und errichtete neben dem Tempel eine riesige Residenz, von der heute über 150 Gebäude erhalten sind. Etwa 10 000 Nachkommen des Kung-tse liegen auf dem Friedhof des Konfuzius nördlich von Qufu begraben. Die Grabstätte des Meisters steht dort für die Pilger im Mittelpunkt, doch ist nicht sicher, ob seine sterblichen Überreste tatsächlich hier beigesetzt wurden.

Japan

DER HEILIGE BERG FUJI-SAN

Der Fuji-san, Wahrzeichen Japans, ragt 3776 Meter hoch über Feldern, Seen und dem Meer auf. Legenden ranken sich um ihn, seine Schönheit wurde in Gedichten gepriesen und seine perfekte symmetrische Form in Malerei und Farbholzschnitten verewigt. Auf seinem Gipfel wurde ursprünglich eine Feuergottheit angebetet, der man Schreine erbaute, um sie zu besänftigen, denn der heilige Vulkan brach immer wieder aus, zuletzt im Jahr 1707. Heute wird Konohana Sakuya Hime dort verehrt, die Kami der blühenden Bäume.

Den Buddhisten gilt Dainichi Nyorai, der Buddha alleserleuchtender Weisheit, der im Shingon die höchsten Lehren verkörpert, als Herr des Fuji-san. Nachdem um 700 ein Asket erstmals den Berg bestiegen haben soll, begannen im 16. Jahrhundert Pilgerströme die Hänge hinaufzuwandern. Verschiedene Sekten unterstützten den Fuji-ko-Kult, bauten Hütten und Torjis am Weg und führen bis heute Feuerzeremonien durch. Noch immer steigen Pilger die Serpentinenpfade der vier Hauptrouten zum Gipfel empor, begleitet von Tausenden Touristen und Bergsteigern.

Japan

DIE SCHREINE VON ISE

Jingu, wie die Schreine von Ise zusammenfassend auch genannt werden, gilt als bedeutendstes Shinto-Heiligtum Japans. Über sechs Millionen Pilger kommen jährlich, um die weitläufige Anlage mit zwei Hauptschreinen und über 120 Nebenschreinen zu besuchen. Im »äußeren Schrein« Geku, der etwa 1500 Jahre alt ist, wird die Kami für Nahrung, Kleidung und Industrie verehrt. Im »inneren Schrein« Naiku, nach der offiziellen Chronik über 2000 Jahre alt und Sitz der Sonnengöttin Amaterasu, der Ahnherrin des japanischen Kaiserhauses, wird der heilige Spiegel der Kaiser aufbewahrt. Der Öffentlichkeit ist der Zutritt zu den beiden Hauptschreinen verwehrt. Viele Feste finden im Jahreslauf in Ise statt, das wichtigste, das Kannamesai, im Oktober, wenn die erste Ernte des Jahres der Sonnengöttin dargebracht wird. Alle zwanzig Jahre werden die beiden Hauptschreine abgerissen und komplett und völlig identisch neu gebaut, zuletzt im Jahr 1993; die ersten vorbereitenden Riten für den Neubau 2013 wurden bereits durchgeführt.

Nepal

HEILIGES FEUER UND WASSER VON MUKTINATH

Seit Hunderten von Jahren ist Muktinath im Annapurna-Gebiet Wallfahrtsort für Buddhisten und Hindus gleichermaßen. Nach einer Woche Fußmarsch erreichen die Pilger, und heute auch Trekking-Touristen aus aller Welt, das Bergdorf auf über 3700 Meter Höhe. Muktinath steht für das harmonische Miteinander der beiden Religionen, symbolisiert in den gegensätzlichen Elementen Feuer und Wasser, die hier verehrt werden: eine brennende Erdgasflamme und 108 Quellen, die aus bronzenen Kuhmäulern an einer Steinwand entspringen. Auch der Tempel Chumig Gyatsa aus dem frühen 19. Jahrhundert ist zugleich für Hindus und Buddhisten Ort der Verehrung. Ein Shiva-Heiligtum und kleine Klöster mit tibetisch-buddhistischen Mönchen und Nonnen ergänzen die sakralen Stätten von Muktinath. Neben Feuer und Wasser verehren die Hindus hier den Vishnu in der Form von Salagrama-Shilas – schwarzen Ammoniten-Fossilien. Den Buddhisten gilt Muktinath als Ort der Dakinis, der Himmelstänzerinnen, die auf dem Weg zur Erleuchtung inspirieren. Auch Guru Rinpoche Padmasambhava soll hier meditiert haben.

Nepal

BUDDHAS GEBURTSORT IN LUMBINI

Der Ort, an dem Prinz Siddharta das Licht der Welt erblickte, gehört zu den vier heiligsten Stätten des Buddhismus, die Buddha selbst auf seinem Sterbelager benannt haben soll. Lumbini, im Süden Nepals unweit der indischen Grenze gelegen, ist heute ein abgeschiedener, beschaulicher Ort. Einst aber war Lumbini beliebtes Pilgerziel. Kaiser Ashoka ließ schon im 3. Jahrhundert v. Chr. Stupas und eine Steinsäule mit Inschrift errichten, später entstanden Tempel und Klöster. Doch nachdem Islam und Hinduismus den Buddhismus in Indien verdrängt hatten, sank Lumbini in Vergessenheit. Seine Klöster und Stupas verfielen. Erst 1895 wurde die Säule des Ashoka von Archäologen wiederentdeckt. Heute birgt ein modernes Tempelgebäude die Stelle, an dem Maya Devi den Prinzen Siddharta zur Welt brachte, und unweit davon liegt ein heiliger Teich, in dem sie vor der Geburt ihres Kindes gebadet haben soll. In neuerer Zeit entstanden buddhistische Klöster der verschiedenen Schulrichtungen, und 1997 nahm die UNESCO den Ort in die Liste des Weltkulturerbes auf.

Indien

Der Höhlenschrein der Vaishno Devi

In den Vorbergen des Himalaya, in der nordindischen Provinz Jammu-Kashmir, liegt einer der heiligsten und meistbesuchten Wallfahrtsorte des Subkontinents, der Schrein der göttlichen Mutter Sri Mata Vaishno Devi Ji. Über fünf Millionen Pilger bewältigen jedes Jahr die etwa 16 Kilometer von der Ortschaft Katra hinauf zur heiligen, legendenumwitterten Höhle vor dem dreigipfeligen Berg Trikuta auf knapp 1600 Meter Höhe – zu Fuß, auf Ponies oder neuerdings auch per Hubschrauber. Ein Felsen mit drei kostbar bekleideten und geschmückten natürlichen Ausformungen, den drei heiligen Pindies, wird hier als dreifaltige Offenbarung von Vaishno Devi verehrt – Maha Saraswati, die Energie der Schöpfung, Maha Lakshmi, die Energie der Bewahrung, und Maha Kali, die Energie der Zerstörung. Nur an dieser heiligen Stätte werden die drei grundlegenden kosmischen Kräfte der göttlichen Mutter in einem einzigen Kultobjekt verehrt. Die Pilger erhoffen sich von ihrer Wallfahrt, dass Vaishno Devi diese drei Energien auch in ihrem eigenen Inneren ins Gleichgewicht bringt.

Indien

Das Sufi-Grabmal von Ajmer

Nach den Hindus sind die Muslime mit etwa 100 Millionen Gläubigen die größte Religionsgruppe Indiens. Die Islamisierung Indiens begann bereits im frühen 8. Jahrhundert im heutigen Pakistan und dehnte sich in den folgenden Jahrhunderten über den gesamten Norden des Subkontinents aus, wo mächtige Reiche entstanden. Eine wichtige Rolle bei der Verbreitung der Lehre des Propheten spielten die Sufis, die islamischen Mystiker. Einer der berühmtesten von ihnen, der Begründer des bis heute aktiven Ordens der Chishti – der vermutlich in Mittelasien geborene und in den Medresen von Buchara und Samarkand ausgebildete Muin-du-din Chisthti (1143–1235) –, wirkte in Ajmer, einer kleinen Stadt in der Nähe von Pushkar. Sein Grabmal ist ein wichtiger islamischer Wallfahrtsort, den vor allem zur jährlichen mehrtägigen Gedenkfeier des Todestages im April/Mai Hunderttausende von Pilgern aufsuchen. Dieser Dargah ist nur ein unscheinbarer Backsteinbau, in dessen Umgebung später prächtige Moscheen errichtet wurden. Und doch ist eben dieses schlichte Grabmal heiliges Ziel der Pilger.

Indien

Der Dakshineswar-Kali-Tempel in Kolkata

Von den zahlreichen Devi, den weiblichen Gottheiten in ihren verschiedenen lebensspendenden, nährenden, mütterlichen, zornvollen und zerstörerischen Erscheinungsformen, ist Kali, »die Schwarze«, die furchterregendste und schrecklichste. Sie gilt als Shakti, als spirituelle Gefährtin des Shiva, wird aber zugleich als göttliche Mutter hoch verehrt. Im Dakshineswar-Kali-Tempel, einem der bedeutendsten Zentren der Kali-Verehrung in Indien, fließt denn auch täglich das Opferblut von Zicklein für die Schutzpatronin Kolkatas, die im innersten Heiligtum des Tempels mit herausgestreckter Zunge und Ketten von Totenköpfen um den Hals dargestellt wird. Zwischen 1847 und 1855 wurde der Tempelkomplex erbaut, nachdem eine reiche Witwe eine Vision der Kali hatte und daraufhin Land kaufte und den Bau veranlasste. Berühmtester Verehrer der Kali und Priester im Dakshineswar-Tempel war der Heilige und Mystiker Ramakrishna (1836–1886), der durch seine ekstatische Hingabe an die göttliche Mutter Kali Erleuchtung erlangte und vielen Hindus als Avatar, als göttliche Verkörperung gilt.

Indien

Der Tirupati-Venkateshvara-Tempel

Auf einem der sieben Hügel über dem südindischen Tirumala liegt die angeblich größte Wallfahrtsstätte der Welt. Etwa 60 000 Pilger kommen jahrum jeden Tag, um das Murti, das »von selbst entstandene« Kultbild des Venkateshvara zu sehen, einer gnadenvollen, wunscherfüllenden Erscheinungsform Vishnus. In dieser Statue soll Vishnu während des gesamten Kali Yuga wohnen, dem gegenwärtigen »Eisernen Zeitalter« gemäß der Hindu-Kosmologie. An manchen Tagen sind es weit über 100 000 Pilger, und zu den Tempelfesten, vor allem zum Brahmotsavam im September, steigt ihre Zahl in die Millionen. Viele Stunden müssen sie warten, bis ihnen das Darshan, der Anblick des heiligen Bildes zuteil wird. Alle Herrscherdynastien haben den Tempel aus dem 9. Jahrhundert üppig mit Gold und Juwelen bedacht, und die Spenden der Pilger fließen bis heute. Traditionsgemäß scheren sich viele Gläubige ihr Haar als Opfergabe – die Tempelverwaltung verkauft es und erzielt damit zusätzliche Einnahmen. Der Tempel, der zu den 108 Divyadesams, den Wohnsitzen Vishnus zählt, gilt als der reichste Indiens.

Indien

Die Tempelstadt von Srirangam

Von den zwölf »von selbst entstandenen« Schreinen und den 108 Divyadesams, den heiligen Wohnsitzen des Vishnu, ist der Ranganathaswami-Tempel von Srirangam in der südindischen Provinz Tamil Nadu der bedeutendste. Dieser mit über 630 000 Quadratmetern größte Tempelkomplex Indiens liegt auf einer Insel zwischen den Nebenarmen zweier Flüsse. Sieben Mauerringe mit 21 bis 72 Meter hohen Gopurams umschließen das Haupttheiligtum, in dem eine Statue des Vishnu in seiner Form als Sri Ranganatha, liegend auf einer Schlange, verehrt wird. Schon ab dem 10. Jahrhundert wurden Pilger von diesem Zentrum des Vishnuismus angezogen, doch die heutige Tempelstadt wurde erst ab dem 13. Jahrhundert von verschiedenen Herrscherdynastien errichtet und erweitert und noch bis in die Gegenwart ausgebaut. Eng mit Srirangam verbunden ist der Philosoph und Heilige Ramanuja, der im 11./12. Jahrhundert hier lebte und wirkte. Er gilt als einer der bedeutendsten Vertreter des Vedanta und stellte den Weg des Bhakti, der Liebe und Hingabe, in den Mittelpunkt seiner Lehre.

Indien

DAS STEINERNE BUCH DER LIEBE VON KHAJURAHO

Unter den zahllosen Tempeln Indiens ist das dem Shiva geweihte Kandariya-Mahadeva-Heiligtum von Khajuraho zweifellos einer der berühmtesten, allerdings nicht aufgrund seiner besonderen spirituellen Bedeutung oder seiner Anziehungskraft auf Pilger, sondern einzig wegen der in Stein gemeißelten erotischen Darstellungen, die den Tempel ringsum schmücken und deren Deutung in der Fachwelt noch immer umstritten ist. Ob es nun Darstellungen tantrischer Rituale sind, Verbildlichungen des Kama Sutra, des »Leitfadens der Erotik«, oder schlichtweg pornographische Fantasien der Könige, die den Tempel errichten ließen – der kunsthistorische Rang dieser freizügigen Figurengruppen steht ebenso außer Frage wie ihre magnetische Anziehung auf Touristen aus aller Welt. Dabei gibt es in Khajuraho noch über 50 andere mittelalterliche Tempel von Jains und Hindus zu sehen. Verblüffend für viele Besucher aus dem Westen ist die Selbstverständlichkeit, mit der solche tabulosen sexuellen Darstellungen in die Gestaltung eines sakralen Ortes einbezogen werden.

Sri Lanka

DER HEILIGE BERG ADAMS PEAK

In einem Tempel auf dem Gipfel des Adams Peak wird eine als Fußabdruck gedeutete Vertiefung im Fels gezeigt. Vier Religionen gilt der mit 2243 Metern fünfthöchste Berg Sri Lankas deswegen als heilig. Für die Muslime hat hier Adam, der »Vater der Menschheit«, nach der Vertreibung aus dem Paradies erstmals den Fuß auf die Erde gesetzt und tausend Jahre auf einem Bein stehend Buße getan. Die Hindus hingegen sehen hier eine Spur des Tandava, des Tanzes des Shiva. Die Buddhisten wiederum berichten, Buddha habe den Fußabdruck bei seinem dritten Besuch auf Sri Lanka hinterlassen und nennen den Berg Sri Pada, heiliger Fuß. Die Christen schließlich glauben, der Apostel Thomas habe den Berg bestiegen und den Abdruck hinterlassen. Doch schon vor den großen Religionen galt der Berg als heilig, als Sitz des Saman, einer der vier Wächtergottheiten Sri Lankas. Die Pilger steigen die nachts beleuchtete und von Rastplätzen und Erfrischungsbuden gesäumte Treppenanlage zu dem mit Tempeln bebauten Gipfelplateau hinauf, vollziehen ihre Rituale und genießen die weite Aussicht oder, wenn sie die nächtliche Kühle für den Aufstieg genutzt haben, den grandiosen Sonnenaufgang.

Burma

DER GOLDENE FELSEN KYAIKTIYO

Gefährlich neigt sich der riesige vergoldete Rundfelsen über den Abgrund. Jeden Augenblick, so scheint es, könnte er hinabstürzen. Doch in der kleinen Pagode, die auf seinem Rücken steht, wird ein Haar des Buddha bewahrt, und dieses, so weiß die Legende, hält den Goldenen Felsen in den Dschungeln Südburmas, dem ehemaligen Reich der Mon, in seiner heiklen Balance. Im 11. Jahrhundert hatte der Einsiedler Taik Tha dieses Haar dem König Tissa übergeben mit der Anweisung, es in einer Pagode auf einem Felsen zu verwahren, der dem Kopf des Eremiten gleichen sollte. Daher bedeutet Kyaiktiyo auch so viel wie »Pagode auf dem Eremitenhaupt«. Mit Hilfe des Königs der Nagas wurde ein solcher Fels auf dem Meeresgrund gefunden und auf magische Weise an seinen heutigen Platz gehoben. Der Goldene Felsen ist einer der wichtigsten Wallfahrtsorte Burmas. Aussichtspunkte, Pagoden und Schreine für Buddha und für die Nat, die alten Geister, finden sich in der Nähe des Kyaiktiyo. Unaufhörlich steigen Pilgerströme den langen Weg herauf, um die Buddha-Reliquie zu verehren und mit kleinen Blattgoldstücken die Goldschicht des Felsens zu mehren. Allerdings ist es nur Männern gestattet, den heiligen Felsen zu berühren.

Oben: Der vergoldete Rundfelsen Kyaiktiyo im südlichen Burma ist eines der spektakulärsten Pilgerziele Südostasiens.

GLOSSAR

Ahimsa – Gewaltlosigkeit, Nichtverletzen anderer Lebewesen.
Amaterasu – Shinto-Göttin von Sonne und Licht. Ahnherrin des japanischen Kaiserhauses.
Amida – Japanisch für Buddha →Amithaba.
Amithaba – »Grenzenloses Licht«. Einer der wichtigsten Buddhas im →Mahayana-Buddhismus. Herr über das »Westliche Paradies«, das »Reine Land« Sukhavati.
Amrita – Unsterblichkeitstrank, Nektar des Lebens.
Apsaras – Himmelsnymphen, Himmelstänzerinnen.
Arabeske – Ornament aus stilisierten Pflanzen.
Arhat – Höchste Stufe der Vollkommenheit im frühen Buddhismus. Ideal des →Hinayana-Buddhismus.
Ashoka – Berühmter buddhistischer König des indischen Maurya-Großreiches, gestorben ca. 231 v. Chr.
Avalokiteshvara – →Bodhisattva des grenzenlosen Mitgefühls. Einer der wichtigsten Bodhisattvas des →Mahayana-Buddhismus.
Baray – Künstlich angelegtes Wasserbecken in der Khmer-Kultur.
Bardo – Zwischenzustand zwischen Tod und Wiedergeburt. Im tibetischen Buddhismus wird Leben und Tod in sechs Bardos aufgeteilt, der oben genannte Zwischenzustand ist nur einer dieser sechs.
Bhagavadgita – »Gesang des Erhabenen«. Philosophisches Lehrgedicht und eines der wichtigsten Bücher des Hinduismus. Teil des →Mahabharata.
Bhakti – Bedingungslose Liebe und Hingabe an Gott oder Guru.
Bodhisattva – Ein Wesen auf dem Weg zur Erleuchtung, das freiwillig auf das eigene Eingehen in das Parinirvana verzichtet, um anderen helfen zu können, bis alle Wesen erlöst sind. Ideal des →Mahayana-Buddhismus.
Bodhidharma (spätes 5./frühes 6. Jahrhundert) – Kam von Indien nach China, um den Buddhismus zu verbreiten. Erster Patriarch des Chan (→Zen).
Bot – Hauptgebäude im Bereich eines thailändischen Klosters. Auch Ubosoth genannt.
Brahma – Als Teil der →Trimurti Schöpfer des Universums.
Brahmane – Mitglied der obersten Hindu-Kaste, der Priesterkaste.
Buddha – »Der Erwachte«. Bezeichnung für einen Menschen, der Erleuchtung, Befreiung, →Nirvana verwirklicht hat.
Candi – Indonesisch für Tempel.
Chaitya – Buddhistische Versammlungshalle für gemeinsame Meditation, Ritual und Unterweisung.
Cham-Tänze – Religiöse Tänze, die bei Klosterfesten des tibetischen Buddhismus aufgeführt werden.
Chedi – Bezeichnung für →Stupa in Thailand.
Chörten – Tibetische Form des →Stupa.
Chutuktu – Vertreter der höchsten →Reinkarnationslinie der Mongolei.
Dagoba – Bezeichnung für →Stupa auf Sri Lanka.
Dalai Lama – Vertreter der bedeutendsten →Reinkarnationslinie Tibets. Seit dem 5. Dalai Lama weltliches und geistliches Oberhaupt von Tibet.
Darshan – Segensgewährender Anblick eines Heiligen oder eines Kultobjekts.
Devi – Göttin. Steht für alle weiblichen Gottheiten des Hinduismus.
Domchoe – Fest in Klöstern und →Dzongs, tantrisches Ritual.
Dyani-Buddhas – Transzendente Buddhas, Meditationsbuddhas. Fünf, den Himmelsrichtungen zugeordnete, überirdische Buddhas.
Dzong – Festung, Burg, meist mit Verwaltungs- und Klosterbereich.
Gamelan – Musikensemble auf Java und Bali, spielt vorwiegend mit Metallophonen.
Gelug – Eine der Hauptschulen des tibetischen Buddhismus. Die →Dalai Lamas und →Panchen Lamas gehören dieser Schule an.
Ghat – Treppe zu Bade- und Verbrennungsplätzen.
Gompa – Tibetisch für »einsamer, abgelegener Ort«. Bezeichnet meist eine Klosteranlage.
Gopuram – Torturm in indischen Tempelanlagen.
Guru – Spiritueller Lehrer und Meister.
Guru Granth Sahib – Heiliges Buch der Sikh-Religion.
Guru Rinpoche – »Kostbarer Lehrer«. Populäre Bezeichnung für →Padmasambhava.
Haiden – Gebetshalle in einem Shinto-Schrein.
Henro – Pilger auf der japanischen Insel Shikoko.
Hinayana – »Kleines Fahrzeug«. Zusammenfassende, abwertende Bezeichnung für die Schulen des frühen Buddhismus, von denen heute nur noch →Theravada existiert.
Honden – Haupthalle in einem Shinto-Schrein, in der die →Kami residieren und die nur von Priestern betreten werden darf.
Jataka – Erzählungen aus den früheren Leben des Buddha. Oft Motiv von Wandmalereien in buddhistischen Tempeln.
Je Khenpo – Religiöses Oberhaupt Bhutans. Oberhaupt der Drukpa-Kagyü-Schule des tibetischen Buddhismus.
Jinas – 1. Bezeichnung für die →Tirthankaras des Jainismus. 2. Die fünf transzendenten Buddhas oder →Dyani-Buddhas.
Jodo-Shu – Schule des »Reinen Landes« im japanischen Buddhismus. Ausgerichtet auf Buddha →Amida.
Jyotirlinga – Tempel, in dem →Shiva als →Lingam des Lichts verehrt wird. Es gibt zwölf Jyotirlingas in Indien.
Kagyü – Eine der Hauptschulen des tibetischen Buddhismus mit 4 Unterschulen und 8 Nebenschulen.
Kali – »Die Schwarze«. Furchterregende Erscheinungsform der göttlichen Mutter, →Shakti des →Shiva.
Kami – Gottheit und geistige Wesenheit im Shintoismus.
Kannon – Japanisch für →Avalokiteshvara. Dieser Bodhisattva wird in Japan auch in weiblicher Form dargestellt.
Karma – Gesetz von Ursache und Wirkung. Die jedem Wesen eigene Summe aller positiven und negativen körperlichen und geistigen Handlungen samt ihrer Konsequenzen in zukünftigen Verkörperungen. Verwurzelt in vielen östlichen Religionen.
Kora – Umrunden einer heiligen Stätte.
Kshitigarbha – Bodhisattva, der im Volksbuddhismus als Retter aus Höllenqualen und Schützer verstorbener Kinder gilt.
Kukai (774–835) – Begründer der esoterisch-tantrischen Shingon-Schule des japanischen Buddhismus.
Kumbh Mela – Bedeutendes religiöses Fest Indiens. Siehe Kasten Seite 109
Kung Fu – Chinesische Kampfkunst.
Lama – Im tibetischen Buddhismus fortgeschrittener Mönch oder Yogi, der nach dreijähriger Meditationsklausur als spiritueller Lehrer und Ritualmeister wirkt.
Lingam – Phallusförmiges Symbol des →Shiva und der männlichen Energie.
Mahabharata – Größtes indisches Heldenepos mit 106 000 Versen über den Kampf der verwandten Bharata-Familien der Pandavas und Kauravas. Als bedeutendstes Teilstück gilt die →Bhagavadgita.
Mahasattvas – Schüler Buddhas, die später als die acht großen →Boddhisattvas bezeichnet wurden.
Mahayana – »Großes Fahrzeug«. Zweite große Schulrichtung des Buddhismus neben →Hinayana.
Maitreya – Zukünftiger Buddha, der in etwa 30 000 Jahren auf der Erde erscheinen soll. Schüler Buddhas und einer der großen →Bodhisattvas.

Mandala – Symbolische, kreisförmige oder quadratische Darstellung eines heiligen Ortes in zwei- oder dreidimensionaler Form als Mittel zur geistigen Schulung in den esoterischen, tantrischen Schulen von Hinduismus und Buddhismus.
Manjushri – Bodhisattva der Weisheit mit den Attributen Schwert und Buch.
Mausoleum – Prächtiges Gebäude um ein Grabmal.
Medrese – Theologische Hochschule im Islam.
Meru – Weltenberg. Siehe Kasten Seite 81
Milarepa (1052–1135) – Der bekannteste Mystiker, Yogi und Dichter Tibets.
Moschee – Islamisches Gebetshaus.
Mudra – »Siegel, Zeichen«, symbolische Handhaltung oder Geste.
Naga – Mythische Wesen, die in der Erde oder im Wasser leben. Erscheinen meist als Schlangen.
Nat – »Herrscher, Herren«, schützende Geister in Burma.
Nichiren-Schule – Schule des japanischen Buddhismus, die sich auf dem Lotos-Sutra begründet.
Nirvana – Erleuchtung, Zustand des Erwachens und der Befreiung vom Kreislauf von →Karma und Wiedergeburt.
Nyingma – Die älteste der Hauptschulen des tibetischen Buddhismus, von →Padmasambhava begründet.
Padmasambhava – Der »Lotosgeborene«, der im 8. Jahrhundert den Buddhismus in Tibet etablierte.
Pagode – Bezeichnung für →Stupa in Ostasien.
Panchen Lama – Vertreter der nach den →Dalai Lamas zweitwichtigsten →Reinkarnationslinie des tibetischen Buddhismus.
Parikrama – Rituelle Umrundung einer heiligen Stätte.
Parinirvana – Endgültiges Verlöschen im →Nirvana.
Parvati – Gemahlin des →Shiva.
Prang – Tempelturm der Khmer und thailändische Form der →Stupa.
Prasat – Turmheiligtum.
Puja – Ritual, Zeremonie, Darbringung von Opfergaben.
Ramakien – Thailändische Version des →Ramayana.
Ramayana – Zweitgrößtes indisches Heldenepos über die Entführung von Ramas Gemahlin Sita und ihre Befreiung.
Reinkarnation – Wiedergeburt gemäß den Gesetzmäßigkeiten des →Karma.
Reinkarnationslinie – Bewusste Wiedergeburt geistig hochstehender Wesen, die nach ihrer Wiedergeburt aufgefunden, erkannt und wieder in die Ämter und Würden ihres vergangenen Lebens eingesetzt werden. Dieses System existiert ausschließlich im tibetischen Buddhismus. Die drei bekanntesten von mehreren Hundert Reinkarnationslinien Tibets sind die →Dalai Lamas, die →Panchen Lamas und die Karmapas.
Rinpoche – »Kostbarer«. Ehrentitel für hochstehende religiöse Persönlichkeiten im tibetischen Kulturkreis.
Rinzai – Eine der bedeutendsten Schulen des →Zen-Buddhismus.
Sadhu – Hinduistischer Asket, auch Mönch.
Sakya – Eine der Hauptschulen des tibetischen Buddhismus.
Samanthabadra – »Der Allumfassend Gute«. Wichtiger Bodhisattva, im →Vajrayana-Buddhismus auch Adi-Buddha (Ur-Buddha).
Sarasvati – 1. Legendärer, unsichtbarer Fluss, der in den Ganges mündet. Altvedische Flussgöttin.
2. Göttin der Künste, der Rhetorik und der Gelehrsamkeit.
Shakti – Weibliche Energie, tantrische Gefährtin einer Gottheit.
Shakyamuni – Beiname des Buddha. Verweist auf den historischen Buddha, der dem Geschlecht der Shakya entstammte.
Shankara (788–820) – Einer der Hauptvertreter des Advaita-Vedanta und einer der größten Heiligen, Lehrer und Philosophen Indiens. Auch Shankaracharya genannt.
Shingon – Esoterisch-tantrische Schule des japanischen Buddhismus.
Shiva – Als Teil der →Trimurti Gott der Zerstörung und Auflösung, auch der Zerstörung des Nicht-Wissens. Für die Shivaiten höchste Gottheit und schöpferische Kraft des Universums.
Soto – Bedeutende Schule des →Zen-Buddhismus.
Stupa – Typische architektonische Form des Buddhismus. Siehe Kasten Seite 89
Sufi – Islamischer Mystiker, oft organisiert in Orden.
Sutra – »Leitfaden«. Lehrreden des Buddha. Teil des →Tripitaka.
Svayambhu – »Von selbst entstanden«. Dieses Attribut wird manchen heiligen Stätten oder Kultbildern zugeschrieben.
Tandava – Kosmischer Tanz des Shiva.
Tantra – Geheimlehren, magische und energetische Praktiken, esoterische Traditionen sowie Elemente alter Naturkulte, die im 5. und 6. Jahrhundert Hinduismus, Buddhismus und Jainismus durchdrangen.
Tendai – Schule des japanischen Buddhismus.
Tenno – »Himmlischer Herrscher«. Titel des Kaisers von Japan.
Thangka – Rollbild mit religiösen Motiven.
Theravada – Die einzige heute noch bestehende Schule des frühen Buddhismus. →Hinayana.
Thirta – »Furt«. Bezeichnung für heilige Orte und Pilgerstätten in Indien.
Thirtankara – »Furtbereiter«. Heilsverkünder des Jainismus. Es gab 24 Thirtankaras, der letzte war Mahavira, der Begründer des heutigen Jainismus.
Torji – Eingangstor zu einem Shinto-Heiligtum.
Trimurti – Hinduistische Trinität der Götter →Brahma, →Vishnu und →Shiva.
Tripitaka – Die »drei Körbe«. Kanon der buddhistischen Schriften, bestehend aus Vinaya (Ordensregeln), →Sutra (Lehrreden des Buddha) und Abhidharma (philosophische und psychologische Abhandlungen).
Tsechu – Religiöses Fest in Klöstern und →Dzongs.
Upanishaden – Sammlung heiliger Schriften des Hinduismus, die den philosophischen, esoterischen Aspekt der →Veden ausmachen.
Vairocana – »Der Sonnengleiche«. Einer der fünf →Dyani-Buddhas. Im →Vajrayana auch Adi-Buddha (Ur-Buddha).
Vajra – Diamantszepter. Im Hinduismus Donnerkeil des Gottes Indra, im tantrischen Buddhismus Symbol des Unzerstörbaren, der Leerheit als innerstes Wesen allen Seins.
Vajrayana – »Diamantfahrzeug«. Drittes Fahrzeug des Buddhismus, der tantrische, esoterische Buddhismus.
Vedanta – »Abschluss der Veden«. Eines der sechs Systeme der Hindu-Philosophie, das sich hauptsächlich auf den →Upanishaden, der →Bhagavadgita und den Brahma-Sutras gründet. Gilt im Westen als Hindu-Philosophie schlechthin.
Veden – Die vier ältesten heiligen Schriften Indiens.
Vihara – Quartiere der Mönche.
Vimana – Stufen- oder Terrassenturm über dem Heiligtum eines indischen Tempels.
Vishnu – Als Teil der →Trimurti Gott der Bewahrung und Erhaltung.
Vorzeitbuddhas – Buddhas früherer Zeitalter vor der Erscheinung des historischen →Shakyamuni-Buddha.
Wat – Tempel- und Klosteranlage in Südostasien.
Yoga – Sammelbegriff für zahlreiche Praxiswege zum Erlangen der Vereinigung mit dem Göttlichen.
Yoni – Schoß, Ursprung. Symbol der →Shakti, das oft in Verbindung mit dem →Lingam dargestellt und verehrt wird.
Yuga – Zeitalter gemäß der Hindu-Kosmologie. Gegenwärtig herrscht das Kali-Yuga, das letzte der vier Yugas, das eiserne Zeitalter.
Zen – Japanische Form des aus China eingeführten Chan-Buddhismus. Wichtige Schule des →Mahayana mit verschiedenen Unterschulen.

MONGOLEI
Ulaanbaatar
Urumtschi
KIRGISTAN
Taschkent
USBEKISTAN
Kashgar
Lanzhou
Xian
CHINA
Wuhan
Chengdu
Tibet
Lhasa
BHUTAN
NEPAL
Kathmandu
Kabul
AFGHANISTAN
PAKISTAN
Srinagar
Leh
Delhi
Agra
Jaisalmer
Pushkar
Udaipur
Khajuraho
Varanasi
Ahmedabad
INDIEN
Kolkata
Bhubaneshwar
Mumbai
Bangalore
Chennai
Anuradhapura
Colombo
SRI LANKA
Kunming
Guangzhou
Hanoi
Mandalay
MYANMAR
Chiang Mai
LAOS
Vientiane
Yangon
THAILAND
Bangkok
KAMBODSCHA
VIETNAM
Phnom Penh
Saigon
MALAYSIA
Kuala Lumpur
Singapur
INDONESIEN
Jakarta
Java
Yogyakarta
INDISCHER OZEAN
0
1000 km
N

ASIENS HEILIGE STÄTTEN

01 Shah-i Sinda
02 Dunhung
03 Kloster Gandan Tegtschinlin
04 Buddhas von Bamian
05 Tiantan
06 Tai Shan
07 Song Shan
08 Wutai Shan
09 Matsu-Tempel Meizhou
10 Buddha von Leshan
11 Konfuzius-Tempel Qufu
12 Izumo-Taisha-Schrein
13 Miyajima
14 Shikoku
15 Koya-san
16 Horyuji-Tempel
17 Todaiji-Tempel
18 Tempel und Klöster in Kyoto
19 Ise-Schreine
20 Fuji-san
21 Bulguksa-Tempel
22 Sokkuram-Grotte
23 Jokhang-Tempel
24 Potala
25 Kailash
26 Manasarovar
27 Klöster und Tempel in Ladakh
28 Svayambunath
29 Bodnath
30 Pashupatinath
31 Muktinath
32 Lumbini
33 Punakha Dzong
34 Kloster Taktsang
35 Gaumukh
36 Gangotri
37 Badrinath
38 Kedarnath
39 Yamunotri
40 Rishikesh
41 Haridwar
42 Allahabad
43 Varanasi
44 Amritsar
45 Pushkar
46 Bodh Gaya
47 Sarnath
48 Dwarka
49 Ajanta
50 Ellora
51 Shatrunjaya
52 Puri
53 Arunachala (Tiruvannamalai)
54 Kanchipuram
55 Rameshvaram
56 Vaishno-Devi-Schrein
57 Ajmer
58 Dakshineswar-Kali-Tempel
59 Tirupati-Venkateshvara-Tempel
60 Srirangam
61 Khajuraho
62 Anuradhapura
63 Mihintale
64 Kandy
65 Dambulla
66 Adams Peak
67 Pagan
68 Mandalay
69 Shwedagon-Pagode
70 Goldener Felsen Kyaiktiyo
71 Klöster und Tempel von Luang Prabang
72 Pagode Pha That Luang
73 Angkor
74 Cao-Dai-Haupttempel
75 Sukhothai
76 Ayuthia
77 Wat Phra Kaeo
78 Wat Arun
79 Wat Pho
80 Wat Doi Suthep
81 Borobudur
82 Prambanan
83 Pura Besakih
84 Tanah Lot

Weitere Titel ...

ISBN 978-3-89405-712-1

ISBN 978-3-89405-678-0

Das komplette Programm finden Sie unter www.frederking-thaler.de

Impressum

Bildnachweis:
Franz Binder 1, 6, 16/17. 19, 20, 22, 23, 62/63, 65, 66 (2), 70 u., 72, 73, 76, 77, 78, 79, 80/81, 81, 82, 83, 84, 85 (2), 86, 92/93, 94, 95 (2), 96, 96/97, 97, 138 o., 142, 147, 160, 161, 162, 163 (2), 167 o., 168 o., 169, 171, 173, 181. – Oliver Bolch 14, 28/29, 31, 32, 33 (2), 34, 35, 36 (2), 37, 38 (2), 39, 40, 41, 42 (2), 43, 46, 47, 58 o., 59, 152, 153 (2), 154, 156, 157, 176 u., 174, 175 u. – Ayshen Delemen 21. – Thomas Dorn 108/109. – Ghetty Images 121. – Rainer Hackenberg 44, 45, 48, 49 (2). – Volkmar E. Janicke 46 u., 52, 53, 54, 55, 56, 57, 58 u., 60, 114, 115, 122 o., 123, 125, 134 (2), 135. – Korea-Tourismus 61. – Olaf Krüger 120, 127 u. – Kay Maeritz 8, 11, 12, 26 u., 27, 67, 68, 69, 70 o., 74/75, 87, 88/89, 89, 90 (2), 91, 98/99, 101, 102, 103, 104, 105, 106, 107, 109, 110, 111 (2), 112, 113 (2), 176, 116, 117, 118, 122 u., 124, 126, 127 o., 128, 129, 130 u., 131, 136, 137 (2), 138 u., 139, 140, 141, 143, 144/145, 148, 149, 150, 151, 155 (2), 158, 159, 166,167 u., 170, 172 (2), 175, 176, 177, 178, 179, 180, 182, 183, 184, 186. – Olaf Meinhardt 26 o. – Achill Moser 24 (2), 25. – Picture alliance/dpa 119 (2), 130 o., 131. – Ingrid Tscharntke 132, 133 (2). – Jochen Voigt 164 (2), 165.

Die Deutsche Nationalbibliothek verzeichnet diese Publikation in der Deutschen Nationalbibliografie; detaillierte bibliografische Daten sind im Internet über
http://dnb.d-nb.de abrufbar.

Produktmanagement: Dr. Birgit Kneip
Bildauswahl: Franz Binder, Dr. Birgit Kneip
Umschlagbild: Kay Maeritz;
Umschlaggestaltung: Thomas Fischer, Bettina Schippel
Kartografie: Angelika und Werner Thieme, München
Grafische Gestaltung und Satz: Werner Poll, München
Herstellung: Bettina Schippel
Repro: Repro Ludwig, Zell a. See, Austria

Printed and bound in Slovenia by Korotan

ISBN 978-3-89405-764-0